# NPK
# 부정선거
# 탐사리포트
## 2020-2025

A History of Election Fraud Inquiries in South Korea

# NPK 부정선거 탐사리포트 2020-2025

이 책은 사단법인 법치와자유민주주의연대(NPK:New Paradigm of Korea)와 VON뉴스의 2020년 4·15총선 이후의 부정선거 규명 활동을 정리하여 기록해 두기 위해 출간되었음을 밝혀둡니다. 이 책이 나오기까지 물심양면으로 도움주신 회원님들과 독지가 여러분들께 깊은 감사를 드립니다. 특히 책의 출간에 큰 도움을 주신 황해정 선생님께 깊이 감사 드립니다.

지난 5년간 저희 단체는 부정선거 규명에 쉼없이 매진해 왔습니다. 국가형벌권을 가진 기관에서 이 무서운 국가범죄를 다룰 의지도 능력도 없음을 깨닫고, 순전히 민간의 노력으로 중단 없이 뚜벅뚜벅 걸어왔습니다. 특히 다큐멘터리 《당신의 한 표가 위험하다(당한표)》와 애니메이션 《배춧잎 투표지 출생의 비밀(배투출비)》은 새로 유권자가 될 다음 세대를 위한 작업이었습니다. 최근 새로운 세대가 부정선거 규명운동에 합류한 것은 보람된 일이 아닐 수 없습니다.

2024년 12월 3일, 윤석열 대통령의 계엄령 발동은 그동안 부정선거 규명을 위한 우리의 노력에 대한 응답이라고 간주되었습니다. 한국의 중앙선거관리위원회의 불법에 대해서 한국 사회는 완전히 무력한 상황이었습니다. 대법원은 재검표를 통해 쏟아진 많은 의혹에도 수사를 의뢰하지 않았으며, 피해를 입은 후보 당사자와 시민들의 고소·고발에도 검찰과 경찰은 수사조차 개시하지 않았습니다.

공무원의 부실은 범죄임에도 중앙선관위의 그 많은 불법과 이른바 부실에 대해서 아무도 책임지지 않았습니다. 윤석열 대통령의 계엄은 이 막다른 골목에서 취해진 유일한 수단이었다고 사료됩니다. 그 결과는 대통령 탄핵과 많은 무고한 사람들의 구속으로 이어졌습니다. "자유는 피를 먹고 자란다"는 오래된 잠언을 다시 되새기지 않을 수 없습니다.

대한민국은 1950년부터 1953년까지 자유민주주의와 공산주의를 놓고 선택하는 전쟁을 벌였습니다. 휴전은 전쟁의 끝을 의미하는 것이 아니었습니다. 한국의 지도자들은 대외적으로는 전쟁을 수행하는 군사 통수권자이며, 대내적으로는 자유롭고 번영하는 국가공동체를 위해 봉사하는 행정부의 수반이었습니다.

우리 국가공동체가 최근에 이르러서야 광범위한 각성에 이른 것은, 입법부와 사법부가 광범위하게 적들의 영향권에 들어 있었다는 사실입니다. 언론과 문화영역의 광범위한 침탈도 확인되고 있습니다. 외세를 끌어들인 대규모 부정선거로 입법권력을 획득한 범법자들은, 헌법과 각종 법률의 취약한 틈새를 파고들어 탄핵제도를 통해 행정부와 사법부를 심각하게 위협하고 있습니다. 이러한 상황에도 불법적 입법권력의 시녀가 된 언론은 진실을 호도하는 데 급합니다. 총체적 국가 위기 상황입니다.

저희는 꺾이지 않고 나아갑니다. 『NPK 부정선거 탐사리포트 2020-2025』를 통해 순수 민간 영역에서 부정선거 규명을 위해 고군분투한 저희의 노력을 기록하지만, 아직 기록되지 않은 수많은 시민들의 피와 땀은 대한민국 청사(靑史)에 기록될 것입니다.

이 시간에도 나라를 위해 수난 중에 있는 서부지법 사태 구속자 여러분들과 김용현 전 국방부장관 등 애국 군인 여러분들, 그리고 위대한 결단으로 새로운 역사를 쓰신 윤석열 대통령께 경의를 표합니다.

부정선거 수사촉구 특별위원회 공동위원장으로 함께 해 주신 권오용, 박주현, 윤용진 변호사님께도 감사 드립니다. 책의 편집을 주관한 이지현 상임이사와 김현진 사무국장의 헌신도 기록해 둡니다.

사족으로 남길 것은 저희 NPK에서 공들여온 해커의 지문 follow_the_party에 관한 규명 작업은 더 진척된 것이 있지만 이 책에서는 다 담지 못했습니다. 다른 간행물을 통해 규명작업을 이어 나가려고 합니다.

이 책의 기록들은 부정선거 규명이라는 '길 위에서' 만들어진 것입니다. 시행착오와 판단착오를 포함하고 있습니다. 독자 여러분들의 정정에 겸손하게 임할 것입니다. 언제든지 교정과 질책으로 함께 해 주시기 바랍니다. 감사합니다.

편집실에서

# 발간사

2020년 4월 15일. 이날은 대한민국의 정체성인 자유민주주의를 죽음의 통로로 안내하는 종소리가 온누리에 울려퍼진 날이다. 자유민주주의 체제에서만 존재하는 보통선거권은 누구나 동등한 한 표를 행사하는, 헌법으로 보장된 개개인의 권리를 말한다. 그러나 문재인 정권 이후 모든 선거에서 디지털 조작에 의하여 국민의 참정권이 무참히 짓밟히고 말았다. 국민들은 부정선거에 대한 관념을 가지고 있지 않았고 의심도 하지 않았다. 오늘날 나의 투표지는 어디로 갔는가? 나의 권리는 존재하는가?

(사)법치와자유민주주의연대(NPK)와 VON(Voice of the NPK)뉴스는 2020년 4월 19일 "부정선거 있다 없다"라는 주제의 토론을 시작점으로 부정선거 규명의 대장정에 돌입하여 2024년 4월 10일 총선까지 모든 선거에서 사용된 보정값에 의한 디지털 조작의 메커니즘을 밝히고자 했다. 전산시스템 전문가, 법률가 등 부정선거 관련 분야 전문가들과의 대담을 VON뉴스를 통하여 방송함으로써 보다 폭넓은 지식을 국민들에게 전수하고자 했다.

뿐만 아니라 『해커의 지문』과 『해커의 지문 발견기』 발간, 다큐멘터리 《당신의 한 표가 위험하다》, 애니메이션 《배춧잎투표지 출생의 비밀》을 제작하여 부정선거의 실체를 확실히 인식시키고자 하는 노력도 아끼지 않았다. 더욱이 '부정선거 작은 EXPO'(2023. 12. 9.)를 개최하여 4·15총선 재심 과정에서 쏟아진 각양각색의 불법 투표지 전시와 선관위 서버 조작프로그램 재현 등 실로 엄청난 피 땀 눈물의 역사였다.

이제 4·15총선 5주년을 맞아 축적된 부정선거 관련 주요 내용들을 모아 기록으로 남기고자 한다. 선관위, 법원, 국회, 언론 등으로 이루어진 부정선거 카르텔이 넘기 어려운 높은 벽이라는 사실이 우리의 뼈아픈 현실이기는 하지만 역사는 정방향으로 흐르는 법. 우리의 이 기록은 영원히 보전될 것이다. 언젠가 국가가 정상화되는 날을 위한 소중한 자료로 남을 것이다.

오로지 '나라 사랑'이라는 하나의 마음으로 새 역사를 창조에 함께 해 주신 분들께 격려와 찬사를 보낸다.

**맹주성**
(사) 법치와자유민주주의연대 이사장

# 추천사

이제 대한민국에서 2020년 4·15 국회의원 총선거를 비롯하여 이후 거의 모든 선거에서 더불어민주당과 좌파 후보자에게 유리하도록 사전투표결과가 조작되어 결과적으로 국회의 의석과 지방자치단체장, 지방의회 의원, 심지어 교육감까지 불법으로 당선자를 만들어 온 것은 더 이상 의혹의 수준이 아니고 수학적인 분석과 물적증거로 확인되었다. 국가정보원의 2023년 9월 중앙선거관리위원회 서버에 대한 보안점검을 통해 이미 외부에서 해킹으로 선거결과가 조작될 수 있다는 사실이 발표되었고, 부정선거 사실에 대하여 전산조작의 방법으로 결과를 조작해오고 있다는 의혹에 대하여도 상당한 수준으로 확인이 되었다.

12·3 윤석열 대통령의 비상계엄 선포는 중앙선거관리위원회의 주도로 이루어지는 부정선거에 대한 수사가 가장 큰 이유 중의 하나였지만, 부정선거로 의석이 조작된 국회에 의한 탄핵절차와 내란죄에 대한 수사권이 없는 공수처의 대통령에 대한 불법구속과 기소, 대통령에 대한 탄핵사건에 대하여 국회가 의결한 가장 핵심이 되는 탄핵사유인 '내란죄' 항목은 취하한 상태에서 국회의 재의결이 없었음에도 불구하고 대통령의 발언 기회도 충분하게 주지 않는 등 방어권을 제대로 보장하지 않고 심리를 강행하면서 사실관계에 맞지 않아 위증의 의혹이 있는 증인들의 증언, 형사재판에서 증거능력을 얻지 못한 수사기록을 송부 받는 등 정당하지 않은 부당한 절차 진행으로 결국은 2025년 4월 4일, 현직 대통령에 대한 탄핵을 결정하는 만

행이 저질러졌다.

 NPK 부정선거 수사촉구 특별위원회(수촉특위)는 국가기관인 국가정보원과 대한민국 최고의 권력이 부여된 윤석열 대통령이 조사하고, 계엄령을 선포하는 방식으로 수사에 착수하기 전에 확인된 부정선거 사실과 사건에 대하여 고발하여 수사기관의 부정선거에 대한 수사를 촉구하고 역사적인 기록을 남겨 향후라도 처벌과 청산이 이루어지도록 하려는 목적에서 설치되고 활동을 하여 왔다.

 수촉특위의 활동과 동시에 NPK의 부정선거 작은 EXPO와 『해커의 지문』 및 『해커의 지문 발견기』 출간, 다큐멘터리 《당신의 한 표가 위험하다》, 애니메이션 《배춧잎투표지 출생의 비밀》 개봉 등 행사와 콘텐츠 배포를 통하여 대중에게 대한민국에서 일어나고 있는 부정선거의 증거와 분석 내용을 확산시키는 중요한 행사와, 도서 및 영화의 제작 배포 등 국가기관에서 하지 않고 있는 굵직굵직한 활동이 함께 이루어진 것은 향후 대한민국이 정상화되면 반드시 역사에 기록을 남겨야 하는 활동이라고 생각한다.

 이 백서에는 수촉특위의 활동과 함께 대한민국의 체제를 무너뜨리는 좌파 카르텔의 부정선거 시스템이 구체적이고 적나라하게 드러나 있다. 부정선거 카르텔을 형성한 반국가 불법세력은 국회와 지방의회, 공공기관의 직분을 이용하여 국가의 법제도, 각종 공직, 사법권을 자신들의 이익을 위하여 부당하고 불법적으로 이용하여 전체 국민과 국가의 이익에 반하는 부패 카르텔을 형성하고 각종 이권을 챙겨오면서 선동과 협박으로 사법질서 자체를 협박하고, 무질서로 국가의 체제를 혼동시키고 있다.

이러한 불법이 난무하는 사회에서 우리 자유, 민주주의의 숭고한 가치를 수호하는 자유민주시민 세력은 더 이상은 참을 수 없다. 대한민국에서 민주주의, 자유주의, 인권존중의 헌법질서가 유지되기를 희망하는 국민은 모두 일어나 부정선거에 대한 철저한 조사와 척결을 외쳐야 한다.

향후 부정선거를 극복하고 정상적인 정부와 국회가 구성되면 이 백서는 부정선거 범죄집단 카르텔을 색출하여 응분의 대가를 치르게 하는 데 중요한 자료로 사용될 것이다.

**권오용**
NPK 부정선거 수사촉구 특별위원회 공동위원장

#EP1
2025년 3.1절
광화문 시위현장에 나타난 전단

청년들이 배춧잎투표지를 낳은 부모를 찾아다니고 있었습니다. 배투를 낳아 버린 부모를 찾아주면 대한민국 자유민주주의 회복으로 사례한다고 합니다. 윤석열 대통령 계엄령으로 깨어난 청년들이 희망을 줍니다.

# Contents

발간사 | 맹주성 NPK 이사장     006

추천사 | 권오용 NPK 수사촉구 특별위원회 공동위원장     008

**History**     016

해커의 지문 [follow_the_party] 발견기 업데이트     032

개요: 디지털 부정선거와 증거로서의 [follow_the_party]     036

## 2020

2020년 4월 27일
**선거부정 디베이트 결론과 제안**
민주주의 수호 위해 선거부정 유권자 후보 정당 등 전 사회가 엄밀 검증해야     077

NP 2020년 6월호
**로이킴 씨에 대한 부당한 인신공격을 멈추어야 한다!**     080

NP 2020년 6월호
**보통사람들이 보통선거 지켜야 한다**
선거부정 수식 통해 의혹 제기한 30대 시민 로이킴 인터뷰     084

NP 2020년 7월호
**부정선거는 제2의 6·25, 자유세력의 국제공조로 맞서야**     089

2020년 7월 10일
대법원은 권력의 종인가? 신속한 재검표로 부정선거 규명해야
최원목 교수, 맹주성 교수 대담 **093**

NP 2020년 9월호
한국에서 자유선거 잃으면 세계가 빛을 잃는다! **098**

2020년 9월 25일
110만 건 우편투표 부정 증거로 선거 무효 사유 충분
부정선거 소송 대법원 성명 내용과 선거무효 사유분석 **100**

2020년 10월 2일
대법원은 선관위의 4·15총선 서버 훼손에 대해
국제조사를 실시하고 선거무효를 공식 선언하라! **106**

# 2021

NP 2021년 2월호
부정선거 주장하는 집회의 자유 말살에 방역을 악용하고 있다 **113**

NP 2021년 8월호
배춧잎투표지 형상화와 명명은
[follow_the_party]에서 비롯되었다 **118**

NP 2021년 8월호
4·15 특검 제안으로 부정선거 진실 규명 국면 전환되다!
제도권 비제도권 연합으로 헌정사의 새 국면을 열자! **125**

2021년 8월 26일
"4·15 부정선거 비밀의 열쇠 [follow_the_party]"
민경욱 국투본 상임대표 인터뷰 **127**

NP 2021년 10월호
4·15 총선의 통계학적 이상성에 대한 공학적 해설 **137**

2021년 12월 24일
"[follow_the_party]는 이렇게 발견되었다"
『해커의 지문』을 펴내며     **146**

# 2022

2022년 8월 9일
이제 국민 저항만 남았다!
민경욱 4·15부정선거국민투쟁본부 상임대표 인터뷰     **154**

NP 2022년 9~10월호
대법원의 누더기 부정선거 판결문     **167**

# 2023

2023년 4월 15일
다큐멘터리 《당신의 한 표가 위험하다》     **174**

2023년 9월 15일
부정선거수사촉구 특별위원회 발족 및 8개의 고발 사건     **180**

2023년 9월 27일
부정선거가 밝혀지는 그날까지
권오용 수촉특위 공동위원장 인터뷰     **195**

2023년 12월 3일
로이킴과 후사장
『해커의 지문 발견기』 서문     **203**

2023년 12월 9일
**NPK REUNION & 부정선거 작은 EXPO**
4·15 부정선거는 음모론이 아니라 과학으로 증명된 거대 범죄     **216**

2023년 12월 18일
애니메이션 《배춧잎투표지 출생의 비밀》 **246**

# 2024

2024년 2월 29일
미국 정당 변천사에서 보는 부정선거 척결의 방향 **250**

2024년 3월 4일
"가장 민주적인 선거는 '아날로그' 선거"
신뢰할 수 있는 선거제도 회복만이 우리가 살 길 – 수촉특위 대만 탐방 **260**

2024년 9월 19일
"통계도 부정선거 증거될 수 있다"
NPK 부정선거 수촉특위 세미나 **265**

2024년 10월 24일, 11월 14일
벤처 성공 신화 남민우의 '다산네트웍스', 선거부정 카르텔의 핵심 **273**

# 2025

2025년 1월 21일
중국 일대일로 대리회사 세계 부정선거 센터 A-WEB **285**

나가며: 신성한 국민권력은 부정선거 시스템 혁파로만 온다! **293**

**2020년**

**4월 20일**
[VON 긴급 가상 디베이트] 21대 총선 선거부정 있다 VS 없다

**4월 24일**
[VON 특별기획] 프로그래밍으로 보는 21대 총선부정의 개연성(맹주성 NPK 이사장)

**4월 24일**
[VON 긴급 디베이트] 21대 총선 선거부정 체크포인트(김미영 VON 대표)

**4월 27일**
[VON 논평] 부정선거 디베이트 결론과 제안(맹주성 NPK 이사장)

**NP 5월호(제7호) 칼럼**
선거부정은 한 점 의혹도 엄밀 검증 해야 한다!(작성: 도태우 이사)

**5월 26일**
[로이킴의 무편집 직강 방송 ①] Follow the Party는 어떻게 도출됐나?

**5월 26일**
[로이킴의 무편집 직강 방송 ②] Follow the Party(FTP) 도출 전과정 공개

**5월 27일**
[VON 긴급대담] 21대 총선 선거부정 검증 제대로 되고 있나?_중간 점검 및 긴급 과제(맹주성 NPK 이사장, 김미영 VON뉴스 대표)

● **5월 28일**

[로이킴 전화인터뷰 ①] "Follow the Party, 찾아내고 두려웠어요"

● **5월 28일**

[로이킴의 무편집 직강 방송 ③] 이동값 구하기1 _게리맨더링과 Big Data

● **5월 31일**

[로이킴의 반격 방송 ①] 하태경 의원이 대답할 차례_Follow the Party가 조작이라고요?

● **NP 6월호(제8호) 인터뷰**

보통사람들이 보통선거 지켜야 한다 - 로이킴

● **6월 1일**

[로이킴의 무편집 직강 방송 ④] 입력한 선관위 데이터와 산출된 데이터가 다른 이유_매칭 구조 INPUT & OUTPUT 간략 설명

● **6월 4일**

[VON 대담] 21대 총선 부정 어떻게 이루어졌나?(하드웨어 대가 벤자민 윌커슨 사장, 프로그램의 대가 맹주성 교수)

● **6월 16일**

[로이킴 전화인터뷰 ②] Follow the Party, "조작하지 않았고 사기치지 않았어요!"

● **6월 17일**

[VON 대담] 이병화 전 노르웨이 대사와 조목조목 따져보는 '선거부정' 대담(진행: 맹주성 NPK 이사장)

● **6월 18일**

[VON 특별기획] 전문 프로그래머의 선거부정 로이킴 가설 검증 워크 스테이션 ①

● **6월 24일**

[VON 특별기획] 전문 프로그래머의 선거부정 로이킴 가설 검증 워크 스테이션 ② _총선조작 전 과정 시뮬레이션

● **6월 30일**
[VON 인터뷰] 안동데일리 조충열 기자의 부정선거 취재수첩(진행: 김미영 VON 대표)

● **NP 7월호(제9호) 칼럼**
부정선거는 제2의 6·25 – 자유세력의 국제공조로 맞서야(작성: 이지현 NPK 이사)
자유를 사랑하는 세계의 양심들과 함께하기 위해 알립니다!(작성: 도태우 NPK 이사)

● **7월 6일**
[VON 인터뷰] 청년들이 움직인다!_부정선거 진실찾기 블랙시위_김민수 국민주권회복운동본부 기획팀장(진행: 김미영 VON 대표)

● **7월 10일**
[VON 인터뷰] 명예 우붕이 최원목 교수 인터뷰_벌거벗은 임금님 만들기 문화운동으로 부정선거 끝까지 규명해야!(진행: 맹주성 NPK 이사장)

● **7월 10일**
[VON 특별기획] 전문 프로그래머의 선거부정 로이킴 가설 검증 워크 스테이션 ③_follow_the_party 도출 과정 공개

● **7월 14일**
[VON 인터뷰] 이용식 교수의 4·15 부정선거 의혹 백서(진행: 김미영 VON 대표)

● **7월 16일**
[산업 프로그래머가 규명하는 부정선거 방송 ①] 부천 신중동 4.7초 사례_무리한 사전투표 조작 왜?

● **7월 23일**
[산업 프로그래머가 규명하는 부정선거 방송 ②] 당일 투표 개표에서도 조작값 발견!_2대1의 비밀

● **7월 28일**
[VON 인터뷰] 민경욱 대표의 대국민 호소 부정선거 밝히는 것은 나라지키는 숭고한 일(진행: 김미영 VON 대표)

● **7월 31일**
[VON 인터뷰] 부정선거 핵폭탄 터진다던 시민의 눈, 너 어디에 있느냐! 민경욱 국투본 대표의 격정 인터뷰(진행: 김미영 VON 대표)

● **8월 11일**
[VON 인터뷰] 부정선거 규명은 다음 세대 지키는 일_젊은 엄마 정치인 김소연 변호사(진행: 김미영 VON 대표)

● **8월 12일**
[산업 프로그래머가 규명하는 부정선거 방송 ③] 로이킴 방정식은 어떻게 유도되었나?_디지털 게리맨더링의 이해_산업프로그래가 규명하는 부정선거

● **8월 13일**
[VON 인터뷰] 부정선거 이제 국민저항권만 남았다!_청와대 특별감찰담당관 출신 박주현 변호사(진행: 맹주성 NPK 이사장)

● **8월 27일**
[산업 프로그래머가 규명하는 부정선거 방송 ④] 최적화 상수 140의 의미_사전투표 개표 전 게리맨더링 시뮬레이션

● **NP 9월호(제11호) 칼럼**
한국에서 자유선거 잃으면 세계가 빛을 잃는다!(작성: 김미영 NPK 사무총장)

● **9월 2일**
[VON 인터뷰] 블랙시위 파워 사회자 '전국학부모단체연합' 김수진 대표(진행: 김미영 VON대표)

● **9월 7일**
[산업 프로그래머가 규명하는 부정선거 방송 ⑤] 부정으로 패한 미래통합당 후보 50인(추정)

● **9월 9일**
[VON 인터뷰] 투표용지 QR코드에 비밀이 있다? 김형철 대한민국수호예비역장성단 공동대표(진행: 맹주성 NPK 이사장)

● **9월 11일**
[VON 특별기획] 재검표 검증 어떻게 준비해야 하나?_21대 총선 선거부정 체크포인트(진행: 도태우 변호사)

● **9월 16일**
[VON 인터뷰] 기술자 본능으로 부정선거 사각지대를 탐색하다!_평범한 시민에서 부정선거 투사로 미디어 A 옥은호 대표(진행: 김미영 VON 대표)

● **9월 25일**

[VON 대담] 부정선거 소송 대법원 석명 내용과 선거무효 사유 분석(진행: 도태우 변호사, 박주현 변호사)

● **10월 8일**

[VON 대담] 뉴섬 보고서 등 국제사회는 한국 부정선거 어떻게 보나?(진행: 도태우 변호사, 김미영 VON 대표)

● **10월 22일**

[VON 인터뷰] 안동데일리 조충열기자에게 듣는 한국 개표기는 세계 부정선거에 어떻게 사용되나?(진행: 김미영 VON 대표)

● **10월 29일**

[VON 특별기획] 부정선거 알파와 오메가_21대 총선 선거부정 체크포인트(진행: 맹주성 NPK 이사장)

● **10월 29일**

[VON 특별기획] 대법원 부정선거 증거조사에서 핵심 사항은?_21대 총선 선거부정 체크포인트(진행: 도태우 변호사, 김미영 VON뉴스 대표)

● **11월 5일**

[VON 대담] 민트혁명으로 승리하자!_국투본의 향후 투쟁 방향과 전략_21대 총선 선거부정 체크포인트(진행: 도태우 변호사, 김민수 청년1국 전략팀장)

● **11월 12일**

[VON 인터뷰] 미국 부정선거 현지상황 들어봅니다_어윤호 전 The United Methodist Church 목사(진행: 김미영 VON 대표)

● **11월 15일**

[VON 특별기획] 민경욱 국투본 대표와 함께 하는 워싱턴 D.C. 현장_MARCH for TRUMP

● **11월 17일**

[VON뉴스 긴급 인터뷰] 미국도 컴퓨터 프로그램 사용 부정선거인가?(진행: 맹주성 NPK 이사장, 김미영 VON 대표)

● **11월 19일**

[VON 인터뷰] 실시간 선거부정 알고리즘 찾은 후사장이 보는 미국 선거_산업프로그래머 장영후 대표(진행: 김미영 VON 대표)

● **11월 25일**

[VON 특별기획] 미국 도미니언 개표 소프트웨어 4·15총선에도 이용됐나_로이킴에게 듣는 한미 부정선거 개표 소프트웨어

● **11월 26일**

[VON 인터뷰] 미국 체류 70일의 기록_4·15 총선에서 미국 대선 부정까지_민트혁명으로 부정선거 규명 민경욱 국투본 대표(진행: 김미영 VON 대표)

● **12월 3일**

[VON 인터뷰] 로이킴에게 듣는 부정선거 네트워크 실체_ FTP 발견자 로이킴 인터뷰(진행: 김미영 VON 대표)

[VON 특별기획] 12월 14일 대법원 서버검증 어떻게 진행되나?_21대 총선 선거부정 체크포인트(진행: 도태우 변호사)

● **12월 10일**

[VON 특별기획] 미국 대선 소송 결과가 우리에게 미치는 영향_대법원 서버검증의 전제는?_투표자와 전자장비 일체에 대한 검증에 국제전문가 참여시켜야(진행: 맹주성 NPK 이사장)

## 2021년

● **NP 1월호(제13호) 칼럼**

부정선거 주장하는 집회의 자유 말살에 방역을 악용하고 있다(작성: 류승수 변호사)

● **NP 1월호(제13호) 기사**

부정선거로 갈라진 두 개의 미국

● **1월 14일**

[VON 인터뷰] 부정선거 못 밝히면 보궐선거 승리도 없다! 히든 파이터 류승수 변호사(진행: 맹주성 NPK 이사장)

- **NP 2월호(제14호) 기사**

  적법 절차와 평등 보호로 무너져가는 미국

- **2월 18일**

  [VON 인터뷰] 부정선거 규명하고 사법부 다시 세워야_국투본의 원더우먼 문수정 변호사(진행: 맹주성 NPK 이사장)

- **3월 3일**

  [VON 인터뷰] 부정선거 규명으로 정치 새판 짜야!_국투본 히든 파이터 류승수 변호사(진행: 김미영 VON 대표)

- **3월 25일**

  [VON 특별기획] 민경욱 선거소송 변론기일 정해졌다_4·15총선 국제조사보고서 발간(진행: 도태우 변호사)

- **3월 31일**

  [VON 인터뷰] 드디어 시작되는 민경욱 선거무효 소송 왜 중요한가?_ 국투본 유정화 변호사(진행: 맹주성 NPK 이사장)

- **NP 4월호(제16호) 기사**

  4·15 부정선거 국제보고서 발간, 국제 전문가의 권고사항

- **NP 4월호(제16호) 인터뷰**

  새 정치스타 등장할 때 – 국투본 파이터 류승수 변호사

- **4월 13일**

  [VON 특별기획] 서울시장 보궐선거 심층분석_이겼다고 부정선거 방심하면 더 큰 화 부른다!(맹주성 NPK 이사장 특강)

- **4월 15일**

  [VON 특별기획] 재검표 시작한다_민경욱 연수을 후보 선거무효 첫 재판 상황보고 (진행: 도태우 변호사)

- **6월 29일**

  [VON 긴급진단] 4·15총선 재검표현장에서 무슨 일이?_도태우 변호사, 로이킴 전화 인터뷰

- **NP 8월호(제18호) 특별기고**
  4·15 특검 제안으로 부정선거 진실 규명 국면 전환되다!(작성: 도태우 NPK 이사)

- **NP 8월호(제18호) 기사**
  '배춧잎투표지' 형상화와 명명은 'follow_the_party'에서 비롯되었다

- **8월 26일**
  [VON 인터뷰] 4·15 부정선거 비밀의 열쇠 follow_the_party_민경욱 국투본 대표(진행: 김미영 VON 대표)

- **NP 9월호(제19호) 기사**
  [follow_the_party]는 이렇게 발견되었다 | 로이킴

- **NP 10월호(제20호) 특집 기사**
  4·15 총선의 통계학적 이상성에 대한 공학적 해설 | 맹주성 NPK 이사장

- **NP 11월호(제21호) 칼럼**
  코페르니쿠스적 인식 전환으로 디지털 부정선거 이해해야(작성: 도태우 NPK 이사)

- **NP 11월호(제21호) 인터뷰**
  "4·15 부정선거 비밀의 열쇠 [follow_the_party]" – 민경욱 국투본 상임대표

- **12월 24일**
  『해커의 지문』 출간(김미영, 로이킴, 장영후 저자)

- **12월 20일**
  [『해커의 지문』 해설 방송 ①] "해커의 지문 읽기 전 꼭 봐야 할 방송!"(진행: 김미영 VON 대표)

- **12월 21일**
  [『해커의 지문』 해설 방송 ②] "4·15 부정선거 비밀을 푸는 follow_the_party 쉬운 해설"(진행: 김미영 VON 대표)

## 2022년

**2월 10일**

[VON 대담] 부정선거 감시 위해 대통령 입후보한다(옥은호 미디어A 대표, 맹주성 NPK 이사장)

**3월 31일**

[VON 인터뷰] 윤석열, 뜨거운 감자 부정선거 어떻게 다뤄야 하나?_민경욱 국투본 대표(진행: 김미영 VON 대표)

**6월 8일**

[VON 대담] 6·1 지방선거는 선별적 부정선거! – 경기도지사, 인천계양을 중심으로!(김미영 VON 대표, 맹주성 NPK 이사장)

**8월 11일**

[VON 특별기획] 대법원의 디지털 부정선거에 대한 무지와 거짓말(진행: 맹주성 NPK 이사장)

**NP 9~10월(제23호) 인터뷰**

이제 국민 저항만 남았다! – 민경욱 4·15부정선거국민투쟁본부 상임대표

**NP 9~10월(제23호) 칼럼**

대법원의 누더기 부정선거 판결문(작성: 맹주성 NPK 이사장)

**9월 28일**

[VON인터뷰] 부정선거, 이제 본격 수사해야 이병화 전 노르웨이 대사(진행: 김미영 VON 대표)

**11월 28일**

[VON 인터뷰] "부정선거 이슈 왜 이렇게 조용한가요?" "미국 중간선거 어떻게 보셨습니까?" 민경욱 국투본 상임대표(진행: 김미영 VON 대표)

## 2023년

**3월 23일**

[VON 시사대담] "윤석열 정권은 부정선거 수사하지 않는다" 안개 속의 한국 정치, 내년 총선은 안전한가?(이상로 전 MBC 이사, 김미영 VON 대표)

**4월 15일**

다큐멘터리 《당신의 한 표가 위험하다》 국회 시사회

**6월 12일**

[VON 인터뷰] 부정선거 빼고 선관위를 개혁한다? -《당한표》가 온 나라 청소할 것, 민경욱 국투본 상임대표(진행: 김미영 VON 대표)

**9월 13일**

[VON 대담] 부정선거 규명 운동 제2막이 열린다!(민경욱 국투본 상임대표, 박주현 수촉특위 공동위원장, 김미영 VON 대표)

**9월 15일**

부정선거 수사를 촉구하는 특별위원회(이하 수촉특위) 발족(공동위원장 권오용 변호사, 윤용진 변호사, 박주현 변호사)

**9월 19일**

[VON 인터뷰] 부정선거는 변호사 노선 투쟁의 주제가 될 수 없다!, 윤용진 수촉특위 공동위원장(진행: 김미영 VON 대표)

**9월 26일**

[수촉특위 1호] 파주 투표지 바꿔치기 선관위 등 형사 고발

**9월 27일**

[VON 인터뷰] 검사 출신 변호사가 본 충격적인 재검표 현장 - 위조 투표지는 위조 지폐보다 무섭다, 권오용 수촉특위 공동위원장(진행: 김미영 VON 대표)

**10월 6일**

[수촉특위 2호] "오산시 4·15 총선 재검표 투표함 교체" 관련 선관위 직원 특수절도, 공용서류무효, 증거인멸 등 고발

- **10월 10일**

[수축특위 3호] "통합선거인명부" 조작관련 선관위 직원들 공전자기록변작 및 동행사, 허위공문서작성 및 동행사 등 고발

- **10월 13일**

[긴급진단] 맹주성 박사의 국정원 선관위 보안 점검 보고서 분석

- **10월 13일**

[수축특위 4호] "영등포을 4·15 총선 재검표 투표함 교체" 관련 선관위직원들 특수절도, 공용서류무효, 증거인멸 등 고발

- **10월 13일**

[수축특위 5호] "중앙선관위 허위보도자료 작성" 및 "로그기록 등 전산자료 삭제" 선관위 관련 직원 고발

- **10월 18일**

[수축특위 6호] "4·15 총선 출구조사 결과" 관련 KBS, MBC, SBS 및 한국리서치, 입소스코리아, 코리아리서치인터내셔널 담당 직원들 업무방해 및 사기죄 고발

- **10월 20일**

[VON 인터뷰] 왜곡된 세상 만드는 카르텔을 깐다! -《왜(歪) : 더 카르텔》제작한 까뿌까 인터뷰(진행: 김미영 VON 대표)

- **10월 25일**

[VON 인터뷰] 선관위 집단적 조직범죄 어떻게 가능한가, 한성천 前 중앙선관위 노조위원장(진행: 김미영 VON 대표)

- **10월 31일**

[VON 인터뷰] 이해찬과 싸우다 - 한성천 前 중앙선관위 노조위원장 두번째 인터뷰(진행: 김미영 VON 대표)

- **NP 11~12월호(제30호) 기사**

윤석열 자유민주주의 이니셔티브와 부정선거 침묵

- **11월 9일**

[VON 인터뷰] 4·15 총선 결과 데이터에서 비밀 지령 찾아낸 집념의 과학자 -『비밀지령 2-∞』저자 전 인하공대 허병기 교수(진행: 김미영 VON 대표)

● **11월 15일**

[VON 인터뷰] 내년 4월 총선이 국가 명운 가른다! – 12월 9일 부정선거 EXPO에 함께 해 주세요, 민경욱 국투본 상임대표(진행: 김미영 VON 대표)

● **12월 3일**

『해커의 지문 발견기』 출간(로이킴 저자, 김미영 해설)

● **12월 9일**

부정선거 작은 EXPO 개최 및 애니메이션 《배춧잎투표지 탄생의 비밀》 개봉

● **12월 9일**

[공동선언문] "대한민국 국민은 범 국가적 부정선거 카르텔에 대하여 저항해 일어나야 한다"(작성: 권오용 부정선거수사촉구 특별위원회 공동위원장)

## 2024년

● **NP 1~2월호(제31호) 칼럼**

로이킴과 후사장(작성: 김미영 NPK 사무총장)

● **NP 1~2월호(제31호) 특집기사**

NPK REUNION & 부정선거 작은 EXPO "4·15 부정선거는 음모론이 아니라 과학으로 증명된 거대 범죄"

● **1월 4일**

[VON 인터뷰] 정부와 선관위가 내놓은 대책 실질적 방지책 없고 증거인멸만 조장!, 권오용 부정선거수사촉구특위 공동위원장(진행: 김미영 VON 대표)

● **1월 12일**

[선거재판 농단 일지 ①] 선거 소송은 180일 이내 처리해야. 무려 812일 지연시킨 대법원(진행: 권오용 변호사, 이지현 NPK 상임이사)

● **1월 16일**

[선거재판 농단 일지 ②] 판사의 무한 재량권을 허하는 "선거 결과에 영향을 미쳤다고 인정하는 때에만 당선인 결정 무효" 규정의 위험성(진행: 권오용 변호사, 이지현 NPK 상임이사)

- **1월 19일**

  [선거재판 농단 일지 ③] 대법원 감정 후 빳빳한 투표지에 접힌 흔적이 생기다(진행: 권오용 변호사, 이지현 NPK 상임이사)

- **1월 23일**

  [선거재판 농단 일지 ④] 4·15 총선 6개월 앞두고 사전선거관리관 도장 인쇄해도 된다는 판례 남긴 대법원 방송(진행: 권오용 변호사, 이지현 NPK 상임이사)

- **2월 2일**

  [선거재판 농단 일지 ⑤] 3·9 대선 직전 사전투표 QR코드 합법 판례 만든 대법원 (진행: 권오용 변호사, 이지현 NPK 상임이사)

- **2월 2일**

  [VON 특별기획] 수개표로는 부정선거 못 막는다! 4·10 총선 대비책(진행: 맹주성 NPK 이사장)

- **2월 8일**

  [선거재판 농단 일지 ⑥] 범인이 비정상 투표지 만들어 증거 남겼을 리 없다는 대법원(진행: 권오용 변호사, 이지현 NPK 상임이사)

- **2월 19일**

  [선거재판 농단 일지 ⑦] 4·15 부정선거 수사와 선관위 전면 개혁만이 답이다!(진행: 권오용 변호사, 이지현 NPK 상임이사)

- **2월 21일**

  [VON 인터뷰] 부실·부정선거 의혹 받는 선관위에 선거 맡겨도 되나?, 권오용 변호사(진행: 김미영 VON 대표)

- **2월 27일**

  [VON 긴급 인터뷰] 국민의힘에서 묻지마 컷오프 당한 민경욱 후보 – 부정선거 규명 운동의 모멘텀, 민경욱 전 의원(진행: 김미영 VON 대표)

- **NP 3~4월호(제32호) 인터뷰**

  자유선거 우롱한 대법원의 만행을 고발하다 – 권오용 수촉특위 공동위원장

- **NP 3~4월호(제32호) 기사**

  수검표로는 선거 부정 막을 수 없다

● **3월 11일**

대만의 선거부정은 거의 "불가능" – 부정선거수사촉구특위 대만 출장 보고 | 240311 | 권오용 변호사, 이지현 NPK 상임이사

● **3월 28일**

[대만 타이중 선관위 브리핑] 아날로그적인 선거가 가장 민주적인 선거

● **4월 18일**

[VON 인터뷰] 4·10총선 조작의 증거들 – 비례대표 결과를 중심으로, 권오용 수촉특위 공동위원장(진행: 이지현 NPK 상임이사)

● **NP 5~6월호(제33호) 기사**

미국 정당 변천사에서 보는 부정선거 척결의 방향

● **NP 5~6월호(제33호) 기사**

[4·10 총선 특집] 야만과 광기의 어둠을 이길 지성의 빛 – 프랑스를 승전국으로 만든 레지스탕스 지식인들의 역사

● **NP 5~6월호(제33호) 기사**

[수촉특위 대만 탐방] 신뢰할 수 있는 선거제도 회복만이 우리가 살 길 – 가장 민주적인 선거는 '아날로그' 선거

● **6월 7일**

[VON 인터뷰] 죽은 지식인의 사회, 한국의 미래를 걱정한다!, 이제봉 교수(진행: 김미영 VON 대표)

● **NP 7~8월호(제34호) 기사**

부정선거는 좌우 이념이 아닌 국가 존립의 문제

● **7월 2일**

[VON 인터뷰] 국힘 부정선거 이슈 봇물 터져도 민주당 끝내 침묵하는 이유는?, 민경욱 국투본 대표(진행: 김미영 VON 대표)

● **7월 10일**

[VON 대담] 6·28 재검 3주년에 돌아보는 부정선거 규명의 현주소 – '하면되겠지' 재판으로 보는 권력게임(권오용 변호사, 김미영 VON 대표)

● **7월 18일**
[VON 인터뷰] 황교안 대표께 듣는 한국 정치 혼돈의 해법(진행: 김미영 VON 대표)

● **8월 21일**
[배투출비 해설 방송 ①] 배춧잎투표지 같은 이상한 투표지에 비밀이 숨어있다 – 4·15부정선거의 정점에 follow_the_party가 있다.(진행: 김미영 VON 대표)

● **8월 28일**
[배투출비 해설 방송 ②] 로이킴은 follow_the_party를 어떻게 찾았을까 – 4·15부정선거의 정점에 follow_the_party가 있다.(진행: 김미영 VON 대표)

● **NP 9~10월호(제35호) 인터뷰**
국민의힘 내부에도 부정선거 세력 있다! – 황교안 부정선거부패방지대 대표

● **9월 4일**
[배투출비 해설 방송 ③] follow_the_party는 해커가 심어둔 작업자 표시 알고리즘이다!(진행: 김미영 VON 대표)

● **9월 9일**
[배투출비 해설 방송 ④] 4·15부정선거 수사 없이 대한민국 미래 없다(진행: 김미영 VON 대표)

● **12월 24일**
[VON 대담] 대통령의 부정선거 인식은 정확하다(권오용 변호사, 허병기 인하대 명예교수, 이지현 NPK 상임이사)

**2025년**

● **NP 1~2월호(제37호) 칼럼**
신성한 국민권력은 부정선거 시스템 혁파로만 온다!(작성: 김미영 NPK 사무총장)

● **NP 1~2월호(제37호) 특집기사**
벤처 성공 신화 남민우의 '다산네트웍스', 선거 부정 카르텔의 핵심

● **NP 1~2월호(제37호) 특집기사**

중국 일대일로 대리회사 세계 부정선거 센터 A-WEB

● **4월 17일**

[VON 긴급진단] FOX뉴스가 보도한 "한국 대선 부정 가능성 99%"에 전력으로 대비할 때!(진행: 권오용 변호사)

● **4월 23일**

[VON 긴급진단] 6·3대선 선거부정을 말한다 – 미국이 개입할 것인가(진행: 맹주성 NPK 이사장)

● **NP 5~6월호(제39호) 기사**

미국 민감국가 지정과 극심한 중국 스파이전의 현실

● **NP 5~6월호(제39호) 기사**

베네수엘라식 부정선거 우려되는 6·3대선

## 해커의 지문 [follow_the_party] 발견기 업데이트 (2025. 5.)

해커의 지문 ftp 발견이 어떻게 시작되었고, 어떤 시행착오의 과정을 거쳐 발견에 이르게 될 수 있었는지 다룬 『해커의 지문』(2021), 『해커의 지문 발견기』(2023)에서 조금 더 나아가 중요 단계를 요약하면 이렇습니다.

(i) 4.15 총선 결과 데이터 속에서 〈프로듀스 101〉과 같은 **조작함수**를 발견하려 했다.

(ii) 데이터를 분석하기 위해 표준화(standardization)를 통해 더불어민주당 당일득표율 50%에서 분기되는 **사전 당일 비중 그래프**를 발견했다.

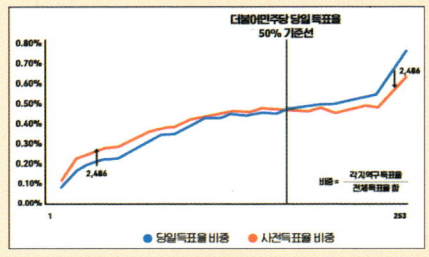

사전 당일 비중 그래프

(iii) 사전 당일 비중 차이값과 더불어민주당 각 지역구 당일득표수를 곱해 오름차순으로 정리하여 만든 **클러스트 그래프**를 통해 일곱 개씩 지역구가 묶인 36개의 그룹을 발견했다.

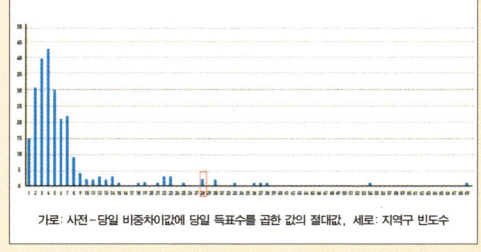

클러스트 그래프

(iv) 이 그룹들의 순번합을 구해 각각의 그룹이 100에 가까워지는 **데이터 평준화 또는 정규화를 시도**했다.

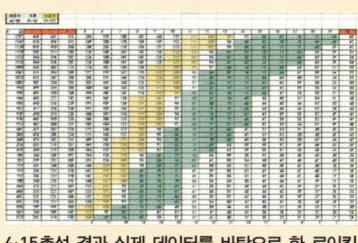

4·15총선 결과 실제 데이터를 바탕으로 한 로이킴 구성 원데이터

선거 결과 데이터를 반영하지 않은 선거구 순번 정렬

한 독자는 이런 방식의 데이터 분석은 '평준화'라는 개념이 적합한 듯하다고 했습니다. 다만 데이터 분석을 위해 각 그룹을 평균값에 수렴시켜 비교하는 방식은 데이터 과학에서 이례적인 발상은 아니라고 합니다.

최종적으로 마지막 단계의 로이킴 발견을 구체적으로 설명하기 위해 아래 네 장의 자료를 첨부합니다.

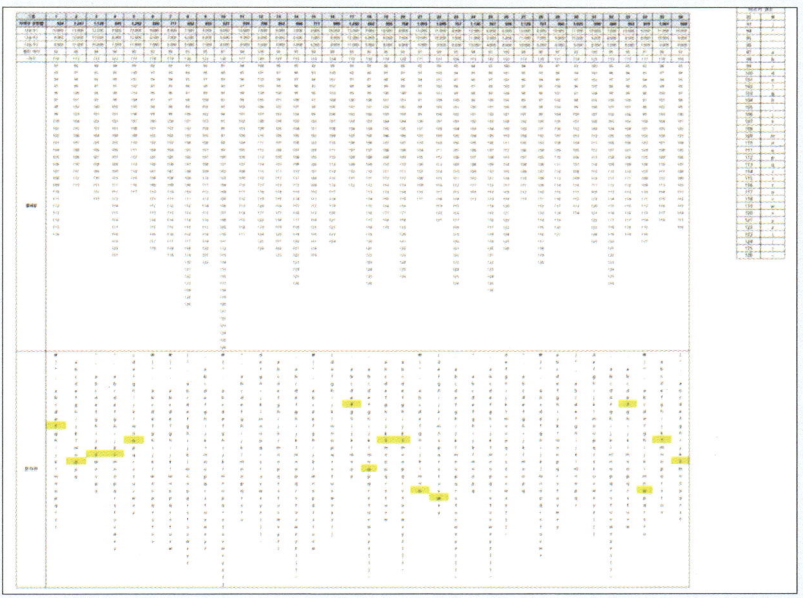

(i) 첫 번째 표. 앞에서 설명했듯 각 순번합이 100에 수렴되도록 하는 나눈수를 찾는다. 가령 첫번째 그룹의 순번합은 924이다. 100에 가까워지는 나눈수는 9이다. 정확하게 9는 아니므로 여기에 +1(10), -1(8)을 정하고 타겟문자가 이 범위안에 있을 것으로 간주한다. 이를 나눈수 1, 2, 3으로 표시했다. 이 범위의 값(정수)는 92에서 116까지다.

(ii) 첫번째 표의 하단과 같이 이 숫자들을 아스키코드로 변환했을 때 범위가 넓어 또렷하지는 않았지만 foll, foll, foll 세 쌍이 발견되고 이것이 16개 그룹 후, 다시 16개 그룹 후에 발견되는 것을 보고 반복되는 패턴이 있음을 염두에 두게 되었다.

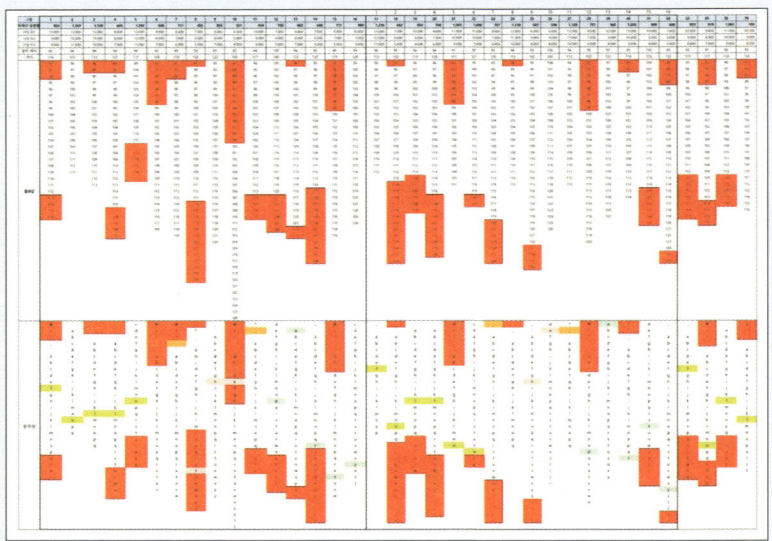

(iii) 두 번째 표에서와 같이 반복되는 구조의 실체에 접근하기 위해 중복되지 않는 부분에 모두 붉은 표시를 하고 남은 부분을 살펴 보았다. 범위가 좁혀진 부분에서 문장이 찾아지기 시작했다.

(iv) 첫 번째 세트에서 foll*_the_party가 보였고, 다시 두번째 세트에서 follow_*he_party 가 보였다.

(v) 두 세트의 교집합을 통해 follow_the_party를 완성하였다.

(vi) 2020년 5월 첫 발표 당시에는 언더바(_)가 띄어쓰기를 의미하는지 인식이 없었고, 문자에만 주목하여 언더바는 배제하고 발표했다.

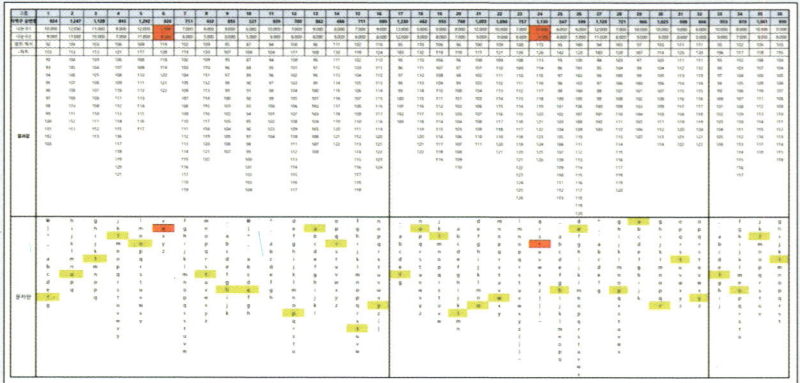

(vii) 앞 세트에는 w, 뒷 세트에는 t만 나타나지 않았다. w와 t가 나오지 않는 이유는 원 청 사진이 100% 결과데이터에 나타나지 않았던 이유일 수 있겠지만 발견 당시에는 나눈 수의 범위를 확장해 보기로 했다. 그룹6에 대해서 -2까지 확장했을 때 w가 나왔고, 그룹24의 경우 -2까지 확장했을 때 t가 완성되었다.

(viii) 아래 네 번째 표는 follow_the_party 완전태가 나오는 나눈수를 표시해 보았다.

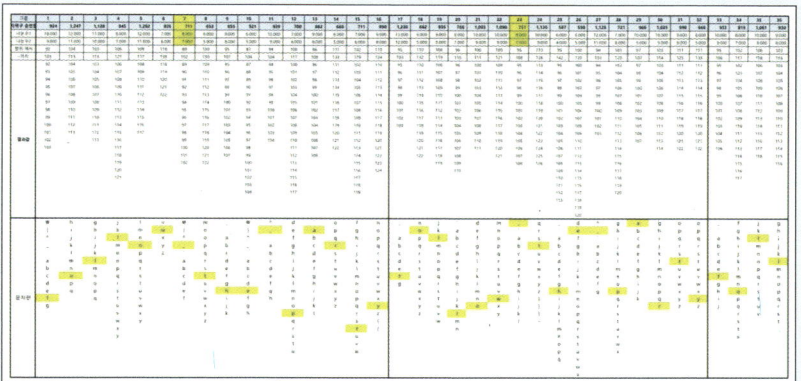

이상은 로이킴이 ftp를 완성하는 과정입니다. 위 설명에서 (vii)의 시도는 많은 비판을 받은 항목입니다. 두 개의 변칙을 해결하기 위해 임의로 범위를 확장했다는 것입니다.

위의 (v)에서 마무리를 했으면 뭇매를 덜 맞았을까요? 36개 그룹을 각각 100으로 수렴시키는 나눈수와 그 값의 +1, -1의 범위까지 넓혀 살펴 보았을 때 세트1, 세트2에서 follow_the_party의 각각 94%가 나타나고, 교집합으로 맞추면 100%가 나타납니다. (v)에서 로이킴 발견은 이미 완료된 것입니다.

\* 자료를 상세히 확인하고 싶으신 분들께서는 메일로 연락주시면 보내드리겠습니다.
 (메일 주소: vonnewskorea@gmail.com)

# 개요
## 디지털 부정선거와 증거로서의 [follow_the_party]

이 글은 2022년 발간된 『해커의 지문』과 2023년 발간된 『해커의 지문 발견기』 서장으로 쓰여진 것입니다. 2025년에 이르러 이 책들에서 빠진 부분을 더 첨가하고, 몇 가지 오류를 정정한 해설 작업을 진척했지만 이 백서에는 반영하지 못했습니다. 좀 더 진척된 연구 작업은 다른 간행물을 통해 여러분께 찾아가겠습니다. [follow_the_party] 규명 작업에 독자 여러분들의 적극적인 참여가 있으시기를 기다립니다. (자료 요청: vonnewskorea@gmail.com)

『해커의 지문』, 『해커의 지문 발견기』는 한국의 국가 시스템이 정상적으로 작동되고 있다면 굳이 우리 손으로 제작할 필요가 없었을 것이다. 이 책이 다루는 내용은 검찰과 경찰, 법원과 중앙선거관리위원회, 국립과학수사연구원 등의 국가 기관이 정치로부터 독립적이고 성실하고 진지하다면 마땅히 공적인 영역에서 다루어져야 할 국가적 중대사안이다.

## 수사 않는 검찰과 재판 않는 대법원

그러나 현재 한국은 국가 시스템이 전반적으로 심각한 고장을 일으키고 있는 것이 아닌가 한다. 법원은 이유 없이 소송을 지연하고, 서둘러 기각시키고 검찰과 경찰은 재검표를 통해 '배춧잎투표지' 등 문제 투표지가 속출하는 상황에서도 형사사건으로 전환하여 즉각 수사하는 노력을 보여주지 않았다. 언론은 어떤 종류의 유력 증거가 나와도 취재하지 않겠다는 태도로 일관했다. 부정이 아니라 부실선거라는 변명도 있었다. 하지만 공적 기관이 범하는 부실은 그 자체로 부정이고 불법이다. 국민 모두가 피해자가 되는 것이다.

가장 문제적인 것은 대법원의 노골적인 공직선거법 위반이다. 공직선거법 제225조는 "선거에 관한 소청이나 소송은 다른 쟁송에 우선하여 신속히 결정 또는 재판하여야 하며, 소송에 있어서는 수소법원은 소가 제기된 날부터 180일 이내에 처리하여야 한다"고 규정하고 있다. 본질적으로 선거무효·당선무효 소송은 '신속 재판'이 생명이다. 피해가 지속되고 증대되는 것을 막아야 하기 때문이다.

더구나 국민을 대표하는 지도자가 부정으로 선출되었다면 그들의 공무는 모두 위법한 것이 된다. 그러나 6개월 안에 단심으로 신속히 끝내야 할 100건 이상의 소송이 모두 재판도 판결도 없이 1년 이상 계류되었다.

왜 4·15총선에서만 이런 전례 없는 사태가 발생하는가? 단순 계수 오류에 관한 문제가 아니라 이 선거가 조직적이고 대규모적이며 총체적인 디지털 부정선거와 관련되어 있어 계수 외 다른 엄밀 감사가 필요하다고 우리는 주장해 왔다.

### '배춧잎투표지' 등 쏟아지는 조작 증거들

선거 후 14개월이 더 지난 2021년 6월 28일 인천 연수을 재검표를 시작으로 다섯 차례 재검표가 이루어졌다. 우리가 주장해온 디지털 부정선거를 입증할 수 있는 자료는 원활하게 제출되지 않았다. 중앙선거관리위원회는 서버와 투표자 상세 명부를 비밀로 했고, 이미징 파일 원본도 제공하지 않았다. 그럼에도 불구하고 다섯 차례 재검표는 증거 수집의 관점에서 의미 있는 성과를 냈다. 정상적인 투표지라고 할 수 없는 투표지가 대량으로 발견된 것이다.

대표적인 것이 이른바 '배춧잎투표지'다. 인천 연수을 재검표 때 처음 등장한 이 문제의 투표지 촬영은 허락되지 않았다. 대안으로 우리는 참관자 증언을 듣고 이미지를 재현했고, 이것을 '배춧잎투표지'로 명명했다. 이런 신속한 대처가 가능했던 것은 총선 직후부터 디지털 범죄를 의심해 왔기 때문이었다.

디지털 프로그램이 개입된 선거라면 결국 최종 실물표수와 선거 결과 데이터가 일치하지 않을 가능성이 높다고 보고 있었다. 더구나 소송이 100건 이상 제기될 것을 예상 못 한 범법자들이 법원의 증거 보전에 완전히 대처하지 못했을 것으로 보았다. 다섯 번의 재검표를 통해 축적된 증거는 우리의 이 같은 예측을 뒷받침해 주었다고 본다.

## 로이킴 비중 그래프 발견의 중대성

선거 직후부터 많은 시민들이 디지털 부정선거에 관련된 의견을 전달해 와서 경청했다. 특히 이 책들은 중앙선거관리위원회가 선거 개표 완료시에 홈페이지를 통해 공표한 선거 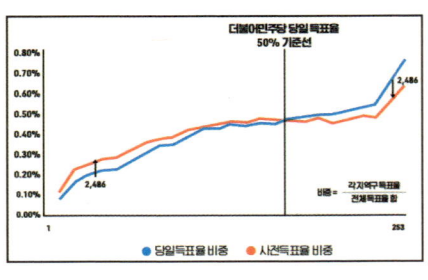 결과 데이터에서 도출해낸 암호문자, 일명 해커의 지문 [follow_the_party] 해설을 위해 출간되었다.

선거 직후 나온 『왜 사전투표가 승부를 갈랐나』, 2021년 11월 여러 차례 재검표 뒤 나온 『4·15부정선거 비밀이 드러나다』 등의 단행본을 비롯한 수많은 영상들과 기사 등 민간 영역에서 나온 의미 있는 활동들이 있었지만, 우리의 이 작업은 새로운 유형의 디지털 부정선거를 규명하는 데 있어 또 다른 생산적인 의미가 있다고 본다.

언론까지 포함한 공적 기관을 장악한 범법자들은 우리보다 강력한 권력을 갖고 있다. 힘으로 의혹 제기를 누르는 상황에서 우리에게 저항의 수단은 많지 않다. 확실한 것은 진실은 우리 편이라는 사실이다. 그들도 걷어들일 수 없는 많은 실수를 범하여 완전 범죄를 이루지는 못했다.

이근형 당시 더불어민주당 전략기획위원장이 페이스북으로 알려준 계획표와 중앙선거관리위원회가 선거 직후 발표한 결과 데이터는 인멸도 파기도 되지 않는 '엎질러진 물'과 같은 주워담을 수 없는 증거다. 범법자들은 디지털 부정선거 증거를 없애기 위해 서버나 노트북도 파기하고, 투표지를 태워 없애거나 바꿔치기할 수 있겠지만 이미 공표된 데이터를 철회하거나 파기할 수는 없다.

그 원석 속에서 [follow_the_party]를 추적해 내는 일은 조작자의 지문을 찾아내는 것으로 증거수집의 입장에서는 다이아몬드를 캐내는 것과 비견될 수 있다.

## 253개 지역구 순번으로 짠 숫자판을 알파벳으로 변환

2020년 5월, 민경욱 전 의원을 통해 [follow_the_party]가 세상에 알려진 이후 발견자 로이킴(김상훈 씨의 필명, 편의상 발표 당시부터 사용된 그의 영어이름을 존칭 없이 계속 사용하기로 한다. - 편집자주)은 물론이고 그를 발굴하고 그의 목소리를 세상에 전달한 민경욱 의원과 우리도 지탄을 받아왔다.

그러나 로이킴의 발견에 진지하게 관심을 둔 사람이라면 그가 각 선거구 사전투표와 당일투표 각각의 비중값 차이 비교를 통해 그려낸 그래프의 중요성을 알아차렸을 것이다. 선관위가 발표한 데이터에서 나타난 가장 강력한 인위적 조작의 증거라고 해도 틀리지 않을 것이다. 그럼에도 하태경, 이준석 등 정치인들의 모독과 핍박은 가장 인상적이고도 기괴한 일로 기록해 둘 만하다.

우리는 로이킴의 [follow_the_party]를 간단히 설명하기 위해 '해커의 지문'이라고 명명했다. 좀 더 구체적으로 말하면, 제작한 프로그래머의 제작자 또는 작업자 표시와 같은 것이다. 화가가 그림을 완성하고 낙관이나 서명을 하는 것이나, 옷을 다 만들고 목 뒤에 라벨을 부착하는 것처럼 프로그래머 세계에서 제작자를 표시해 두는 것은 흔한 관행이라고 한다.

다만 화가의 낙관도 그림이라는 형식적 틀 안에서 새겨지는 것처럼, 또는 옷에 부착되는 라벨도 섬유 속에서 또 다른 섬유인 것처럼, 데이터 값이라는 '숫자' 더미 속에 들어가는 낙관이나 라벨은 결국 '숫자'가 될 수밖에 없었을 것이다. 영상 제작자가 영상 어딘가를 확대하여 픽셀 속에 암호 같은 것을 숨겨 두는 경우와 비슷하다.

로이킴이 발견한 [follow_the_party]는 바로 253개 지역구 순번을 이용하여 특수한 알고리즘을 설계해서 선거 데이터 목표값이 실현되면 도출되도록 숨겨 놓은 문자열이다. [follow_the_party]는 영어 알파벳으로 되어 있는데 알파벳도 아스키코드(ASCII)를 통하여 숫자로 치환될 수 있다.

이제 이 놀라운 발견이 사실로 확인된다면 4·15총선은 선거 전에 설계된 조작 청사진이 있었고, 투개표 이후 이 설계도가 실현되었을 때 확인될 수 있도록 설계되었다는 의미다. 상세한 설명에도 불구하고 알고리즘의 세계에 이해가 없는 분들에게는 난해할 수밖에 없을 것이다. 우리조차도 이 책을 준비하는 기간 동안 수도 없이 브레인스토밍을 거듭하였다.

그런 의미에서 이 책은 미완성이다. 따라서 이 책은 무엇보다 유권자이면서 앞으로도 이 땅에서 자유를 누리고 지켜야 할 다음 세대에 보내는 초

대장과 같은 것이다. 영어와 숫자, 디지털 코딩의 세계에 익숙한 세대에게 보내는 도전장이기도 하다.

"한번 각자 깊이 들여다보고 자유롭게 더 토론해 봅시다!"

## 개별 253개 선거구를 하나로 연관 짓는 로직의 발견

우리는 1년 반 이상 이 작업을 하면서 내부적으로 많은 토론을 거치며 난관을 뚫어왔다. 디지털 부정선거 관련 맹주성 가설은 선거 1주일 후에 제출되었다. 이 가설은 간단한 프로그램 조작으로 당락을 조정할 수 있는 일종의 '온라인 또는 디지털 게리맨더링' 가설이었다.

나중에 합류한 장영후 프로그래머의 해설은 조작 표수의 '최적화' 가설을 부가하여 사전에 당락 목표를 철저히 설계하고, 미세하게 조정되었음을 보여준다. 로이킴이 발견한 [follow_the_party]는 당락을 바꾸고 표수를 줄여 최적화하는 기본 설계와는 다른 종류의 제3의 로직이었다. 많은 시행착오를 통해 이 결론에 도달하는 데 1년 이상의 시간이 소요되었다.

수천만 명의 민심을 담는 선거 결과 데이터에서 이토록 이채롭고 인위적인 패턴이 발견된다는 것은 하나의 사건이다. 보통선거란 자유민주주의 국가의 근간에 해당되는 것이고 중국, 북한과 같은 일당독재 권위주의 체제와 분리되는 기준이라고 할 수 있다.

이 자유 보통선거가 위기에 처했다는 징후가 발견되는 즉시 엄밀 감사와 수사를 통해 검증되어야 마땅하다. 그러나 다시금 통탄을 금치 못하는 것은 검찰, 경찰, 법원, 언론, 야당이 기묘한 사보타주를 이어가고 있을 뿐이라는 것이다. 이 상황이 반전되어야 나라가 산다.

## 블랙 레볼루션 일으켜 다시 맑고 푸른 나라로

　이 책들이 나오기까지 많은 분들의 협력이 있었다. 특히 맹주성, 로이킴, 장영후 필자들의 열정과 전문가적 식견이 4·15총선의 디지털 부정선거 모델을 설명해내는 데 있어 중추가 되었다.

　모든 에너지를 쏟아 부정선거 규명에 함께해 주신 4·15부정선거국민투쟁본부 상임대표 민경욱 전 의원, 그리고 사무총장 도태우 변호사를 비롯한 많은 법률가들의 헌신적인 노력, 최대한의 투표지 보전과 재검표를 이끌어낸 가로세로연구소 등 수많은 블랙전사들의 힘으로 우리의 가설은 현실적으로 입증되고 있다.

　함께 토론하고, 교정하고, 기도해 준 맹주성 이사장님과 사단법인 법치와자유민주주의연대(NPK) 회원 여러분들께도 깊이 감사드린다.

　이 책들을 쓰고 편집하고 독려하고 토론하고 교정하는 전 과정에 많은 어려움이 있었다. 그중 가장 큰 것은 마음의 어려움이다. 우리가 사랑하는 나라, 우리의 삶의 소중한 터전이 예전 그 모습이 아니라는 데서 생겨나는 슬픈 마음이 내내 따라다닌다. 동시대를 살아가는 많은 이웃들이 이 슬픔을 공유하고 있다는 것이 위로가 된다.

　이 책이 4·15부정선거 규명에 함께하신 모든 분들께 희망을 주는 작업이 되었으면 한다. 2020년 4월 15일 이후 한결같이 부정선거 규명을 외쳐온 수많은 시민들의 함성으로 인해 우리가 사랑하는 '우리 나라 대한민국'에 다시 맑고 푸른 계절이 올 것을 소망하고 믿는다.

◆ ◆ ◆

## 국가범죄로서의 부정선거

4·15부정선거는 선거가 있었던 날을 전후하여 특정 후보 한두 사람을 당선시키기 위해 일어난 단발적 사건이 아니다. 이 책은 4·15부정선거가 오랜 시간에 걸쳐서 준비 계획되어 실행되고, 또한 사후에 증거가 대대적으로 인멸된, 통상 몇몇 개인이나 소규모 집단의 일탈이 아니라 '국가범죄'(State crime)에 준하는 중대 범죄라는 관점에 입각하여 이 문제를 다루고 있다.

정치적 입장과 관계없이 4·15부정선거 의혹에 대해 쉽게 '확증편향' 또는 '음모론'이라고 치부했던 이유는 크게 두 가지가 있었다. 하나는 선거 직전 각 후보가 '여론조사 약세'에 지레 결과를 수긍한 것이고, 또 하나는 "요즘 세상에 부정선거가 가능한가?" 하는 '부정선거 실행의 어려움'이라는 우려가 있었다. 그러나 우리는 일관되게 "요즘 세상에서만 가능한 디지털 부정선거가 일어났다!"고 주장해 왔다. 더불어민주당이 승리한 지역구에서만 부정선거가 일어난 것이 아니라 전국 모든 지역구에서 일어났다는 입장이었다. 여론조사에 관하여는 여론조작이 선거부정의 한 부분이며 부정선거의 필수적인 선행 작업이라는 입장이었다. 또한 거대 권력과 천문학적 금전이 동원된 국가 차원의 범죄라는 우리의 전제가 맞다면, '실행의 어려움'이라는 보통사람들의 우려는 뜻밖으로 쉽게 극복될 수 있었을 것이다.

국가범죄란 국가의 존립 자체를 위태롭게 하는 내란이나 외환을 일반적으로 지칭하는 것이다. 그러나 여기서 국가범죄란 또 다른 부류의 정의에 속하는 것으로서 '공적 권력'(public power)이 저지르는 중대 범죄에 가깝다. 공적 권력을 가진 주체가 사적인 이유로 저지르는 범죄가 아니라, 바로 그 주체가 어떤 종류의 '공적인 이유'를 갖고 벌이는 범죄 유형이다.

4·15부정선거 규명에 있어 가장 문제적인 갈등은 바로 이 관점 자체에서 비롯되고 있는 것이 아닌가 생각된다. 이 전제에 대해 이해 또는 수긍

하지 않는 독자라면 인내심을 갖고 이 책을 끝까지 읽어내는 것이 결코 쉽지 않을 것이다. 그러나 이 책을 통해 최소한의 생산적인 논쟁이라도 시작되기 위해서는 이 같은 우리의 전제를 일러두지 않을 수 없다. 다시 말해서 4·15부정선거 문제에 접근하기 위해서는 몇 가지 선행되는 인식이 필요하다. 그중 으뜸되는 것은 4·15부정선거는 세계사적 패러다임 전환기에 맞물린 거대 담론의 영역일 수 있다는 것이다.

4·15부정선거 문제에 대해 너무 큰 틀에서 접근한다고 해서 음모론자, 허언증 환자, 부정쟁이, 악성종양 같은 욕설은 제발 그만 내뱉기 바란다. 선거에 관련된 의혹은 무죄추정원리가 적용되지 않는다. 오히려 유죄추정이 원칙이어서 선진국일수록 철저한 선거 사후 감사제도를 갖고 있다. 지금 우리는 한국의 선거 감사제도가 고장상태인 것을 목격하고 있다. 대법원 단심과 6개월 시한 이유가 모두 무색해졌다. 쏟아지는 이상 투표지와 선거 관리 상황을 보았을 때 현대 국가로서의 대한민국의 존속이 걱정되는 상황이다.

4·15총선이 부정선거라는 주장이 음모론으로 몰린 또 하나의 이유는 이 책에서 해커의 지문으로 명명되는 [follow_the_party] 암호문자의 발견 때문이다. 이 책은 중앙선거관리위원회가 최종 발표한 4·15총선 결과 데이터에서 [follow_the_party]라는 해커의 지문을 발견했다는 한 시민의 제보에 대해 괴담으로 보지 않고 합리적 의혹으로 받아들여 분석했다. 만일 해커의 지문에 관해서만 말하는 것이 목적이라면 발견된 문자열이 꼭 [follow_the_party]일 필요는 없다. 문제는 중앙선관위 발표 데이터가 순전히 유권자의 자연스러운 표심을 대변하는 것이 아니라 사람의 손을 탄 결과물이라는 증거가 나온다면 그것이 아주 미미한 것이라도 심각하게 접근하는 것이 옳다는 것이고, [follow_the_ghost]든 또 다른 문장이든 상관이 없다. 문제는 해커의 지문이 나오게 된 전 단계의 로이킴 발견이 주목할 만한 것이어서 주목하지 않을 수 없었다.

그러나 해커의 지문 [follow_the_party]에 관련된 쟁점은 이것이 도출되는 로직보다 [당을 따르라]로 해석될 수 있는 문장의 의미에 집중되어 있었다. 이 부정선거가 중국 공산당과 관련되어 있다는 의혹으로 이어지기 때문일 것이다. 4·15부정선거가 국가에 준하는 거대 권력집단의 체계적이고 조직적인 범죄라는 추정만큼 중국이 우리 선거에 개입했다는 증거가 나왔다는 것은 한층 심각한 주제가 아닐 수 없다. 더구나 중국인을 비롯한 외국 국적의 참관인이 개표에 관여한 상황은 이런 의혹을 증폭시켰다.

## 보통선거의 세계적 위기

불과 두 세대 만에 세계 최빈국에서 빈곤 극복과 정치적 자유를 동시에 성취한 선진국에 도달했다는 자부심을 갖고 있는 한국인으로서 후진국형 선거부정 문제를 제기하는 것은 불편한 일이다. 그러나 특정 인물이 정치적 야심을 이루기 위해 범하는 종류의 선거부정이 아니라 '문명사적 충돌'이라는 큰 그림 속에서 시야를 넓혀 이 문제를 진지하게 들여다볼 필요가 있다.

IT 기술혁명으로 선거에 디지털 개념이 결합된 이래 선거부정 문제는 차원을 달리하는 전 세계적인 문젯거리가 되고 있다. 콩고, 베네주엘라, 벨라루스, 미얀마 등의 나라에서만 쟁점이 되는 것이 아니다. 미국이나 독일 같은 나라의 문제이기도 하다. 미국의 2020년 대통령 선거도 여전히 부정선거 의혹을 검증하는 단계에 있다. 독일에서 앙겔라 메르켈 총리의 후임을 결정하는 연방 하원 총선(2021년 9월 26일)에서의 사이버 공격을 통한 러시아의 선거 개입 우려도 구체적으로 회자되었다.

전 세계적인 차원에서 '보통선거'는 전에 없는 위기에 봉착해 있다. 영국의 대헌장과 명예혁명, 미국의 독립전쟁, 프랑스혁명, 그리고 미국 남북전쟁과 세계 제1, 2차 대전 등 세계사적 대사건들은 권리 향유의 주체를 결정하는 문제와 관련되어 있었다. 또한 개인의 자유를 향해 요동치는 강렬한 물결로 연결되었다. 신분과 인종, 성별을 넘어서서 모든 인간이 천부인권을 갖고 있고 그 실현방법으로서 '보통선거'의 중요성이 부각되고 확산되는 역사라고 바꿔 말할 수도 있다. 흑인의 권리를 확정한 미국 수정헌법 제13조, 14조, 15조는 치열한 내전을 거쳐서 제정된 것이었다. 미국에서 여성의 참정권을 인정한 것은 이보다 훨씬 늦은 수정헌법 제19조(1920년) 제정으로 가능해졌다.

근년에 홍콩에서 벌어지고 있는 유혈 사태의 원인 역시 선거권 수호 문제와 직결되어 있다. 중국 공산당은 1978년 본격적인 개혁개방에 나서면서 자본주의에 적응해 왔지만 개인의 자유, 특히 선거의 자유 허용에까지 이르지는 못했다. 미국·독일에서 러시아나 중국의 선거 개입을 우려하는 것과 같이 한국에도 같은 종류의 도전이 구체적으로 도래해 있는 것이다. 홍콩이 영국에서 중국으로 반환될 때의 약속은 적어도 50년간은 '일국양제'를 허용한다는 것이었다. 홍콩에서는 한시적으로 보통선거가 존재하는 자유민주주의 체제를 허용한다는 의미였다. 그러나 약속은 사반세기가 되기 전에 깨어지기 시작했다. 이제 많은 사람들이 일국양제란 공산당의 입장에서 체제 위협으로 인식하고 있는데 그중심에 선거제도라는 주제가 있다.

영국 「이코노미스트」 등 서구의 유력 잡지들은 "경제적 성장이 자연스럽게 정치적 자유를 불러올 것으로 예상했으나 중국에서 그런 일은 현실이 되지 않았다"는 식으로 자책하기 시작했다. 아울러 중국이 갖고 있는 '디지털 독재 능력'에 대해 주목하기 시작했다. 중국 공산당이 15억 인구를 디지털 도구를 통해 통제해 나가는 능력은 아무도 의심하지 않는다. 디지털 독재는 이제 전 세계적으로 민주주의를 후퇴시키는 개념으로 새로운 키워드로 부각되고 있다. 후발 자본주의 국가로서 경제력과 군사력 차원에서 승승장구했던 일본이 진주만 기습과 태평양 전쟁으로의 길을 걸었듯 '개인의 자유'라는 시험대 앞에서 중국 공산당도 진퇴양난의 기로에 서 있다. 중국 공산당은 여전히 "우리 당을 따르라(Follow Our Party)"고 명령하고, 시진핑 시대에 고삐는 더 죄어지고 있다.

필자는 주체사상의 창시자로 알려져 있는 황장엽 전 북한 노동당 국제담당 비서를 10년 이상 직접 대면 또는 서신으로 접견해 왔다. 그와의 대담 중 중국에 대한 입장은 특히 인상적이었다. 황 전 비서가 중국에서 시진핑현 주석 부친 시중쉰(習仲勳, 1913~2002)을 만났을 때, "우리는 김정일을 내심으로 지지하지 않지만, 대한민국에서 북상해올 자유민주주의를 위협으로 보기 때문에 북한과 운명적으로 연대할 수밖에 없다"는 입장을 직접 들었다고 전했다. 4·15부정선거는 대내외적으로 봉착해 있는 한국 자유민주주의 진정한 위기에 대해 새삼 일깨워주고 있는지도 모른다.

## 디지털 부정선거를 입증해준 일련의 재검표

4·15부정선거는 다섯 번의 재검표를 거치면서 많은 의문이 해결되어 왔다. 다만 우리가 해커의 지문이라고 부르는 [follow_the_party]에 관해서는 궁금증이 남아있다. 다음 페이지에 나타낸 "4·15부정선거 전체 개념도"는 2020년 4월 15일 이후 제기되어온 각종 의혹들 중 이 책에서 주목하고 있는 내용을 골라서 정리한 것이다. 지금까지는 수개표가 아닌 전자개표기로 인하여 일어나는 개표 부정을 디지털 부정선거라고 인식할 수 있는 정도였다.

그러나 이 책에서 디지털 부정선거라고 지칭하는 것은 영역이 훨씬 확장된 것으로 다음 페이지의 '전체 개념도' 표에서 별표(*)를 표시한 것은 모두 디지털 부정선거와 관련이 있다고 말할 수 있다. 우리는 조작의 설계, 조작을 실행하기 위한 제도와 정책 정비, 현장 실행, 증거인멸 등 사후처리에서 모두 디지털 부정선거와 관련된 요인이 있음을 주장해 왔다.

여기서는 조작의 설계에 초점을 두고 해설하여 디지털 부정선거에 관련한 의혹을 풀어나간다. 지금까지 제출된 모든 의혹들을 마스터키처럼 풀어줄 열쇠가 조작의 설계도를 복원하는 데 있다고 보고 있기 때문이다.

이 책에서 초점을 맞춘 '조작의 설계' 관련 소주제는 다음과 같다.

> **[1단계] 조작의 설계**
> (i) 빅데이터 여론조사
> (ii) 반드시 당선 또는 낙선시킬 후보 및 의석수 만족시키는 설계(디지털 게리맨더링)
> (iii) 암호문자 [follow_the_party] 삽입과 총 비율 최적화
> (iv) 미세 조정 및 총 표수 최적화로 조작 청사진 완성
> (v) 이상의 목표를 실현시킬 컴퓨터 프로그램 완성

총선 직후부터 사단법인 법치와자유민주주의연대(NPK)와 NPK의 목소리(Voice of NPK) VON뉴스에서는 공학박사 맹주성 이사장의 가설에 따라 투개표 과정에 디지털 프로그램이 사용되었을 가능성을 꾸준히 제기해 왔다. 그후 해커의 지문 [follow_the_party]를 제보해준 로이킴과 '후사장'이라는 필명으로 소개되었던 장영후 산업 프로그래머의 제보를 통해 이러한 디지털 부정선거 설계에 관해서 한 단계 구체적인 접근이 가능해졌다. 그러나 보다 많은 사람들과 이 문제를 공유하기 위한 시도를 하기까지 오랜 시간 재검표를 기다려야 했다. 정상적인 상황이라면 6개월 안에 끝나야 할 선거무효, 당선무효 소송은 좀처럼 진행되지 않았다. 우리는 범법자 입장에서 사후에 증거 인멸 또는 사후 투표용지 조작 단계에서 자신 있게 대응하지 못할 만큼 큰 하자가 있었다고 추정하게 되었다.

이 엄청난 의혹이 검증되는 데 있어 우리에게 필요한 것은 '힘'이었다. 거듭 말하건대 검찰과 경찰, 법원 등이 정치로부터 독립적이고 투명하고

유능하며, 성실하고 진지하다면 우리의 이 작업은 마땅히 공적으로 수행되어야 할 내용이다. 그러나 공적인 영역에서 부정선거를 규명하겠다고 나선 기관은 없었고, 어떤 의혹에 대해서도 진지하게 관심을 가져야 할 당시 제1야당이 아이러니컬하게도 가장 앞자리에 선 방해자였다. 민경욱 전 의원은 심각한 정치적 불이익을 자당으로부터 당해야 했고, 나중에 황교안 후보가 대통령 선거전에 나섰을 때 부정선거에 관한 침묵을 역시 자당으로부터 강요당했다. 당대표와 대통령 후보 경선 과정에서 보여준 불투명성은 그들 자신이 부정선거 공범이라는 의심을 가능케 했다.

부정선거 규명에 나설 공적 주체가 공백인 상황에서 범법자들의 남은 일은 무엇일까? 언론을 통해서 부정선거 문제가 제기되지 않도록 하는 것과, 문제를 제기하는 사람은 누구든 감옥으로 보내는 등 극단적인 방법까지 사용하여 시민들의 표현의 자유를 틀어막는 것, 코로나19 방역 상황을 이용하여 시위의 자유를 막는 것 등 최대한 모든 방법을 동원했을 것이다.

그럼에도 불구하고 그들도 존재하고 있는 법을 마치 무법천지가 된 것처럼 무시할 수는 없다. 2021년 6월 28일 시작된 재검표는 지연 작전이 한계에 달했다는 의미가 있을 것이다. 이미 이 정도 지연 작전을 진두지휘했을 김명수 대법원장의 비위(非違)는 반드시 기록해 두어야 한다. 증거 인멸의 시간을 충분히 벌어주고, 법정 기한을 8개월이나 넘겨서 시작된 재검표는 단순 계수를 위한 것이 아니었다. 우리가 제기했던 가설은 서버를 통해 일어난 대규모 디지털 범죄를 규명하는 것이었다. 이 디지털 범죄의 증거를 찾는 방법으로서 재검표는 한 가지 과정일 뿐이었다. 여러 후보들의 소송 제기를 통해 투표지를 대거 보존한 민완한 대처는 역시 기록되어야 한다.

첫 재검표가 있던 날, QR코드나 이미징 파일 등 디지털 자료를 통해 확보할 수 있는 증거는 인멸되었거나 제출되지 않았다. 우리는 위변조나 인멸이 불가능한 것은 투표지 자체일 것으로 예상했다. 투표지 자체를 완벽하게 처리해 두지 못했을 가능성을 생각했다. 인쇄 전문가가 함께 참관해야 할 필요성을 재차 제기했던 것도 이와 같은 최악의 상황에서 인쇄 상태를 통해 투표지 무결성을 확인하는 길이 유일하게 남아있을 것으로 보았기 때문이다.

역시 이미징 파일의 원본조차 확보할 수 없는 상황이었다. 그럼에도 불구하고 무결성을 인정할 수 없는 투표지들이 속출했고, 그중에서 푸른 색이 남은 채로 겹쳐 인쇄된 이른바 '배춧잎투표지'의 출현은 대중들의 주목을 받기 시작했다. 도태우 변호사는 재검표가 완료되기 전에 페이스북을 통해 "눈으로 부정선거의 증거를 확인했다"고 언급했다. 우리는 사진 촬영이 금지되었다는 그 푸른색 투표지 이미지 설명을 듣고 그려냈다. 하얀색 몸통에 푸른색 이파리가 붙어있는 배춧잎을 연상시키는 그 투표지를 '배춧잎투표지'로 명명해서 알렸다. 언론의 거의 완전한 침묵에도 불구하고 우리는 4·15부정선거 규명에 큰 걸음을 떼기 시작했다.

8월에 이어진 경남 양산을의 재검표에서는 몸이 붙은 투표지가 나오는 등 더 이상 검증이 불필요한 이상한 투표지들이 쏟아져 나왔다. 이 상황에서도 언론과 야당의 태도는 바뀌지 않았다. 우리 사회가 처해 있는 비정상성이 부정선거 규명전에서 적나라하게 드러나기 시작했다. 범법자들과 공범단이 우리 사회의 제도권 전체를 장악하고 있다고 해도 틀린 판단이 아닐 것이다. 더욱이 피해 정당이 앞서 부정선거가 아니라 '선거 부실' 또는 '부실 관리'라는 말로 범법자들을 대신 방어해 주고 있다. 인구 5천만에 경제 강국 선진국을 자랑하는 한국에서 선거의 부실 관리란 그 자체로 부정선거다. 직무유기이며 배임이다.

요컨대 한국은 건국 이래 최악의 법치 위기 상황에 처해 있다. 6·25 전쟁이 끝난 지 7년 만에, 그것도 겨우 1인당 GDP 100불 내외인 상황에서 일어난 4·19 직전의 3·15 부정선거와는 그 규모와 방법이 크게 다르다. 문제는 부정선거를 대하는 한국인들의 민감도가 그 당시에 비해서도 훨씬 떨어진다는 것이다. 젊은이들조차 굳게 입을 다물고 있다. 배춧잎투표지로 상징되는 불법 투표지가 무더기로 나온 이상 즉각 형사 사건으로 전환되어야 함에도 불구하고 중앙선거관리위원회를 압수수색하겠다는 수사 당국이 없다. 여기서 우리는 이 사건이 결국 권력 가진 자들이 저지른 국가범죄라는 범주에서 이해되어야 하는 이유를 다시 확인한다. 권순일 대법관 부패 혐의와 조재연 대법관의 법무법인 대륙아주와의 이익충돌 문제도 심각하게 결부된 것으로 보인다.

## 새로운 유형의 디지털 부정선거

우리가 '배춧잎투표지'를 디지털 부정선거의 증거로 보는 이유는, 중앙선관위가 개표 완료시 발표한 결과 데이터는 프로그램이 개입되어 전산으로 최종 결정한 조작 데이터 값이고, 그 값이 각 지역구 개표 결과 실제 투표지수와 맞지 않을 것이므로 범법자들이 시민들의 대규모 소송전에 제대로 대응할 시간이 모자라 법원 투표지 보전시에 유령 투표지를 대량 급조해 넣었을 것으로 보았기 때문이다. 우리가 4·15총선 디지털 부정선거 모델을 새로운 유형이라고 보는 것도 같은 이유다.

아울러 2002년 전자개표기 도입시부터 끝없이 구설수에 올라왔던 전자개표기 부정 문제도 여전히 살펴야 한다. 말하자면 사전투표율과 득표율로 조작목표값에 도달하지 못할 경우 당일 개표시에 전자개표기를 사용해야 할 필요성이 있었다고 보여진다. 따라서 충남 부여에서 있었던 투표지분류기(이하 전자개표기와 구별 없이 사용) 리셋을 통해 표수의 현격한 변화가 확인된 것은 4·15부정선거 규명전에 있어 매우 의미 있는 사실이다. 이 책에서 주로 다루는 [follow_the_party]의 존재를 입증하는 데 있어서도 부여 전자개표기 리셋 사건은 매우 큰 의미를 갖는다. 리셋이 없었을 시를 가정하여 개표 결과값을 환산했을 때 비로소 [follow_the_party]를 완성할 수 있었기 때문이다.

2017년 제작된 영화 《더 플랜》(The Plan, 김어준 제작)은 투표지분류기의 조작 가능성을 매우 구체적으로 밝힌 적이 있다. 첫째 1% 내외로 발생해야 하는 미분류표가 3.5%에 이른 것과, 전자개표기에서는 문재인 후보가 비슷하게 나왔고, 수개표로 재분류한 미분류표는 박근혜 후보가 훨씬 많이 나왔다며 김어준은 개표 시스템 전체에 물음표를 던졌다. 반대로 전자개표기는 박근혜, 수개표는 문재인 후보가 우세했다면 대규모 소요가 일어났을 것이다. 결과적으로 일종의 '팀킬'이었다. 그러나 4·15총선에 대해서는 일제히 침묵했다.

여기서는 디지털 장비를 사용하여 현실적으로 조작을 하는 실제보다 이 모든 과정이 어떤 방식으로 설계되었는가에 초점이 있지만 설계와 실행, 그리고 선관위 결과 데이터를 묶어 종합적으로 이해해야 디지털 부정선거 전모를 파악할 수 있다고 생각된다. 특별히 이 책은 4·15부정선거는 어떻게 설계되었는가에 관한 의견서이자 일종의 시뮬레이션이다. 우리의 주장에 대해 '가설' 또는 '가설 해설'이라고 명명한 까닭은 앞으로 검증 작업이 열려있기 때문이다. 우리는 이 책을 통해서 검증의 장을 열고자 한다. 무엇보다 수사기관이나 사법기관에서 수사 및 판결에 참고서로 사용해 주기 바란다.

우리의 작업 과정과 결론에는 어느 정도 '오차' 개념이 필연적으로 포함되어 있다. 로이킴 가설이 등장했을 때 초기 검증에 참여했던 사람들은 이 작업을 정확한 해를 구하는 풀이, 즉 정답풀이(exact solution)로 인식하는 경향이 있었다. 그러나 [follow_the_party] 로직을 포함한 전 과정이 컴퓨터로 계산되고, 또한 결과값은 수천만의 투표행위와 결부되어 있고, 현장 변수도 있는 것이어서 정답풀이와는 거리가 있는 일종의 추단(heuristics)이다. 로이킴 자신도 〈프로듀스 101〉 사건에서 사용되었던 것과 같은 방정식 도출에 몰두하는 과정에서 비중값 비교도 가능했다고 했지만, 컴퓨터의 세계는 오차 분석(error analysis) 개념을 포함할 수밖에 없다. 다만 그 오차범위가 (±) 3% 내에 있다면 합리적인 해로 간주할 수 있다. 오차 없는 계산값을 기대하고 로이킴과 장영후 가설을 비난하는 것은 수학 공식의 세계와는 또 다른 휴리스틱의 세계와 컴퓨터에 대한 이해 차이라고 본다.

우리의 가설과 해설은 전체 데이터 없는 이근형 판세표와 중앙선관위 결과 데이터, 그리고 다섯 번의 재검표를 통해 본 투표지 상황을 근거로 설계 청사진 복원 작업에 임한 것이다. 거듭 말하건대 오차 가능성은 염두에 두고 보는 것이 옳다. 장영후 프로그래머는 중앙선관위 결과 데이터에서 충남 부여 전자개표기 리셋이 없었다는 것을 가정해서 조정한 데이터 값을 '전술 목표 판세표'라고 부르고 이것이 선거 전 조작 청사진이라고 말했다. 다만, 완전히 일치된다고 단언할 수 없고, 약간의 오차 가능성은 두고 볼 필요가 있다고 유보했다.

이 작업은 전문가 집단의 토론을 위한 기초 자료를 구축한 것이다. 장영후 프로그래머는 로이킴 가설을 정량적으로 해설하기 위해 많은 노력을 기울였지만 이 작업이 최종 결론이 될 수는 없을 것이다. 이제 공론에서 더 차분하게 다룰 차례다.

## [follow_the_party]에 관련된 쟁점

암호문자 [follow_the_party](당을 따르라)가 세상에 등장한 것은 2020년 5월 21일 민경욱 인천 연수을 후보의 페이스북에서였다.

> "프로그래머가 자기만 알아볼 수 있게 배열한 숫자의 배열을 찾아내 2진법으로 푼 뒤 앞에 숫자 0을 붙여서 문자로 변환시켰더니 'FOLLOW-THE-PARTY'라는 구호가 나왔습니다. 우연히 이런 문자 배열이 나올 수 있는 확률

을 누가 계산해 주시면 감사하겠습니다. 그 확률이 1/10억보다 낮다면 빙고! 중국과 내통해 희대의 선거부정을 저지른 문재인은 즉각 물러나라!"

부정선거가 있었다면 가장 큰 피해자일 제1야당 미래통합당 인사들이 민 후보의 주장을 가장 격렬하게 비난했다. 현역의원 하태경은 민경욱을 출당시켜야 한다고 주장했고, 조선일보는 이런 주장을 그대로 받아썼다. 여러 언론들의 한결같은 반응은 '허황된 음모론', '아무도 알아들을 수 없는 말'이라는 것이었다. 선거 실패를 인정하고 개표 도중에 대표 자리를 내놓은 황교안 대표의 뒤를 이어 비상대책위원장을 맡게 된 당시 김종인 비상대책위원장은 "강경 보수층에서 이번 총선에 부정선거 의혹을 제기하는 것과 관련해 별로 신빙성을 두지 않는다"고 말했다.

2021년 이준석의 비아냥거림은 훨씬 자주 반복되었다. 여론조사를 통해 당대표가 된 이준석은 "달 착륙 음모론이 50년간 이어지고 있다"면서 "선거 조작 음모론도 만성질환처럼 지속되면서, 보수에게 매 선거마다 표 손실을 줄 것"이라고 말했고, 심지어 정치생명을 걸기도 했다. 선거 1년이 지난 무렵, 이준석은 "대깨문 1,000명만 차단하면 조용해지더라는 이재명 지사의 말에 감명받아 부정쟁이들을 1,000명 정도 차단해 볼까 하는 고민이 시작됐다. 그런데 부정쟁이들이 다해 봐야 이제 100명은 되려나."(2021. 4. 21. 서울경제)라고 말했다. 폴리뉴스는 "미래통합당이 민경욱을 제명이라도 한다면 계속 하락하는 당 지지율이 2% 정도는 오를 것"이라고 비아냥거리는 칼럼을 싣기도 했다.

앞장에서 언급했듯 정치인들의 비난은 초기 [follow_the_party] 검증자들이 정확한 해를 구하는 정답풀이(exact solution)에 몰두하면서 나온 비판과는 종류가 달랐다. 휴리스틱과 컴퓨터의 오차 분석 개념을 적용하여 로이킴 가설과 장영후 해설에 접근했다면 더 많은 사람들이 ±3% 정도의 오차에 대한 이해를 갖고 열린 마음으로 검증에 참여할 수 있었을 것이다. 이 책은 이 길을 다시 새롭게 열기 위한 자료를 제공하기 위해 만들었다고 보아도 될 것이다. 향후 활발한 연구와 토론을 기대한다.

다만 언론과 정치인들의 비정상적인 비난에 대해서는 반드시 책임을 물어야 한다고 생각한다. [follow_the_party] 개념이 공개된 후 사람들은 이 구호가 적힌 피켓을 들고 거리에 나오기 시작했다. 미국 외교 관련 유력지 「디플로맷(The Diplomat)」은 "한국 정치인, 중국 개입된 부정선거 주장"이라는 제목의 기사를 보도했다. 그러나 현역 야당 의원 하태경은 급기야 민경욱에 "Leave the Party"(당을 떠나라)라는 구호로 더욱 격렬하게 반응했다. "민 의원이 Follow the Party를 수리수리 마수리 마법의 주문처럼 반복하는 주술 정치를 하고 있다"고 비난했다. "21대 총선에 중국 해커가 개입해 전산을 조작했고, 전산에 '중국 공산당을 따르라'는 문구를 숨겨 놓았다는 주장을 하고 있다"며 "많은 분들이 괴담에 낚였다고 하는데도 민 의원만 모르고 있다"고 말했다.

4·15부정선거 의혹을 규명하는 쪽에서도 반발이 많았고, 범우파 진영에서도 하태경 이준석 수준의 비난으로 일관했다. 앞에서 말했듯 언론은 말할 것도 없었다. 로이킴의 추단 과정에서 나타난 오차 범위 내에 있는 아주 사소한 하자들에 집착하며 일종의 '물어뜯기'가 지속되었다. 그러나 이들의 공통점은 아무도 중앙선관위 결과 데이터를 갖고 계산한 각 지역구 사전투표와 당일투표 백분율 환산값 비교를 통해 나타난 인위적 패턴에 주목하는 사람은 없었다.

로이킴 발견의 중요성은 [follow_the_party]에 있는 것이 아니었다. [follow_the_party]는 우리가 주장하고 규명해온 디지털 부정선거 전체 쟁점에서는 매우 부분적인 것이었다. 하태경 의원이 [follow_the_party]가 아니라 [follow_the_ghost]라고 주장한다거나 문자판은 도출되지만 문장은 나오지 않는다거나 하는 주장은 사실은 디지털 부정선거 자체는 인정하는 꼴이 된다. 옷을 다 만들고 라벨을 달았는데 그 라벨이 샤넬이냐 루이비통이

냐 논하는 차원이지 옷의 실체를 부정하는 것은 아닌 것과 같다. 그림의 낙관 모양이 물고기냐 사람이냐 논하는 차원이지 그림 자체를 부정하는 것은 아닌 것과 같이 디지털 부정선거의 몸통은 인정하되 [party]가 아니라 [ghost]라는 것인가? 그런데 왜 야당의원으로서 부정선거 의혹 규명을 핍박하고 가로막고 있나? 좀 더 구체적으로 각자 부정선거 인식의 단계를 점검해 보자.

(i) 4·15는 부정선거였나?

　Yes면 아래로.

(ii) 4·15 디지털 부정선거였나?

　Yes면 아래로.

(iii) 4·15 디지털 부정선거는 전자개표기 조작에 한정되었나?

　No면 아래로.

(iv) 4·15 디지털 부정선거는 중앙 콘트롤 타워와 서버 조작이 있었나?

　Yes면 아래로.

(v) 4·15 디지털 부정선거의 첫 단계가 전자개표기 조작이었나?

　No면 아래로.

(vi) 4·15 디지털 부정선거는 선거가 시작되기 전 253개 전 지역구 설계 데이터가 있었나? Yes면 아래로.

(vii) 설계 청사진은 빅데이터 분석으로 후보자와 의석 결정에서 마무리 되었나?

　No면 아래로.

(viii) 당락 후보 결정과 함께 프로그램 설계자의 제작자 표시가 들어가 있었나?

　Yes면 아래로.

(ix) 제작자 표시는 253개 지역구 순번을 활용하는 방식으로 설계되었나?

　Yes면 아래로.

(x) 253개 개별 선거구를 연관짓는 비율 보정은 더불어민주당 당일 득표율 50% 이상을 기준으로 했나?

Yes면 아래로.

(xi) 이와 같은 로직이 프로그래머의 조작 없이 3,000만 이상 유권자의 표심을 자연스럽게 반영하는 선거 결과 데이터에서 발견될 수 있거나 그런 전례가 있나?

No면 아래로.

(xii) 따라서 비중값 차이 비교 그래프의 존재로 4·15총선은 유령 프로그래머의 인위적 조작이 들어가 있다는 결론에 이를 수 있나?

Yes면 아래로.

(xiii) 유령 프로그래머는 전체 지역구 253개를 모두 사전투표와 당일투표 비중값 차이를 기준으로 정렬을 하고, 더불어민주당 50% 득표율 기준으로 양수값과 음수값으로 나누어지도록 비율을 보정했나?

Yes면 아래로.

(xiv) 유령 프로그래머는 해커의 지문을 반드시 [follow_the_party]라는 16개 문자를 숫자로 치환해서 넣으려고 했나?

No면 (xv), Yes면 (xvi)

(xv) 결론 1: [follow_the_ghost]나 기타 다른 문장일 수도 있고, 문장이 도출 안 될 수도 있다. 반드시 [follow_the_party]가 해커의 지문이라는 주장은 중국 공산당을 음해하기 위해 만든 괴담이다.

(xvi) 결론 2: 반드시 [follow_the_party]를 삽입하려고 했던 전략적인 의지가 뚜렷하다. 그것은 해커의 실체를 밝혀주는 것이고, 이 부정선거가 외국 개입임을 보여주는 뚜렷한 증거다. 따라서 우리는 이것을 설계해서 넣은 데이터를 '전략 목표 판세표'라고 부른다.

끝까지 따라 내려와서 (xv)의 결론에 도달하면 하태경 입장이고, (xvi)의 결론을 내면 로이킴과 장영후 입장이다. 그렇다면 적어도 4·15부정선거와 디지털 부정선거 존재는 인정해야 어느쪽 결론이든 가능하다는 얘기가 된다. 독자들 중에는 (i)의 단계에서 벌써 'No'이거나 아예 무관심인 사람들이 여전히 다수다. (ii)부터에 해당하는 부정선거를 인지한 사람들이라고 해서 심각한 디지털 부정선거가 자행되었다고 생각하지는 않는다. 더구나 (vi) 단계, 즉 사전에 전국 단위로 설계된 청사진이 있어 시군구동면 단위 최종 표수까지 결정해 놓고 선거를 시작했다고 생각하는 사람들은 더욱 없다. 이제 심각한 디지털 부정선거가 있었고, 그것은 전자개표기 정도의 부정이 아니라 보이지 않는 중앙 콘트롤 타워에 의해 움직이고 있었고, 그들이 사전에 설계된 청사진을 실현하기 위해 사전투표와 당일투표에서 모두 심각하게 관여했으며, 최종 개표 과정에서는 결국 전자개표기와 서버에 개입까지 했다고 보는 사람들 중에서도 [follow_the_party]의 존재까지는 수긍하지 않을 수 있다는 얘기다.

이 책의 많은 부분은 (xvi) 결론 2를 시뮬레이션하는 내용이다. 4장 장영후 프로그래머의 난해한 설명은 마치 높은 산을 일부러 목발을 짚고 올라가는 것처럼 촘촘하게 진행된다. 이 책을 집어든 독자들이 4장까지 꼼꼼이 읽어내지 못할 수도 있다. 말 그대로 이 책은 독자들이 "4·15총선은 부정선거였다"는 명제에 수긍하면 기본 목표가 달성된다. "4·15총선은 디지털 부정선거였다" 또는 "4·15총선은 사전 설계 청사진이 있는 디지털 부정선거였다" 또는 "4·15총선은 사전 설계도가 들어가 있는 디지털 부정선거였으며, 그 해커는 중국 공산당의 하수인일 가능성이 매우 크다"는 결론은 이 책의 기본 목적 다음에 부수적으로 나오는 주제일 뿐이다.

로이킴과 장영후 필자의 설명을 납득하지 못한다고 해서 부정선거 주장이 부인되지는 않는다. 말하자면 [follow_the_party]가 납득 안 되므로 부정선거가 아니라는 결론에 이를 수는 없을 것이다. 각 단계마다 고유성을 갖는 명제이므로 부정선거를 부인하려면 위의 각 단계를 일일이 부인해야 할 것이다. 우리는 많은 사람들이 [follow_the_party]를 괴담시하며 곧바로 부정선거를 부인한 입장에 대해 심각하게 반대의사를 표명한다. 선거의 무결성은 신성한 원칙이다. 우리 각자가 나라의 주인됨을 지키는 일이기 때문이다. 선거에 관련된 의혹을 가볍게 여기는 사람들은 무책임하다고 생각한다. 각종 선거 감사제도는 한 점 의혹에도 만전을 기하기 위해 존재하는 것이다. 음모론자, 사기꾼, 코인팔이 등의 온갖 모독을 가한 것에 대해 스스로 돌아보기를 권유한다.

우리는 이 책을 통하여 기본적으로 4·15부정선거에 대한 투명한 규명과 엄정한 수사가 중요하다는 설명을 하고 있다. 무엇보다 해커의 지문 [follow_the_party]에 대해 성실하게 접근하여 얻는 생산성이 매우 크다고 생각한다. IT 강국 한국의 프로그래머들이 [follow_the_party]의 진실성(authenticity)을 이론의 여지 없이 규명해 낸다면 우리가 권력에 밀려 최종적으로 4·15부정선거 규명에 실패하는 일은 생기지 않을 것이기 때문이다. 2020년 4월 16일 중앙선거관리위원회가 발표한 선거 결과 데이터는 영원히 멸실되지 않는 범법자들의 '엎질러진 물'이다. 우리는 이 데이터에서 조작 패턴을 찾아내고 해커의 제작자 표시도 읽어냈다. 이 세대에서 규명에 실패해도 다음 세대는 반드시 모든 진실을 찾아낼 것이다. 이 책의 작업이 필수불가결한 이유는 여기에 있다.

## 로이킴과 장영후 가설의 특징

이상의 설명을 통하여 우리는 4·15총선은 부정선거였고, 무엇보다 심각한 디지털 부정선거였음에 동의하는 독자들에게 해커의 지문 검증의 장을 열고자 한다. 누누이 말하지만 이미 4·15총선이 부정선거였다거나, 디지털 부정선거였다는 결론에 도달하기 위해 해커의 지문 [follow_the_party]까지 이해해야 할 필요는 없다. 선거 1주일 후에 이미 맹주성 박사가 간단한 알고리즘으로 디지털 게리맨더링이 가능하다는 가설을 제출했다.

이근형 판세표가 사전에 존재했던 것에서 알 수 있듯 로이킴과 장영후 필자는 이 디지털 게리맨더링 작업이 사전에 선거구 별로 정밀하게 설계되었고, 더구나 조작 표수를 최소화하기 위한 일종의 최적화 개념이 포함되어 있음을 밝혀주고 있다. 그리고 제3의 로직이라고 할 수 있는 [follow_the_party] 설계가 전체 청사진에 포함되어 있었다고 해설해주고 있다. 독창성을 기준으로 말하자면, 맹주성 가설이 가장 먼저 제시된 디지털 게리맨더링 알고리즘이라면, 로이킴은 해커의 지문, [follow_the_party] 설계 로직을 비중값 계산과 그 차이값 비교를 통해 발견해 낸 것의 순서다.

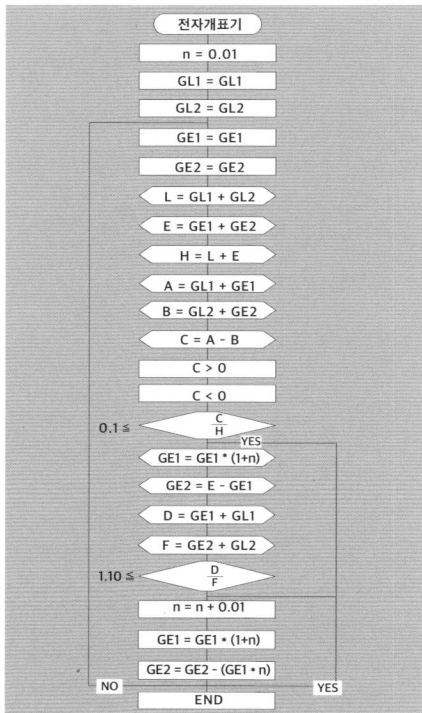

맹주성 가설 알고리즘

이 과정에서 약간의 이견이 있다면, 로이킴은 자신이 발견한 비중값 차이 그래프가 양수 음수값으로 양분되는 교점이 있는 것에 대해 하나의 '게리맨더링 로직'으로 인식한 것이다. 게리맨더링(gerrymandering)이란 선거구를 자당에 유리하게 획정하여 의석수를 늘린 미국 19세기 사건에서 나온 말이다. 디지털 프로그램 조작으로 의석수를 인위적으로 획정하는 것을 게리맨더링으로 부를 수 있다면 맹주성 알고리즘이야말로 정확하게 디지털 또는 온라인 게리맨더링 알고리즘의 예시라고 할 수 있다.

로이킴은 자신이 발견한 비중값 그래프도 게리맨더링을 입증하는 그래

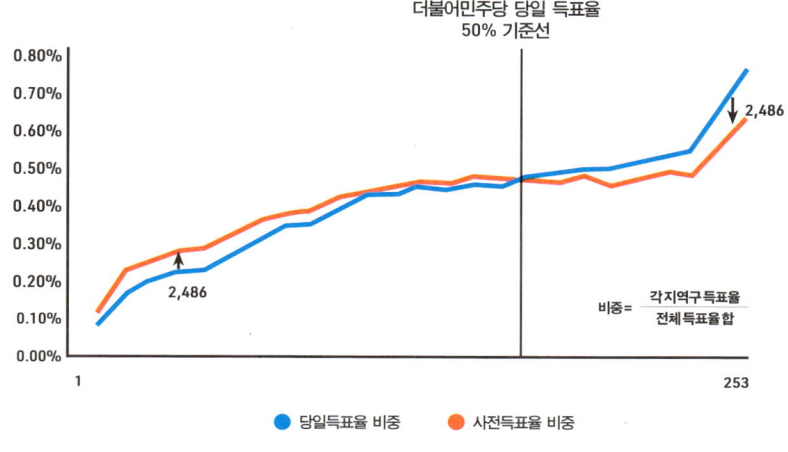

2020년 총선 더불어민주당 각 지역구 비중값 비교(출처 : 『해커의 지문』 p.80)

프로 해석했다. 그는 더불어민주당 당일 득표율 50% 이상 지역구가 음수값, 반대로 이하가 양수값으로 나타나는 것은 일정한 '이동값'을 부여하여, 말하자면 남는 표를 옮겨 모자라는 쪽 선거구에 유리한 환경을 만들어준 결과라고 해석했다.

비중값 그래프에 대한 발견자 로이킴 자신의 해석에 대해 장영후 프로그래머는 이견을 보탰다. 더불어민주당 당일 50%를 기준으로 삼은 것은 약간의 비율 조정을 통해서 [follow_the_party]를 설계해서 넣기 위한 알고리즘의 결과이고, 또한 더불어민주당 당일 50%를 기준으로 삼은 것은 매우 안정적인 기준은 맞지만 실제로 253개 선거구를 하나로 정렬하여 [follow_the_party]를 삽입하기 위해 비율값을 조정한 설계사양으로 당락에 영향을 주는 수치에는 도달하지 않는다고 분석했다. 장영후 프로그래머는 맹주성 디지털 게리맨더링 알고리즘에 로이킴 [follow_the_party] 삽입 로직을 더하여 하나의 청사진을 완성했다.

## 총선 실행 계획 청사진

|  | 설계 | | | | | 실행 |
|---|---|---|---|---|---|---|
| **입력정보** | 빅데이터 자료 | 전략 목표 | 제약조건, 선거모델 최적화 알고리즘 | 부분 최적화 알고리즘 | | 개표종료시점 목표 달성 콘트롤 알고리즘 |
| **단계** | 기초 판세표 | 기본 판세표 | 전략목표 판세표 | 전술목표 판세표 | | 개표결과 판세표 |
| **결과정보** | 기본 당선자수 | 목표 당선자수, 보정규모 | 선거구별 1차 투표율, 득표율, follow_the_party | 선거구별 최종 목표 투표율,득표율 | | 지역구 + 비례대표 당선자 |
|  | 당락 후보 및 의석수 결정 = 디지털 게리맨더링 | | 제작자 표시 설계 및 1차 최적화 | 최종 최적화 및 설계 청사진 완료 | | 투표 및 개표 완료 |

 말하자면 추단적 발견을 했던 로이킴 가설은 정량적 분석을 시도했던 장영후 프로그래머의 계산으로 다소 수정될 수 있었다. 그럼에도 불구하고 목표에 영향을 주지 않기 위해 매우 안정적인 기준으로 양분한 것은 로이킴 가설과 맥을 같이한다. 로이킴 가설이 놓친 부분은 당락 후보 결정을 한, 문자 그대로 게리맨더링은 선거구 별로 개별 설계되었다는 점이다. 로이킴 가설은 이 개별 설계된 253개 지역구를 하나로 엮는 로직을 발견한 데서 출발했는데, 이 로직은 엄밀하게 말해서 당락에 영향을 주는 게리맨더링 로직이 아니라, 당락에 영향을 주지 않고 성공적으로 [follow_the_party]를 설계해 넣기 위해 주의를 기울인 결과라는 해석이다. 장영후 프로그래머가 이것을 '전략적'이라고 부르고 실제로 이 로직이 반영된 데이터를 '전략 목표 판세표'라고 명명한 것은 수긍할 만한 것이다. [follow_the_party]를 넣겠다는 제작자의 의지는 매우 선명해서 전략적 의미가 있는 것으로 판단된다. 장영후 해설은 설계 청사진이 미세하게 디테일까지 조정된 일종의 전술적 목표까지 가해진 치밀한 작업이었다고 해설함으로써 '최적화' 모델을

완성했다.

요컨대 이 책에서 다루는 맹주성 가설은 선거 직후 '실행'에 초점을 맞추어 제출된 일종의 '디지털 게리맨더링' 가설이라면, 장영후 해설은 로이킴이 발견한 [follow_the_party] 로직과 조작 표수를 줄이기 위한 미세 조정 로직까지 포함해서 종합 정리한 해설이라고 할 수 있다. 따라서, 맹주성 가설을 '디지털 게리맨더링' 가설, 로이킴 가설을 '[follow_the_party] 설계' 가설, 장영후 해설을 '디지털 최적화' 가설을 포함한 종합적 해설로 분리해서 이해해도 좋다.

문제는 순전히 [follow_the_party]에만 관련된 쟁점을 어떻게 해결하는가이다. 맹주성 가설은 기본적으로 간단한 알고리즘으로 당락을 바꿀 수 있다는 것이므로 '디지털 게리맨더링'에 한정된 것이다. 이 가설은 [follow_the_party] 설계와는 무관할 수 있다. 그러나 [follow_the_party] 설계는 구체적으로 어떻게 부정선거를 실행에 옮겼는지에 관한 시뮬레이션에 있어 여전히 중요하다. 위에서 설명했듯이 이 설계는 전체 253개 선거구가 서로 연결되어 있음을 증명해 준다. 사전 당일 비중값 차이로 253개 선거구를 한 줄로 정렬한 것이 단지 해커의 지문 설계만을 위한 것이었는지에 관한 물음이다. 기본적으로 이 부분은 앞으로 논쟁을 더 불러들일 것으로 본다.

## 쟁점정리 문답

**문1** 디지털 부정선거 문제를 해석하는 데 있어서 필자들은 전문가적 식견이 있다고 보나?

기본적으로 프로그램을 통해 낙선 지역을 당선 지역으로 바꾸는 일종의 디지털 게리맨더링 가설은 먼저 평생 공과대학에서 연구하고 관련 과목을 가르쳐온 맹주성 박사가 선거 직후 제출했다. 로이킴 장영후 두 필자는 연구자보다 발견자로 보는 것이 적절하고 전문성보다 성실성이 필요한 것이었다. 장영후 필자는 정유회사에서 관련 업무를 해온 현장 전문가로서 로이킴의 [follow_the_party] 로직이 디지털 게리맨더링과 별도로 설계되었으면서도 프로그램의 기본 목표를 훼손하지 않고, 최소한이지만 조작 표수를 줄이는 최적화에 일부 기여했음을 밝혀냈다. 선거 데이터에 인위적인 패턴이 있음을 합리적으로 설명했으므로 함께 연구해 나갈 파트너로서 자격이 충분하다고 판단했다.

요컨대 우리는 다음과 같은 사고 로직에 의해서 파트너십을 형성했다. 첫째, 4·15부정선거에 전산적 개입이 있었다고 합리적으로 의심해 볼 수 있었다. 둘째, 전산적 개입이 있었다면 프로그램이 있었을 것으로 추정할 수 있었다. 셋째, 프로그램이 있었다면 주문한 쪽의 요구사항이 있었을 것이다. 넷째, [follow_the_party]는 주문자의 요구사항과는 별도의 것으로 주문자가 아닌 제작자가 자의적으로 설계해서 삽입한 로직이라고 파악했다. 다섯째, 비중 비교 그래프와 [follow_the_party]를 발견한 로이킴의 신원이 확실했다. 여섯째, 로이킴의 선관위 결과 데이터 분석은 생업과 아무런 관련이 없는 것으로 순수한 호기심과 시민적 책임에 따른 작업이었다. 일곱째, 로이킴의 발견과 가설을 연역적으로 입증해준 장영후 프로그래머의 구체적인 설명이 [follow_the_party]의 진실성을 대변했다. 4·15부정선거 규명에 있어 선거 결과 데이터의 인위적 패턴을 찾아낸 로이킴과 장영후 두 필자의 공적은 아무리 강조해도 지나치지 않을 것으로 보인다.

**문2** [follow_the_party]에 관한 민경욱 포스팅은 결과적으로 옳은 것으로 입증되었나?

부분적으로 수정할 것이 있지만 중요한 부분은 옳았던 것으로 판단된다.

앞에서 적시한 민경욱 페이스북 포스팅 내용 중에서 일부를 수정하자면 다음과 같다.

첫째, "2진법으로 푼 뒤 앞에 0을 붙여서"는 불필요한 작업이었다. 로이킴이 2진법 코드화를 통해 검색엔진에서 문자를 발견했던 것은 기본적으로 아스키코드에 대한 지식이 없었기 때문이었다. 둘째, 최종적으로 문제의 숫자열을 알파벳으로 변환했을 때 모두 소문자였다. 그리고 기호 "_" 두 개가 띄어쓰기를 대신하여 들어 있었다. 정확히 말하면 [follow_the_party], [follow_the_ghost] 등의 소문자로 된 문장이 추출된다. 민경욱 페이스북에서는 모두 대문자로 표기되어 있는데 의미를 전달하는 데 초점을 두어 대문자로 바꿔 발표했다. 아스키코드(ASCII)는 대소문자를 구분한다.

[follow_the_party]만 발견되는 것은 아니라는 비판도 수용할 만하다. 그러나 처음부터 다른 문장도 도출되도록 설계되었는지 불분명하지만 중대한 사실은 앞서 로이킴이 중앙선관위 통계 속에서 [follow_the_party] 도출의 기초가 된 비중값 비교 그래프를 통해 독특한 규칙성을 발견해 낸 것이다. 따라서 로이킴이 '이동값'으로 표현했던 보정(조작) 데이터값에 대해 실물표 이동으로 오해할 소지가 있어 이 책에서 '이동값'이라는 표현은 사용을 자제했다. [follow_the_party] 배열에 관한 해설에서도 더 이상 '주는'(giving) 또는 '받는'(taking) 구간과 같은 용어 대신 상위그룹, 하위그룹 등의 용어만 사용했다.

**문3** 로이킴은 미국에서 발간된 4·15부정선거 보고서 『Election Fraud South Korea 2020』(Vol.3, 한국어판, p.230)에서 디지털 게리맨더링이라는 개념을 [follow_the_party]와 연관지었는데 적절한 해설이었나?

로이킴은 위 보고서에서 다음과 같이 기술했다.

"21대 총선 더불어민주당 사전선거 비중값(전체 득표율 합에서 각 지역구 득표율을 나눈 값을 비중이라고 말함. - 편집자주)과 당일선거 비중값의 차이를 구해 보았다. 사전비중에서 당일비중을 뺀 그 차이값은 당일선거 50% 득표율을 기준으로 그 이상을 얻은 지역구에서 모두 음수가 나오고, 50% 득표율 이하를 받은 지역구에서 모두 양수가 나왔다. 그리고 50% 득표율 기준 이상 지역구의 비중값 차이를 모두 더하면 (-)2.486, 다른 쪽은 (+) 2.486이 나왔다. 즉 50% 득표율을 교점으로 줄어든 양만큼 다른쪽에서 늘어났음을 확인할 수 있다. 당일선거 50% 득표율을 교점으로 하여 양수와 음수가 나뉘고 나뉘어진 증감의 양이 같다는 규칙성을 발견한 것이다. 이러한 규칙성을 가지는 것은 가공된 데이터이기 때문이라는 추론을 바탕으로 일종의 프로그램으로 온라인 게리맨더링을 구현한 것으로 추정할 수 있었다."

우리는 오랜 토론을 거쳐 로이킴 해석에 약간의 수정할 점이 있다는 데 합의했다. 비중값 차이 비교를 통해 인위적 패턴을 발견한 것은 매우 가치 있게 평가될 수 있으나, 더불어민주당 당일 득표율 50% 이상을 교점으로 보정 비율 증감의 양이 같도록 설계한 것은 당락 후보를 바꿀 수 있는 일종의 디지털 게리맨더링 로직은 아니라고 본다. 당선 후보와 낙선 후보, 무리를 해서라도 당선시킬 후보와 낙선시킬 후보를 정하는 것은 기본적으로 개별적으로 설계된다. 장영후 필자는 이런 기본 목표를 결정한 것을 '기본 판세표'라는 개념으로 설명한다. 다시 말해서 비중값 차이를 통해 발견한 규칙성은 [follow_the_party] 설계를 위해 253개 전 지역구를 약간의 비율 보정을 통해 정렬했음을 보여준다. 이렇게 정렬된 지역구를 다시 상위그룹과 하위그룹으로 나누어 [follow_the_party]가 도출되도록 규칙성을 부여한 알고리즘으로 파악된다. 다시 말해서 당락에 영향을 끼치는 게리맨더링과 [follow_the_party]는 관련이 있더라도 아주 미미한 수준이다.

**문4** 하태경은 격렬하게 반격하며 [follow_the_party]는 괴담이자 사기라는 공식적인 입장문을 냈다. 이에 대해 재반박을 한다면?

하태경 측은 민경욱 측의 [follow_the_party]가 미리 결과를 정해 놓고 중간 과정을 끼워 맞춘 제 2의 〈프로듀스 101〉 사건이라고 말했다. 본인들의 공식에서 원하는 결과가 나오지 않자 숫자를 바꿔치기 해서 결과를 맞추었다는 것이다. 조작된 수학 공식으로 부정선거 의혹을 품은 사람들을 현혹하고 대국민 사기극을 벌인 것이라는 입장에서 민경욱 전 의원 측에 "괴담꾼에게 농락당한 것이라면 깨끗이 인정하고 국민 앞에 사과하라"고 말했다. 하태경 의원 측 주장은 로이킴이 발표한 내용을 공식대로 따라가면 [follow_the_ghost]도 나온다고 했다가 한 차례 더 14글자 중에 네 글자(f.h.e.a)만 일치한다는 주장을 했다. 하태경 의원실은 2020년 6월 11일, 이 같은 설명을 보도자료로 배포했고, 같은 입장을 바꾸지 않고 2021년 10월, 국민의힘 대통령 후보를 결정하는 경선전에서도 거듭 천명했다.

다음은 2020년 6월 당시 하태경 의원 측이 보도자료를 통해 내어놓은 반박 그래픽이다.

하태경 의원실의 이 보도자료는 나중에 전주지방검찰청에서 부정선거 의혹을 제기하는 한 시민을 기소할 때 증거자료로 첨부되기도 했다. 이와 같은 인신공격성 반론은 첫째, 로이킴이 제시한 가설의 중요한 부분, 즉 비중 비교 그래프와 관련된 사실은 모두 무시하거나, 심지어 인정한 바탕 하에서 나온 반박이다. 만약 [follow_the_party] 도출을 가능케 한 그래프를 무시하고 반박했다면 불성실한 것이고, 인정한 바탕에서 반박했다면 "4·15 디지털 부정선거"라는 사실은 인정했고, 해커의 지문 로직에 대해서만 일부 부정한 것이 된다. 둘째, "조작된 수학 공식"으로 사람들을 현혹했다고 표현했는데, 로이킴의 발견과 장영후 해설은 수학 공식과는 관련이 없다. 정답풀이(exact solution)는 말 그대로 문제 풀이하는 세계지만, 로이킴 가설은 기본적으로 컴퓨터 프로그램이 개입된 세계를 설명하는 것이다. 말하자면 오차 또는 오류 분석(error analysis)이 필연적으로 인정되어야 한다. 로이킴이 처음에 내놓은 방정식이 항등식이라느니 하는 비판도 마찬가지로 디지털 부정선거 가설은 컴퓨터가 접근하는 근사해(approximate solution)라는 사실에 대한 이해가 부족했던 것으로 보인다.

로이킴은 "처음에 〈프로듀스 101〉에서 찾아진 것과 같은 정확한 해답이 나오는 식을 찾으려고 노력했던 것은 사실이나, 이 식을 추구하는 과정에서 독특한 비율을 찾아낸 것이었다"고 말했다. 로이킴은 하태경 류의 맹렬한 인신공격에 대해 "더불어민주당 당일 득표율 50%를 기준점으로 해서 미만인 구간과 이상인 구간으로 구분하여 더불어민주당의 사전득표율 비중과 당일 득표율 비중의 차이값을 각각 구하고 구한 두 개의 값을 더하였을 때 그 값이 0(zero)이 될 확률이 얼마인지" 물었지만 답이 없었다고 말했다. 로이킴의 이 질문은 문자 테이블에서 정확히 어떤 단어나 문장이 나왔는지가 본질이 아니라는 뜻이다. 전국 1번 종로에서 253번 서귀포 지역구의 순번을 어떤 규칙에 따라 줄을 세웠는지, 또 그런 규칙이 등장하는 것이 왜 인위적인 조작의 산물인지에 대해서는 물어보려 하지 않았고 어떤 면에서는 쉽게 양해될 수 있는 미미한 오류를 내세워 본질을 흐리는 이유를 모르겠다고 말했다. 컴퓨터의 세계에서 대략 ±3% 내외의 오차는 참으로 인정된다.

## 문5 개표 당시 부여에서 전자개표기가 한 차례 리셋된 것은 [follow_the_party] 입증과 어떻게 연관이 되나?

투표지분류기라고 불리는 전자개표기는 김대중 대통령 재임기였던 2002년 6월 13일 전국 동시 지방선거 때 처음 도입되었다. 전자개표기는 도입 당시부터 2020년 총선에 이르기까지 끝없는 논란의 대상이 되어왔다. 영화 《더 플랜(The Plan)》은 전자개표기 부정이 간단한 USB 삽입으로도 가능하다는 것을 시연하며 보여주기도 했다. 통신이 연결되어 있지 않아도 USB 삽입 등의 방법으로 간단하게 부정 분류되도록 세팅할 수 있다는 주장이었다. 2020년 4·15총선 충남 부여 개표 과정에서 참관인들이 표가 잘못 분류되는 것을 보고 개표 중단을 요구하여 리셋 후 재분류했을 때 더불어민주당 후보가 앞섰던 결과가 뒤바뀌었다.

| 구분 | 더불어민주당 | 미래통합당 |
|---|---|---|
| 재검표 전 | 180 표 | 80표 |
| 재검표 후 | 159표 | 170 표 |

전자개표기와 수개표가 현격한 차이를 내는 것은 전자개표기의 문제를 다시금 제기하는 것일 수 있다. 이렇게 전자개표기 리셋으로 표수가 바뀐 상황이 일어나지 않았다고 가정하고 재검표 전의 설계된 비율로 끝까지 개표가 완료되었다고 했을 때의 결과치로 바꾸어서 지역구 순번 정렬을 다시 했을 때 [follow_the_party]가 도출되었다. 기본적으로 로이킴은 시행착오 방식으로 패턴을 더듬어 가면서 문장을 완성했던 것이다. 장영후 프로그래머는 로이킴의 이런 방식의 발견을 '사기'라고 몰아붙이는 것은 부당하다고 말한다. 두 지역구에서 다소 이질적인 데이터가 등장하는데, 한 곳이 충남 부여, 다른 한 곳은 울산 동구다. 애초에 작성했던 설계 청사진이 개표 과정에서 어떤 이유로 왜곡되었을 수 있는데 로이킴은 이런 왜곡을 합리적 추론에 따라 교정해 가며 [follow_the_party]를 완성시킨 것으로 보인다고 말했다. 이런 상황은 의미 있는 시도로 이해할 수 있다.

### 문6 4·15 디지털 부정선거 설계 청사진은 어떤 방식으로 실현되어 선관위 발표 결과 데이터로 나타났다고 보는가?

우선 디지털 부정선거를 정의하면 투개표 과정에 컴퓨터 프로그램이 개입되었다는 것이 가장 간단한 설명이다. 이 책에서는 선거 직후 맹주성 박사의 직관을 담은 설명을 하나의 가설로서 수록했다. 물론 투표지분류기를 부정하게 사용하는 것도 디지털 부정선거의 한 유형이라고 할 수 있다. 로이킴과 장영후 프로그래머의 해설은 투개표 과정에서 컴퓨터 프로그램이 활용되었을 뿐 아니라 선거가 시작되기 전에 이미 알고리즘이 적용된 조작 선거 설계 청사진이 완비되어 있었고, 그 데이터 값에는 [follow_the_party] 로직이 적용되어 있었다고 말한다. 전수 조사에 가까운 철저한 민심 파악, 즉 빅데이터 조사를 통하여 사전에 전국 선거 판세를 조사하고, 목표 의석과 반드시 당선시켜야 할 후보, 반드시 낙선시켜야 할 후보, 선거비용 보전을 위한 최소 득표율 등의 제약조건이 반영된 표 계산이 미리 되어 있었다는 의견을 제시하고 있다. 마침 선거 직후 여당 전략기획위원장을 맡았던 이근형 씨가 자신의 페이스북을 통해 선거 전 판세표 요약본을 공개했으므로 이러한 추정이 가능했다. 당락 후보 결정은 이미 기본 판세표에서 이루어졌고, 전략 목표 판세표는 [follow_the_party] 로직이 적용된 것이고, 여기에 인구수 등을 고려한 미세 조정이 이루어져서 전술 목표 판세표로 명명한 최종 설계도가 나온 것이다. 이 설계도를 중앙 콘트롤 타워를 통해 현실화시킨 것이 투개표 과정이고, 그 결과물이 중앙선관위가 홈페이지를 통해 발표한 선거 결과 판세표라는 설명이다.

### 문7 더불어민주당이 253개 전 지역구에 후보를 낸 것도 [follow_the_party] 설계와 관련되어 있는가?

더불어민주당 등 어떤 정당도 전국 전 지역구에 후보를 낸 것은 선례를 찾기 어렵다. 더불어민주당이 2016년 20대 총선은 253개 중 234개(92%), 19대는 246개 중 209개(80%), 17대는 243개 중 181개(74%) 지역구에서 후보자를 낸 것에 비해 2020년 21대 총선은 253개 중 253개(100%) 국회의원 후보자를 냈다. 100% 후보자 배출은 초유의 일이다. 이와 같은 상황은 우연의 일치로 보이지 않는다. 외부에 드러나지 않게 최대한 은밀하게 설계 청사진을 실현하기 위해서 실행의 편의상 사전투표율과 사전득표율 조작으로 목표 수치에 접근해야 했으므로 한 지역이라도 제외되면 전체 투표

경향에 의혹이 제기될 수 있다. 비례대표 득표수를 확보하는 데도 유리하고, [follow_the_party] 로직 설계를 위해서 253개 선거구가 일정한 규칙 속에서 정렬되므로 또한 전 지역구가 필요했을 수 있다. 전 지역구에서 후보가 배출되지 못하는 기본적인 이유는 당선 가능성이 없는 지역은 선거 비용 마련의 어려움이 있기 때문이다. 그러나 지난 21대 총선에서 더불어민주당은 전국 252개 지역구에서 선거비 전액을 보전받았다. 모두 최하 15% 이상의 득표율을 획득한 것이다. 반액을 보전받은 경주조차 0.2% 정도 미달일 뿐이었다. 이런 일은 한국 헌정 사상 처음 발견되는 이변으로 분류할 수 있다. 따라서 이런 현상도 디지털 부정선거의 한 양상으로 추정되는데 향후 조사가 더 필요하다.

### 문8 재검표를 했을 때 '배춧잎투표지' '화살표 투표지' '몸 붙은 투표지' 등이 대량 발견되는 이유는 디지털 부정선거와 관련이 있나?

인천 연수을 민경욱 후보 재검표가 있었던 2021년 6월 28일 다음날 발견된 '배춧잎투표지'는 우리가 명명한 것이다. 우리는 2020년 4월 21일경부터 본격적으로 디지털 부정선거 의혹을 제기하고, [follow_the_party]에 대해서도 검증해 왔으므로 부정선거 실행 모델에 대해서도 어느 정도 설명해 왔다. 만일 우리의 가설대로 사전 설계된 통계표를 현장에서 실현해 나가는 방식으로 투개표를 진행했다면 사전투표율과 사전득표율 조작이 주된 방법이었을 것이고, 당일 투개표 과정에서는 부정이 있다 해도 최소한일 것이므로 사전투표 조작이 주종이었을 것으로 예측한 것이다.

미리 당락에 필요한 표가 계산되어 있었다면 사전에 필요한 표를 준비하는 과정은 비교적 간단했을 수 있다. 우편투표에서 여러 가지 의혹이 제기된 것도 같은 맥락이다. 그러나 사전 통계 청사진을 실물 투표지가 온전하게 따라잡는 것은 간단한 일이 아닐 것이고, 실제로 당락이 확정된 이후에 개표는 참관도 철저하지 못하고 실제로 형식적인 절차에 불과했을 것으로 보았다. 최종적으로 발표된 중앙선관위 통계에 실물표를 온전히 부합시키는 작업은 마무리 못 했을 것으로 본 것이다. 실제로 선거 직후부터 의혹이 쏟아졌고 본격적으로 선거무효 당선무효 소송에 들어갔으므로 법원 투표지 보전에 들어가는 대개 1주일에서 한 달 사이 중앙선관위 통계와 실물표를 맞추는 작업을 마쳐야 하는데 물리적으로 매우 어려운 작업이 될 수밖에 없다. 따라서 투표지 보전이 된 곳은 따로 법원 잠금장치를 풀고 들어가서 바꿔치기하지 않는 이상 절대적 시간 부족으로 급조된 투표지를 투입했을 것으로 추정했다.

배춧잎투표지 등의 발견은 우리의 이러한 추정을 입증해주는 일련의 과정이다. 법원에 투표지가 보전된 곳은 모두 이런 이상 투표지가 발견될 수밖에 없다고 본다. 영등포을처럼 심지어 법원 잠금장치에 손을 댄 흔적이 보이는 곳도 있었는데 그렇다고 해서 완전한 증거 조작은 쉽지 않았을 것으로 본다. 요컨대 배춧잎투표지 등의 이상 투표지는 선거가 끝난 사후에 조작된 것이 주종이고, 그밖에 빳빳한 투표지 등은 사전투표 후 실물 투표지를 준비하는 과정에서 들어간 것들로 추정한다.

### 문9 더불어민주당이 사전투표에서 압승한 이유가 디지털 부정선거와 어떻게 관련되어 있나?

4·15 디지털 부정선거 모델이란 사전에 빅데이터 조사를 통해 이길 지역구와 질 지역구를 예측하고 반드시 당선시킬 후보, 반드시 낙선시킬 후보까지 확정한 후 조작 표수를 최대한 줄이는 일종의 최적화에 프로그래머의 지문 같은 로직까지 넣은 것으로 규정했다. 이를 실행함에 있어 가장 중요한 방법은 사전투표율을 전반적으로 10% 이상 높이고, 이에 상응하여 경합

지역을 당선 지역으로 바꾸는 방법을 쓴 것으로 추정한다. 이렇게 되면 최종 투개표 전에 우편투표 등으로 실물표를 준비하여 개표 과정에서 조작해야 할 필요를 최소한도로 줄여 발각 우려를 줄일 수도 있기 때문이다. 21대 총선은 사전투표율이 26.69%로 20대 총선 12.19%에 비해 14.5%가 높아졌을 뿐 아니라 2013년 첫 도입시 4.9%에 비하면 무려 5배가 넘는 수치다. 무엇보다 21대 총선에서 더불어민주당은 압도적으로 사전투표에 힘입어 180석을 확보할 수 있었다. 사전투표율과 사전득표율 조작이 부정선거의 주된 방법이라고 보는 이유이기도 하다. 사전투표율과 사전득표율 조작은 처음이 아니었을 수 있다. CCTV 금지, QR코드 고집 등의 비정상적인 행태가 이를 뒷받침한다. 코로나 상황에서 역대로 높은 투표율이 나타난 것도 조작된 투표율의 결과일 수 있다. 전주시 완산구 삼천3동 관내사전투표 인수보다 10매나 더 많은 투표지 수가 나온 경우, 출입이 자유롭지 않은 민통선 지역인 파주시 진동면 사전투표소에 타 지역에서 와서 사전투표를 한 유권자가 70명이나 된 경우, 부천 신중동과 같이 1~4초마다 한 사람씩 투표한 것으로 집계되는 상황도 모두 이와 같은 조작의 결과로 추정된다.

### 문 10  더불어민주당이 비례대표를 포함하여 뚜렷이 180석을 목표로 했다고 보는 이유는?

2012년 5월 개정된 국회법, 즉 국회선진화법은 일명 몸싸움 방지법이다. 법을 원활하게 통과시키기 위해서는 여야 합의와 교차 투표를 통하여 5분의 3, 즉 180석 이상의 여야 공동의 다수를 형성하라는 취지를 담고 있어 300석 중 5분의 3이 확보되지 않으면 야당과 합의 없이는 법제정이 용이치 않다. 자매정당 더불어시민당 비례대표 의석을 17석으로 맞춘 정황이 드러나는 것을 보면 설계 당시부터 180석으로 고정한 것으로 추정된다. 선거 전에 180석 달성 운운한 인사들이 유시민 전 의원을 비롯해서 여러 명이 있었던 것을 보았을 때 확실히 180석이라는 숫자는 목표 의석수로서 유의미한 것으로 보인다.

단 한 번의 재검표도 이루어지지 않았다. 법원 보전 당시에도 비례표 열람 자체를 완강히 거부했던 선관위 측의 움직임을 보았을 때, 우선 비례표에 관해서도 심각한 조작이 있었던 것으로 추정된다. 무효표가 대량으로 쏟아져 나온 것도 문제적이고, 심각한 교차투표 상황이 부정선거 의혹을 증폭시켰음에도 불구하고 여당측에서 비례표는 도리어 줄여 의석수가 180석 이상까지 늘어나는 상황은 피하려는 의사를 분명히 보이고 있다. 비례표에 관한 조작은 강성 우파 정당의 원내 진출을 막고, 여당의 의석 조정 등에 관련되어 있는 것으로 보인다. 연동형 비례 대표제로 인해 전례 없이 길어진 비례투표지 급조는 쉽지 않았을 것이므로 비례 재검표는 요원한 일로 보인다.

**김미영**
(사) 법치와자유민주주의연대 사무총장

# 20
# 20

**2020년 4월 27일**

# 선거부정 디베이트 결론과 제안
민주주의 수호 위해 선거부정 유권자 후보 정당 등
전 사회가 엄밀 검증해야

QR코드를 스캔하시면
해당 영상을 시청하실 수 있습니다.

  2020년 4월 15일 21대 총선이 있고 난 뒤 선거부정 이슈가 등장하면서 (사)법치와자유민주주의연대(이하 NPK)는 4월 20일 긴급 이사회를 열어 토론을 진행했다. 당시 일각에서 투표용지 또는 투표함 전체를 교체했다는 하드웨어적 관점에서 선거부정 문제에 접근했지만 NPK 맹주성 이사장은 전산 프로그램에 의한 선거부정을 국내 최초로 언급하였다. 맹주성 이사장은 4월 24일 VON뉴스를 통해 투표 개표 진행 과정에 전산 프로그램이 사용됐을 가능성에 대해 설명했다. 4월 27일 NPK는 VON뉴스를 통해 선거부정에 대해 다음과 같은 결론과 제안을 발표했다.

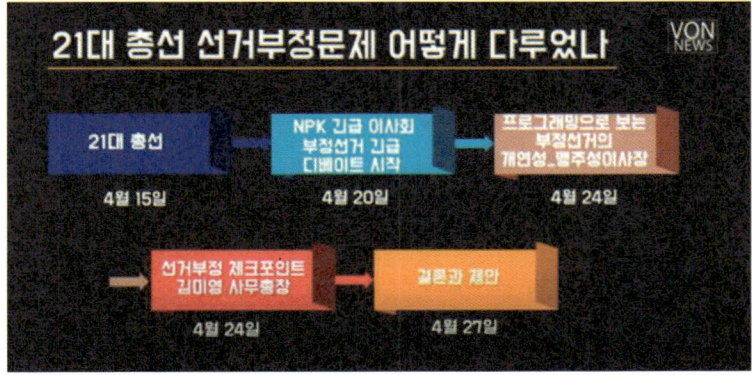

당일투표 결과는 미래통합당 124석, 더불어민주당 123석, 무소속 5석, 정의당 1석이었다. 하지만 사전투표함을 개봉하면서 미래통합당은 무려 40석이 줄어든 84석인 반면 더불어민주당은 의석수가 올라가면서 163석을 차지하게 된다. 과연 사전투표만으로 40석에 달하는 의석수가 뒤바뀔 수 있는 것인지 의문점이 생겼고, 통계학자들은 선관위가 발표한 개표 결과 데이터를 두고 연구를 시작했다.

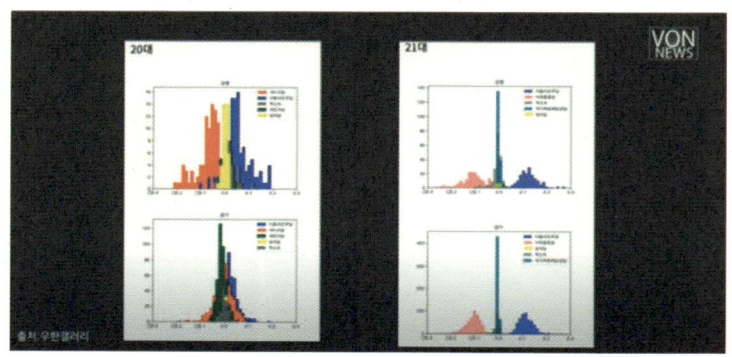

위 그림에서 왼쪽은 20대 총선의 분포도이며 '포물선' 형태를 그린다. 반면 오른쪽 21대 총선에서는 정규적인 포물선 형태가 아닌 기이한 형태가 나타난다. 통계학자들은 인위적인 조작이 아니고는 이러한 그래프가 나올 수 없다는 결론을 내렸다. 선거부정 의혹에 대해 규명의 필요성이 대두된 이유 중 하나이다.

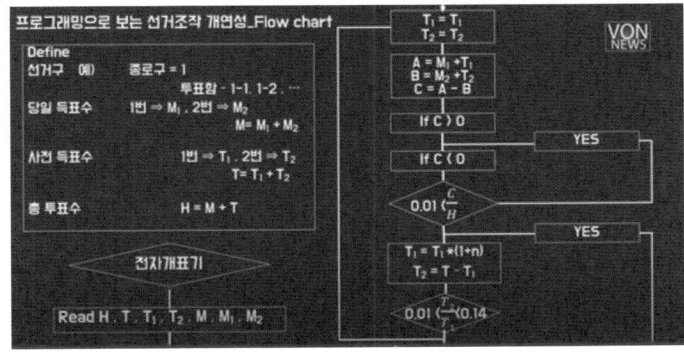

위 플로우 차트(Flow Chart)는 맹주성 이사장이 쉬운 이해를 위해 여러 과정을 생략하고 큰 줄기만 그려 놓은 것이다. 우측 하단에 보이는 공식, "T1=T1*(1+n)"는 하나의 명령어로 어떠한 조작이 가능하다는 '개연성'을 설명한 것이다. 통계학은 결과를 가지고 어떠한 규칙성이 있는지를 역으로 증명하는 과정인 반면 프로그램이란 결과는 모르지만 어떠한 프로그램에 의거해 결과를 뽑아내는지를 다루는 것이다. 일부 통계학자가 어떠한 규칙성을 발견하여 '상수'를 제시한 것과, 맹주성 이사장이 '플로우 차트' 도표를 통해 제시한 "0.01 < T2/T1 < 0.14"라는 범위는 거의 일치함을 보여주고 있었고, 따라서 본격적으로 선거부정을 규명할 필요가 있다는 확신을 갖게 되었다. 선거부정이 없다는 측과 있다는 측이 토론한 결과, NPK는 맹주성 이사장이 제시했던 선거부정의 가능성이 크다는 결론을 내리고, 민주주의의 꽃이자 근간인 선거가 한 점 의혹이 없도록 부정의 여부를 엄밀히 검증해야 할 것을 제안했다. NPK 부정선거 검증의 역사가 개막된 것이다.

NP 2020년 6월호

# 로이킴 씨에 대한 부당한 인신공격을 멈추어야 한다!
## 위대한 보통사람들이 거대 선거부정에 맞서는 시대

　미래통합당 하태경 의원은 지난 5월 31일 기자회견을 통해 시민 로이킴 씨의 [follow_the_party]가 사기극이라는 극단적인 견해를 내놓았다. 북한의 로동신문, 우리민족끼리와 같은 매체도 자유롭게 읽을 수 있게 하자고 주장해 온 하태경 의원의 이와 같은 행동은 '교양 있는 시민들의 대화의 규칙'에서 한참 먼 것으로 보인다. 더구나 국회의원은 명백히 공인(public figure)이고 그 발언에 있어 책임이 더 클 수밖에 없다.

　미래통합당은 약 200만 표 차이로 77석의 의석 차의 참패를 당한 정당이다. 대부분의 의석을 사전투표의 열세로 잃었다는 사실만으로도 의혹을 제기해 볼 만하다. 그러나 참패한 야당으로서 막강한 권력을 갖고 있는 여당과 정권의 편에 서서 의혹을 제기하기는커녕 시민의 문제 제기 자체를 봉쇄하고 있는 실정이다.

　선거부정은 현재 정황과 통계를 통해서만 의혹이 제기되지 않는다. 가령 부천 신중동의 4.7초 당 한 명이 투표한 상황은 강력한 증거로 제출되기에 충분한 것이다. 불법적 전자 기기 및 QR 코드의 사용, 문명국의 선거 관리에서 선례를 찾을 수 없을 투표함 관리, 외국인의 개표 참여 등 선거 결과와는 다른 종류의 심각한 문제도 계속적으로 제기되고 있음에도 야당은 물론 법원, 검찰, 경찰, 언론, 시민단체 등 우리 사회를 지탱해 온 제도권의 어떤 영역도 문제 해결에 나서지 않고 있다.

　이러한 현상은 우리나라가 문명국의 상태를 유지할 수 있을 것인가라는 의구심마저 낳고 있다. 그럼에도 불구하고 보통의 시민들이 끝없이 문제제기하고 몸소 움직이고 있는 것은 희망이다. 법원도 검찰도 경찰도 형체도 없는 듯 보이는 캄캄한 밤에도 이성과 지성, 양심이 빛나는 위대한 보통 사람들, 그들이 대한민국 성취의 역사를 이어가고 있다.

　중국공산당의 구호를 연상시키는 [follow_the_party]를 선거 통계 속에서 찾아낸 로이킴은 그 보통의 시민 중 한 사람이다. 그는 중앙선거관리위원회가 선거 후에 제시한 통계 자료에서 어떤 종류의 인위적 조작이 의심되는 패턴을 찾아냈다. 그는 자신의 이러한 작업이 고도의 전문성을 요구하는 것이 아니라 중고교 수학 범위 내에 있는 수준의 일이며 한 달 이상 꾸준히 숫자들과 씨름했을 뿐이라고 말한다. 그가 이미 중앙선거관리위원회의 통계 자체에서 일정한 인위적인 패턴을 발견해 보려 한 것만으로도 의미 있는 시도를 했다고 본다. 그가 발견한 프로그램 해커의 이스트에그와 같은 지문의 진위 여부는 시간을 통해 검증해야 할 것일 수 있다. 그의 의견이나 가설은 합리적인 시민들의 반론에 노출될 수 있다. 그럼에도 불구하고 이러한 자유로운 의견 개진을 원천적으로 막는 인신공격이 난무하고 있다. 무엇보다 국회의원이라는 공직을 가진 사람이 이러한 공론 파괴 행위를 주도하고 있다는 사실에 대해 우리는 다시 한번 깊은 유감을 표한다.

21대 총선 부정에 관한 각종 의혹은 합리적으로 검증할 방법이 있다. 보통 선거는 우리의 자유민주주의를 굳건히 세우는 데 있어 가장 중요한 제도이다. 만일 그 보통 선거제도가 오염되고 훼손된다면 우리의 민주주의는 얼마나 심각한 위기 앞에 서는 것인가? 선거부정에 관해서는 엄밀한 검증이 불가피하다.

어떤 의견도 오류를 이겨내며 옥석이 가려진다. 의견을 개진하는 사람들이 부당한 공격의 희생양이 되는 세계, 그것은 선거부정을 자행하는 자들의 세계와 본질적으로 같다. 그것은 문명의 원리가 아니라 야만으로의 초대이다. 우리 사회가 전반적으로 각종 야만에 노출되어 있다. 불행한 사회로 전락하고 있다. 모두가 잠들어 있을 때 자신의 시간과 노력을 기꺼이 나라와 사회를 위해 기울이는 빛나는 보통 사람들을 격려하고 상을 주어야 할 것이다.

출처: 더팩트

거듭 밝힌다. 로이킴이라는 아이를 키우는 30대 가장이 '타인의 꿈을 위해' 봉사하는 모든 시간에 감사해야 한다. 어떤 형태의 인신공격도 멈추어 주기 바란다. 법치와자유민주주의연대(NPK)와 NPK를 대변하는 목소리 VON뉴스는 의미 있는 문제 제기를 시작한 시민 로이킴 씨를 격려하며 그의 의견과 설명을 엄밀한 검증을 통해 모든 사실이 명명백백하게 될 때까지 끝까지 경청할 것이다. 이러한 호응은 보통사람들의 이성과 양심을 고양시키기를 원하는 우리 단체의 설립 취지에 부합하는 일이기도 하다.

### NP 2020년 6월호

# 보통사람들이 보통선거 지켜야 한다
# – 남녀노소 1인 1표는 인간을 존엄하게 하는 길
#### 선거부정 수식 통해 의혹 제기한 30대 시민 로이킴 인터뷰

**편집자주** 로이킴 씨는 미국에서 대학을 마치고 한국에 정착한 평범한 시민입니다. 그는 하루 12시간 이상 일하는 자영업자이며 아이를 키우는 30대 보통의 아빠입니다. 그는 중앙선거관리위원회가 발표한 선거 결과에 관한 통계자료를 바탕으로 21대 총선에 일정한 패턴의 선거 조작 혐의가 발견된다며 이를 수식과 그래프로 설명해 냈습니다. NPK는 그의 발견을 '로이킴 가설'이라고 명명하고 해커의 지문으로 추정되는 [follow_the_party]라는 놀라운  발견에 대해 신속한 재검표와 수사를 통해서 진위가 입증될 수 있다고 보았습니다. 다음은 서면으로 이루어진 로이킴 씨와의 일문일답입니다.

**Q. 통계와 수(數)에 관련된 전문가입니까?**

　회계학을 전공했으나 회계사는 아닙니다. 10여 년 전 한국에서 대학과 연계된 벤처회사를 설립한 적이 있습니다. 나노 소재 관련 회사를 운영하며 대학의 그래핀 관련 연구팀과 산학 협동 연구를 진행했습니다. 소재를 다루다 보니 그에 관련된 기술은 숫자와의 싸움이었습니다. 사람의 행동 습관은 관리형, 지지형, 분석형, 행동형으로 분류된다는 이야기를 들었습니다. 저는 분석형에 속한다고 생각합니다. 덕분에 선거 통계 분석에 열중할 수 있었던 것이 아닌가 생각됩니다.

**Q. 해커의 지문 또는 이스터에그로 추정되는 [follow_the_party](이하 ftp) 라는 문장을 아스키코드를 통해 4·15총선 결과 데이터 속에서 도출해 낸 것으로 알려져 있습니다. 'follow the ghost'도 찾아진다는 말도 있었습니다. 마르크스 엥겔스의 '공산당 선언'은 '공산주의는 유령'이라는 규정으로 시작됩니다. 문외한이 듣기에 지나친 미스터리 같습니다. 이런 것이 인위적 조작을 통해 결과 데이터 속에 삽입될 수 있다고 보십니까?**

　ftp 문장을 발견하는 데 이틀 정도 걸렸습니다. 하지만 전체 공식을 완성하기까지는 한 달 반 정도 걸렸습니다. 프로그래머의 이스터에그를 처음부터 생각한 것은 아니고 이동값 순서의 규칙을 찾아본 것뿐이었습니다. ftp 도출 과정은 '이동값'을 오름차순 순위에서 7개 지역을 1개 그룹으로 만들고 그 지역구 합을 프린터블 숫자로 100에 가까운 수로 구해서 16개 지역과 나머지 16개 지역에 공통분모를 찾아 아스키코드로 문자를 도출한 것입니다. 이는 일반적인 해킹대회 기법 중 하나입니다. 사람들이 왜 하필 7개 단위로 묶었냐는 질문을 많이 합니다. 전체 253개 지역구를 8개로 나누면 31.62개가 됩니다. 7개로 나누면 36.14개가 나옵니다. 그러면 16개 문장이든 18개 문장이든 구하고 남는 나머지 지역구가 최소가 되는 값입니다. 31.62개가 나오면 16개 문장이 안 되고 15개 문장으로밖에 못 만들겠죠. 이동값을 구하며 규칙성을 찾다가 지역구 순서에서 답을 찾아 퍼즐처럼 만들어본 것입니다. 이런 과정을 일반 사람들에게 설명하기가 매우 어렵습니다. 다만 해킹에 대한 지식이 있는 사람들에게는 납득이 될 것으로 생각됩니다.

**Q. 중앙선관위 통계에서 패턴이나 수식이 있다고 보게 된 계기는 무엇입니까?**

먼저 수식을 하나 도출해 냈습니다. 첫 번째 제시했던 'X-XY+XY/Zn' 공식은 최근에 우리 사회에서 큰 논란이 되었던 '프로듀서 101'과 같은 조건으로 만든 랜덤의 가중치를 단순히 지역별로 세팅한 것이라는 가설이었습니다. 당시 Zn값, 즉 가중치가 '랜덤의 숫자'라고 했는데 이를 사람들이 도저히 납득하지 않습니다. 사용된 가중치는 제가 만든 것이 아닙니다. 당일 선거와 사전선거 투표의 차이값이고 객관적인 것입니다. 그래서 사람들을 이해시키기 위해 Zn값에 대한 분석을 다시 시작했습니다. 이 작업을 통해 지역구 순위에서 상위 그룹과 하위 그룹을 나누면 놀랍게도 서로 배분된 그래프를 얻을 수 있었습니다.

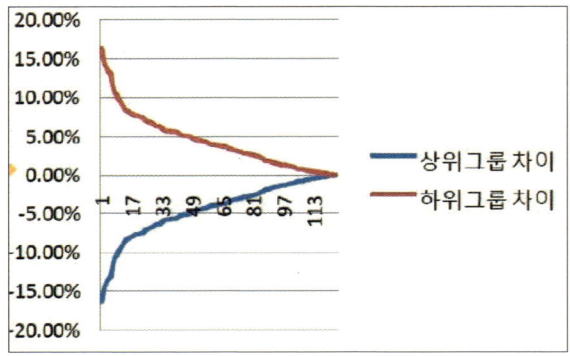

이 그래프는 매우 중요한 단서가 되었습니다. 즉 랜덤이 아닌 규칙이 있는 배분이라는 확신을 갖게 된 것입니다.

**Q. 지금까지 4·15(21대)총선 관련 발견한 수식이나 기타 의견에서 시행착오나 수정사항이 있었습니까?**

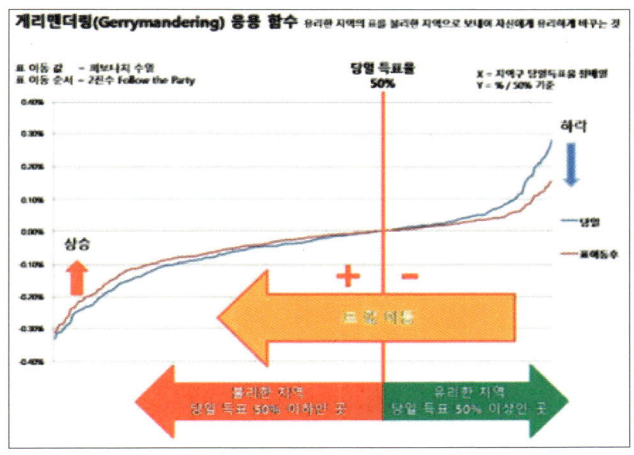

처음 공식을 만들어 보고 거기서 도출한 가중치에 대한 정의를 내리다가 발견한 규칙들이 있습니다. 예로 사전투표 비중과 당일투표 비중을 빼면 당일 지지율 50% 기준으로 이상 이하 구간으로 나누면 양수값과 음수값이 나오게 됩니다. 일반적으로 양수와 음수가 나올 수 있지만 50% 기준 이하에는 양수, 이상에는 음수로 일관되게 나올 수는 없는 패턴입니다.

더불어민주당 당일 지지율 50%를 기준으로 지역 분포도를 보면 어느 곳이 우세 지역인지 분명하게 드러납니다. 우세한 빨간색 지역의 비중은 사전에서 줄어들고 열세 지역인 파란색 지역의 비중은 늘어납니다. 줄어들고 늘어나는 양이 서로 같습니다.

위 그래프에서 보는 것처럼 당일 비중 파란색이 이동값 연산 후 빨간색으로 옮겨진 것을 알 수 있습니다. 결과적으로 이 빨간색 그래프는 사전 비중과 일치하게 됩니다.

민주당 당일 지지율 50% 기준 지역 분포도

| 지역 | 하위그룹 | 하위% | 상위그룹 | 상위% |
|---|---|---|---|---|
| 세종 | 0 | 0% | 2 | 100% |
| 광주 | 0 | 0% | 8 | 100% |
| 전남 | 1 | 10% | 9 | 90% |
| 전북 | 1 | 10% | 9 | 90% |
| 제주 | 1 | 33% | 2 | 67% |
| 대전 | 3 | 43% | 4 | 57% |
| 인천 | 6 | 46% | 7 | 54% |
| 경기 | 31 | 53% | 28 | 47% |
| 서울 | 32 | 65% | 17 | 35% |
| 충남 | 9 | 82% | 2 | 18% |
| 충북 | 7 | 88% | 1 | 13% |
| 울산 | 6 | 100% |  | 0% |
| 강원 | 8 | 100% |  | 0% |
| 대구 | 12 | 100% |  | 0% |
| 경북 | 13 | 100% |  | 0% |
| 경남 | 16 | 100% |  | 0% |
| 부산 | 18 | 100% |  | 0% |
| 총합 | 164 |  | 89 |  |

**Q. 지금까지의 가설 또는 의견이 검증되기 위해 중앙선거관리위원회, 법원 또는 검찰 등 수사기관이 당장 해야 할 일은 무엇이라고 봅니까?**

서버의 포렌식이 가장 우선되어야 합니다. 현지 오프라인에서 이미 수많은 증거들이 나오고 있습니다. 그 증거들이 가리키는 것은 바로 서버입니다. 알 수 없는 투표지, 유령표, 통신장치, QR코드 모두 서버의 조작에 필요한 것들입니다. 또한 사전투표함의 수개표가 신속하게 진행되어야 할 것입니다. 특히 미래통합당 사전투표함이 아니라 더불어민주당의 사전투표함을 철저하게 검증해 봐야 합니다. 더불어민주당이 가져간 표는 미래통합당이나 그 밖의 당의 표, 무효표, 기권표가 섞여 있었을 가능성이 높다고 생각됩니다. 이를 확인하기 위해 사전투표인 명부도 필수라고 생각됩니다.

**NP 2020년 7월호**

# 부정선거는 제2의 6·25,
# 자유세력의 국제공조로 맞서야

### 초고도 디지털 시대일수록 선거개표는 손으로 해야 할 이유

이지현 상임이사

1980년대 상영된 《백 투 더 퓨처》는 2015년으로 미래 여행을 하는 이야기를 그린 영화이다. 신발이 자동으로 끈을 묶고, 스마트 안경으로 전화를 하고, TV로 화상회의를 하고, 홀로그램 입체영상으로 광고를 하고, 경찰차가 하늘을 날아다니는 등 영화가 상영되었던 시절에는 그저 상상 속에서만 가능할 법했던 일들이 2020년 오늘 대부분 현실이 되었다. 그뿐

인가, SF영화에서만 존재할 것 같았던 AI로봇은 운전을 하면서 핸드폰과 농담을 주고받을 정도로 우리의 삶에 깊숙이 들어와 적용되고 있다.

컴퓨터의 등장으로 아날로그 세계를 구성하는 자연, 물질 또는 비물질

창조물들은 모두 디지털로 전환될 수 있게 되었는데, 즉 물질의 기본적 구성 단위인 아톰(Atom)이 디지털의 기본 조합인 0과 1로 이루어진 비트(Bit)로 전환되면서 일어난 디지털 혁명은 인류의 삶과 미래를 바꿔놓았다. 카톡으로 문자, 사진, 영상을 보내고, 유튜브로 소통하고, 핸드폰으로 쇼핑을 하고 은행 업무를 보는 등 우리는 이미 돌이킬 수도, 멈출 수도 없는 디지털 환경에서 살아가고 있다. 디지털 환경에서 생산되는 다양한 문자, 영상, 수치 데이터 등을 포함하는 대규모의 데이터를 빅데이터라 부르며, 2020년 세상은 인공지능을 이용해서 빅데이터를 가공하고 분석하고 처리함으로써 인류의 삶에 편익을 제공하는 방향으로 서비스를 창출해내고 있다.

그러나 이 모든 것이 가능하기까지는 엄청난 경쟁 속에 살아남아야 했던 IT기업과 업계 전문가들의 노력이 있었다. 그리고 더욱더 고도화되어가는 디지털 환경에서 살아야 하는 지금의 아이들은 초등학교 때부터 C언어, 자바, 파이선 등 컴퓨터 언어로 프로그램을 만드는 코딩을 배운다.

이번 4·15 부정선거 이슈에서 아날로그 세대와 디지털 세대는 선거 조작의 유무를 떠나 이것을 이해하는 방식에서 큰 차이를 보이고 있다. 부정선거가 아니라고 주장하는 아날로그 세대의 많은 분들은 이렇게 방대한 선거 조작이 이루어지려면 많은 사람들이 연루되었을 텐데 이들의 입을 다 막을 수 없다고 한다. 선거를 아날로그 시대에서 행해온 대면 방식으로만 이해하고 있음을 예증한다. 반면 디지털 시대의 주인공인 젊은 사람들과 IT업계 종사자들은 프로그램을 통한 고도의 지능적인 선거 조작이 현실세계에 충분히 일어날 수 있고 이것이 소수의 인원으로도 가능하다는 것을 이해한다.

기본적으로 빅데이터와 인공지능의 목표는 예측을 하는 것에 있다. 가장 쉬운 예로 빅데이터를 토대로 고객이 어떤 제품을 주문할지 인공지능으로 예측해 미리 물류창고에 배치하기 때문에 우리는 빠른 배송을 받으며 살고 있는 것이다. 이렇듯 지금의 디지털 세상은 빅데이터와 인공지능을 통해 선거의 판세를 분석 및 예측을 해서 필요한 의석에 도달하기 위한 계산을 가능케 하는 시대이다. 다시 말해 온라인 게리맨더링이 실현된다는 것이다. 그리고 이를 실행하기 위한 프로그램을 제작하는 것은 국내외 어느 소프트웨어 개발사든지 돈과 소수 인력만 있으면 가능하다. 프로그래밍 전문가들이 이번 선거에서 선관위가 제공한 데이터를 보고 프로그램에 의거한 조작을 본능적으로 직감했던 이유는 이들이 평생 데이터를 다루는 사람들이기에 일정하게 적용되는 패턴을 알아볼 수 있었기 때문이다. 그리고 소프트웨어 제작 과정에는 버그를 찾아 해결하는 디버깅(Debugging) 절차가 반드시 필요한데 이러한 테스트 과정을 거치지 않았기 때문에 선관위 데이터에서 관내 사전투표 전체 집계가 통째로 누락된 봉담읍 선거구와 같은 오류들이 여기저기서 발견되고 있는 것이다. 이 모든 과정을 이해하지 못하는 아날로그 세대에게 이러한 오류들은 선거 부실 관리로 보이겠지만 전문가들의 눈에는 명백한 증거 인멸의 과정이다.

　마치 영화《백 투 더 퓨처》에서 상상했던 것들이 2020년에 이미 현실이 되어버렸듯, 아날로그 시대에는 상상도 할 수 없었던 대규모 선거 조작이 4·15 선거에서 현실이 될 수 있었다는 것을 받아들이는 자세가 디지털 시대를 살아가는 우리에게 필요해 보인다. 우리는 유튜브 영상을 카톡으로 전송하게 하는 기술을 전혀 이해하지 못하지만 매일 영상을 퍼나른다. 그런데 왜 빅데이터, 프로그램을 통한 고도의 선거 조작을 이해하지 못한다고 부정선거가 아니라고 주장하는가?

　이번 4·15 부정선거 이슈를 겪으면서 어쩌면 이 세상이 다시 아날로그 시대로 돌아가야 할 때가 다가온 것은 아닌가 하는 생각이 들었다. 세상이 고도의 디지털 환경으로 빠르게 탈바꿈해도 아날로그 방식을 고수해야만 하는 그 어떤 것들이 보이기 시작했다. 아날로그 시대에 학창시절을 보내고 디지털 시대에서 IT분야 관련 일을 하고 있는 필자에게 세상은 신속함보다 진실함을 더 필요로 할 때가 있다는 것을 이번 부정선거가 상기시켜 주고 있다. 이번 선거 조작이 명명백백하게 밝혀져서 아날로그 시대의 수개표 방식으로 돌아가야 할 이유가 바로 여기에 있는 것이다.

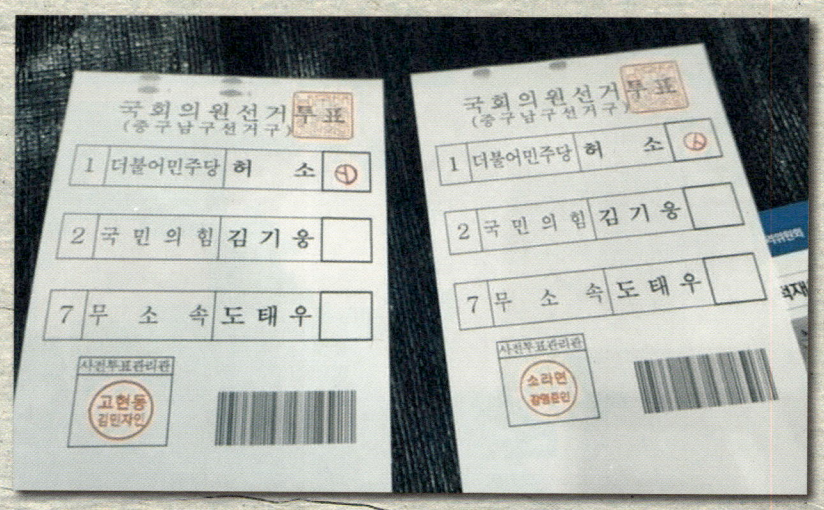

#EP2
2024년 4.10선거때 나타난
위조 사전투표지

경남 거제 고현동과 전남 여수 소라면에서 사전투표된 용지에 찍힌 인쇄 오염이 같은 모양입니다. 같은 시간 같은 장소에서 제작된 위조 투표지로 보입니다. 이같은 결정적인 증거에도 수사할 경찰도 검찰도 없습니다.

### 2020년 7월 10일

# 대법원은 권력의 종인가?
# 신속한 재검표로 부정선거 규명해야

### 최원목 교수, 맹주성 교수 대담

QR코드를 스캔하시면
해당 영상을 시청하실 수 있습니다.

> **편집자주** 사단법인 법치와자유민주주의연대(NPK)는 2020년 4월 15일 있었던 21대 총선 이후 쏟아지는 선거부정 의혹을 엄밀하게 검증하기 위해 최선의 노력을 기울였습니다. 그 노력의 한 가지로 VON뉴스를 통해 부정선거 관련 중요인물의 인터뷰를 부정기적으로 진행하는 특별기획을 내보냈습니다. 아래는 2020년 7월 10일 맹주성 이사장이 사회정의를위한교수모임(정교모) 공동대표 최원목 교수(이화여대 로스쿨)와 생방송으로 나눈 대담을 요약 정리했습니다. 전체 내용은 VON뉴스(명예 우붕이 최원목 교수 인터뷰, 벌거벗은 임금님 만들기 문화운동으로 부정선거 끝까지 규명해야 편)에서 시청할 수 있습니다.

**맹주성(이하 '맹')**: 최원목 교수님은 외교관 출신으로서 국제관계와 통상 및 국제법 분야에서 정치철학적 식견과 국제법적인 전문성을 발휘하고 계십니다. 사회정의를위한교수모임(정교모) 공동대표인 최 교수님이 정교모가 지향하는 가치와 그 활동의 배경을 분명하고 구체적으로 설명해 주실 수 있을 것 같습니다.

**최원목(이하 '최')**: 정교모는 전국 370여 개 대학에 소속된 6,200여 명의 전임 교수들이 자발적으로 모여 결성한 단체입니다. 작년에 이른바 '조국 교수 사태'가 벌어졌을 때, 대학의 지식인들이 조국 문제가 바로 자신의 문제임을 통렬히 반성하며 결속했습니다. 조국 사태 이후 더욱 심화된 '조국스러운 정치' 즉 국민들로 하여금 진실로부터 눈을 멀게 하면서 '전체주의' 사회로 나아가는 움직임을 막자는데 회원들이 모두 동의했습니다.

**맹:** 이번 4·15 선거부정의 의혹 제기는 특정한 정치적 목적을 위한 것이 아니라 중앙선거관리위원회 공식 통계자료를 분석한 수많은 시민들의 참여에서 출발했다는 데 특징이 있습니다. 우리 시민들 각자의 전문성이 상당한 수준에 이르렀다는 것도 이번 사태를 통하여 확인한 바입니다. 예를 들어 시민들이 선관위 통계를 역추적하여 발견한 함숫값이라든가, 계표기에 슈퍼컴퓨터 급의 연산 능력을 갖춘 기기가 부착되었다는 사실을 발견한 것 등입니다. 이는 선거를 둘러싼 문제들이 시대에 따라 변화하고 있다는 것을 의미합니다. 따라서 법적으로 제기할 수 있는 증거의 요건과 해석의 범위에 있어서 사태의 본질을 바라보고 사건을 유연하게 접근해야 합니다. 그럼에도 여러 건의 증거보전 신청이 연이어 각하되면서 시민들의 정당한 알 권리가 심각하게 침해당하고 있습니다.

**최:** 이번 사태의 본질은 선거 과정의 공정성을 검증하자는 '보통 사람들'

의 문제 제기, 특히 젊은 세대들이 자발적으로 나서서 선관위 자료를 분석하고 문제점을 찾아냈다는 데 의의가 있습니다. 이것은 선례가 없는 전혀 새로운 종류와 차원의 움직임입니다. 특히 문제를 제기하는 시민들이 자신의 실명을 걸고 기자회견을 열고 방송 출연까지 하고 있다면 그만큼 증거의 신빙성을 인정하고 검증의 기회를 제공해야 한다고 생각합니다. 법적으로 명시된 제보 대상자인 국회의원에게 부정의 의심이 짙은 표 6장을 공익을 위해 전달했다는 사실을 절도죄로 엮어 구속한 사례는 제보자의 명예와 인권에 대한 명백한 침해 행위이자 국민을 상대로 한 법 집행기관의 잘못된 경고로 보아야 할 것입니다.

## 젊은이 중심의 새로운 아크로폴리스

**맹:** 희망적인 것은 바로, 젊은 층의 적극적인 관심과 참여입니다. 정교모가 사실을 추구하고 진실을 수호하는 대학 사회 지식인들의 자발적 참여로 결성되었듯, 이 문제에 대한 각 시민들의 관심을 전문적 수준으로 끌어올리고 문화 운동으로 이끈 주역이 바로 수많은 '우붕이'들이 모인 '우한갤러리'와 같은 인터넷 기반의 집단 지성입니다.

**최:** 기본적으로 '우한갤러리'는 집단의 방향을 설정하고 명령을 내리는 관리자 등의 '중심'이 없습니다. 사안에 관심을 가진 사람은 누구나 가입할 수 있습니다. 여기에 각자가 속한 분야에서 쌓은 전문적인 식견을 바탕으로 의견을 개진합니다. 그러면 또 다른 회원들이 이 의견을 검증하고, 반론을 제기하고 오류를 수정해 가면서 컨센서스를 형성합니다. 이 과정에서 정치성이나 특정 이익을 대변하는 목소리들이 걸러집니다. 아이돌그룹 경쟁 프로그램인 〈프로듀스 101〉의 통계 조작을 규명하여 결국 이 사태를 해

결한 것도 우한갤러리의 '우붕이'들입니다. 이런 과정을 거치면서 통계를 분석하고 해석하는 역량도 키워집니다.

**맹:** 젊은 세대들은 늘 정의를 갈망합니다. 더구나 행동도 빠르고 힘이 있습니다. 블랙시위는 바로 진실에 목마른 젊은 세대들과 우붕이들의 잠재력을 보여준 대표적 사례입니다. 특히 이들의 활동은 일체의 정치적 목적이라든가 종교색, 이권에서 벗어나 있다는 데서 의미가 큽니다.

**최:** 선거부정 문제를 정치 투쟁의 관점에서만 접근하면 조바심이 생기고 쉽게 지치게 됩니다. 더구나 우한갤러리나 블랙시위는 이전과는 전혀 다른 차원의 시민운동이라는 점도 명심해야 합니다. 우붕이들은 인터넷 세상과 현실 세계에서 이어지는 진실 추구의 목소리를 하나로 결집할 수 있는 아이디어들을 많이 내놓고 선택을 기다립니다. 예를 들면 선거부정과 관련하여 확인된 객관적 사실이나 의혹을 각종 물품에 새겨 내놓거나 전시하는 업체를 '우붕이 업소'로 인증해 주는 식입니다.

## '벌거벗은 임금님' 문화 운동으로 진실 추구의 목소리 이어가야

**맹:** 이런 식으로 생활 속에서 진실 규명의 목소리를 내는 운동을 '벌거벗은 임금님' 운동으로 명명하셨다고 들었습니다.

**최:** '벌거벗은 임금님'은 진실이 만천하에 밝게 드러났음에도 본인만 모르거나 이를 외면하는 작태, 바로 한국 브라만 좌파들의 모습입니다. 그럴수록 우리는 진실을 외면하는 저들을 오히려 고립시키고 진실의 목소리가 생활 속에 침투할 수 있도록 작은 아이디어를 내놓고 실천해야 합니다. 가

령 사이클 동호회가 블랙시위를 벌이면서 전시 물품을 장비에 달고 국회까지 라이딩을 하는 식으로 말이지요. 이런 아이디어들을 얼마든지 자유롭게 내고, 마음에 들면 소수라도 자발적으로 참여해 가면서, 이 새로운 운동이 지속될 가능성이 생기게 되리라 믿습니다.

**맹:** 마지막으로 진실 추구를 열망하는 우리 시민들에게 한 말씀 부탁드립니다.

**최:** 지금 대한민국은 절대로 그 자리에 앉아서는 안 될 이들이 앉아, 자유 대한민국의 기본 원칙인 교육의 중립성과 법집행의 공정성을 훼손하고 있습니다. 정교모와 우한갤러리, 블랙시위는 모두 이에 맞서 진실의 벽을 세우고 있습니다. 진실 규명에는 시간이 듭니다. 지금이야말로 법과 원칙이 살아 있는 국가를 새로 세우는 때라는 믿음으로, 생활 속에서 진실을 향한 여정을 멈추지 않기를 바랍니다.

NP 2020년 9월호

# 한국에서 자유선거 잃으면 세계가 빛을 잃는다!
## 김미영 사무총장의 4·15 한국 총선 분석에 관한 2020 KCPAC 회의 현장 관전평

여러 전문가들의 발표를 들으니 어떤 의미에서는 세계제3차대전이 전개되고 있는 것은 아닌가 생각된다. 아인슈타인이 오래전에 3차 대전의 무기는 고무새총이 될 것이라고 말했다고 한다. 핵전쟁이 얼마나 궤멸적인 결과를 갖고 올 것인가에 대한 경고였겠지만, 공교롭게도 한국 선거에 사용되는 도장은 고무새총을 닮았다. 총과 포가 아니라 '선거'를 둘

러싸고 벌어지는 전쟁을 우리는 지금 한국에서뿐 아니라 전 세계 차원에서 보고 있다. 즉 새롭게 전면화된 권위주의, 전체주의가 자유선거를 통해 운영되는 자유민주주의와 법치를 심각하게 위협하고 있는 것이다.

사단법인 법치와자유민주주의연대는 2020년 4월 15일 총선 결과를 중

앙선거관리위원회 발표 통계자료를 통해 면밀히 검토해 왔다. 공학 프로그램 분야의 대가인 맹주성 이사장의 해설을 계기로 이번 총선에서 컴퓨터 프로그램을 이용한 디지털 범죄가 있었을 가능성이 농후함을 환기시킨 것은 우선 기록할 만하다. 로이킴이라는 한 시민을 발굴한 것도 기록할 만한 일이다. 그의 집요한 분석으로 인위적인 조작 없이 발견될 수 없는 패턴을 찾아낼 수 있었다. 중앙선거관리위원회의 통계 숫자들은 하나의 심각한 퍼즐을 숨기고 있었다. 로이킴 씨가 그 퍼즐을 맞추었을 때 [follow_the_party]라는 해커의 지문이 발견된 것은 한국 총선에 중국공산당이 개입됐을 수 있다는 충격적인 의혹을 가능케 했다. 로이킴 가설을 엄밀한 프로그램 로직으로 뒷받침해 준 전 SK 이노베이션 산업 프로그래머 장영후씨의 등장도 기록할 만하다. 최대한 엄밀하게 선거부정 전 과정의 알고리즘을 복원한 것은 집요하고도 획기적인 일이었다.

그러나 검찰, 경찰, 기간 언론 등이 해야 할 일을 제도권 밖의 시민들이 수행하는 것은 바람직한 현상이 아니라고 생각한다. 부정선거를 규명하기 위한 우리의 모든 노력은 결국 한국을 다시 정상적인 국가 기능을 수행하는 나라로 되돌리기 위한 것이라고 할 수 있다. 우리는 지난 넉 달 이상의 노력을 통해 21대 한국 총선은 일찍이 유례가 없는 대규모 부정선거였다는 잠정 결론을 내렸다. 이번 KCPAC 국제회의를 통해 미국과 한국의 전문가들이 평가한 대로 한국의 부정선거는 이미 한국만의 것이 아니다. 세계가 권위주의-전체주의로 다시 전락하느냐, 더 자유롭고 평화로우며 번영하는 자유민주주의로 가느냐의 갈림길에서 일어난 하나의 시금석적 사건인 것이다. 따라서 한국을 지키는 것이 곧 세계 민주주의를 지키는 길이라고 말한 고든 창 변호사의 발언을 다시 반복하고자 한다. 자유선거를 잃는 것은 자유 대한민국을 잃는 것이고 세계를 진정으로 위험에 빠뜨리는 일이다. 반드시 전 세계가 힘을 모아 한국 부정선거를 규명해야 한다.

2020년 9월 25일

# 110만 건 우편투표 부정 증거로 선거 무효 사유 충분
## - 부정선거 소송 대법원 성명 내용과 선거무효 사유분석

박주현 변호사, 도태우 변호사 대담

QR코드를 스캔하시면
해당 영상을 시청하실 수 있습니다.

**편집자주** 4·15 부정선거 문제는 이미 국제공조의 단계로 접어들었다. 전 세계가 부정선거로 몸살을 앓고 있고, 특히 한국산 전자개표기나 선거시스템의 문제가 이 혼란의 중심에 서 있다는 사실이 명백하게 드러나고 있습니다. 그러던 중 지난 추석 연휴를 틈타, 선관위는 서버 이전이라는 명목으로 증거 인멸에 공개적으로 나섰습니다. 대법원은 앞뒤가 맞지 않는 궁색한 변명을 석명이라는 이름으로 내놓고 있는 실정입니다. 이에 VON뉴스는 선거부정 문제의 핵심을 이루는 우편 투표를 통한 부정 증거 문제 및 국제조사단의 구성과 관련하여, 선거부정 소송대리인단의 일원으로 활약 중인 박주현 변호사와 4·15부정선거국민투쟁본부(이하 '국투본') 사무총장인 도태우 변호사와의 특별 대담을 마련했습니다.

**도태우(이하 도)**: 워싱턴의 안보정책센터 선임연구원인 그랜트 뉴셤(Grant Newsham)변호사가 트럼프 대통령의 비서실장을 만나 부정선거에 관련한 대화를 나누었다는 소식도 들었습니다. 최근에는 소셜 미디어에도 그가 발표한 40쪽 가까운 보고서가 올라가 있는 상태입니다. 더구나 부정선거에 관하여 경험이 축적된 유서 깊은 국제선거감시기구가 우리나라의 부정선거 사안을 조사할 예정으로 알려져 있습니다. 한국의 부정선거 문제가 국제공조의 측면에서 어느 정도로 진전되었는지 설명 부탁드립니다.

**박주현(이하 박)**: 지금 민경욱 전 의원이 미국의 인사들과 접촉하며 큰 성과를 내고 있습니다. 그랜트 뉴셤 연구원은 이미 몇 달 전부터 국내 선거 관련 전문가나 주요 인사들과 접촉하여 이 문제를 깊이 조사한 뒤 트럼프 대통령에게 보고했습니다. 그뿐 아니라 미국의 NSC 등 공식 회의에서도 논의되는 성과를 거두었습니다. 당사자인 우리나라만 모든 언론과 정당, 정부, 법원이 침묵하고 있는 것이 현실입니다.

## 선관위와 우체국 서버가 연동돼 부정 증거 드러난 것

**도**: 이번 사건의 특징 중 하나는, 식견 있는 시민들이 조금만 관심을 갖고 들여다보면 너무나도 명백하게 그 진실을 깨우칠 수 있는 상황이라는 점입니다. 우리 시민들의 지식수준이 상당히 높아져 있기 때문에, 이미 나와 있는 데이터를 조금만 직접 다루어 보더라도 확인할 수 있을 만큼 증거도 명백합니다. 특히 이 과정을 통해 우편 선거에서 부정의 증거를 직접 찾아내는 등 대단한 성과를 거두었습니다. 이에 당황하고 조급해진 법원과 선관위에서는 노골적으로 증거 인멸을 계속하고 있습니다. 우선 우편 투표 부정에 대하여 말씀 부탁합니다. 또한 지금 선관위에서 대놓고 진행 중인 증

거 인멸 행위들이 어떤 단계에 와 있는지에 대한 설명도 필요합니다.

**박**: 우편을 통한 사전투표는 처음에는 그 비중이 적었습니다. 그런데 계속해서 제기되는 증거들을 다시 살펴보니, 우편 봉투에 나온 등기번호는 추적이 가능하지 않느냐는 사실을 새삼 깨달았습니다. 이미 잘 알려졌듯 구리시의 관외 사전투표지의 경우 신권 같은 상태였고, 비례대표 투표지도 역시 다르지 않았습니다. 이에 배송 추적을 진행하다 보니, 아니나 다를까 배송 경유지의 시간이나 경로도 이해되지 않는 것들이 수없이 나왔습니다. 수신 날짜가 없는 것은 물론, 배달 결과

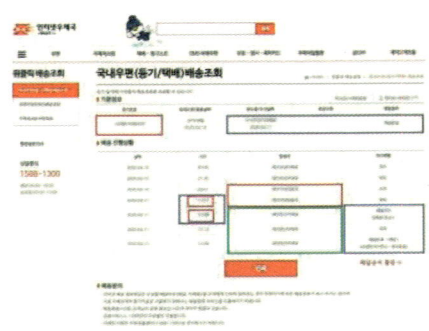

배송시간과 경유지 등이 엉터리로 나온 대표적인 우편 투표 등기조회 결과

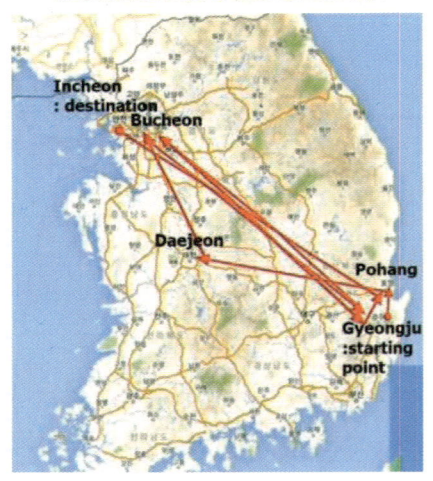

배송시간과 경유지 등이 엉터리로 나온 우편투표 등기조회 결과(상), 경주발 인천행 우편투표 배송과정을 지도로 실현해본 결과(하)

의 차이도 엄청났고, 경로가 엉터리로 나오고 배달 순서도 엉망이었습니다. 결국 이를 전수 조사해야겠다는 결심이 섰습니다.

블랙시위 등 규명 운동에 참여한 1만여 명 가까운 시민들이 각자 서너 개씩만 확인해도 금세 끝날 일 같았습니다. 실제로 도움을 요청하니, 이름 없는 많은 시민들의 자발적인 참여로 전수 조사가 가능했습니다. 이를 데이터화하는 데에도 성공한 상태입니다.

관외 사전투표, 우편 투표에서 이루어진 부정 증거는 참으로 많습니다. 예를 들어 경주에서 우편이 접수되면 그곳에서 발송되어야 하고, 도착은 도착지의 우편집중국이 되어야 하지 않습니까? 그런데 이런 경로가 모두 생략되었습니다. 그 외에 배송 시간도 물리적으로 도저히 이루어질 수 없는 결과가 나왔습니다. 한두 건 정도야 우연의 일치라고 이해할 수 있다 해도, 이런 사례가 무려 백십만 건이 나온다면 받아들일 수 없는 것 아닙니까? 더구나 우편물 수령인 이름이 "글*은, 깨*을, 새*를, 위*복, 낌*정, 히*로" 등, 전산 인식 오류라고 보기에는 이해할 수 없는 사례가 2만 장이 넘는다면 더 이상 변명의 여지가 없습니다.

이는 결국 선관위의 서버와 우체국 서버가 연동되면서 들통난 부정의 증거입니다. 관외 사전투표는 본인 확인과 등기 번호도 부여받기 때문에, 두 서버는 서로 연동될 수밖에 없습니다. 서버 검증의 필요성이 강하게 제기되는 지점입니다. 이런 증거들은 현재 모두 캡처하여, 여러 명이 보관하고 있습니다.

**도:** 그런데 선관위는 이에 대해서 참으로 과감하게 해명했습니다. 말도 안 되는 수령인 이름을 그냥 고쳐서 발표한 것입니다. 증거보전신청 등 여러 가지 법적 절차를 무시하고 있다가, 6개월이 지난 9월 말, 선관위는 전산센터를 이관한다는 명목으로 시간을 끌고 있습니다.

**박:** 통합선거인명부, 투표지 분류기, 본인 확인기 모두 부정의 증거입니다. 그런데 여기서 더 나아가 선관위는 '나라장터'를 통해 서버 이전 관련 입찰 공고를 냈습니다. 이 문제에 대하여 우리는 지금까지 낸 소송에 증거인멸과 업무상 배임죄를 더했습니다. 이런 행태는 국민에게서 거두어들인 세비로 부정선거의 증거를 인멸하겠다는 의도이기 때문입니다.

## 선관위는 석명에 성실히 임하고, 법원은 조속히 선거 무효 선언해야

**도:** 지금 선거부정 소송 대리인단이 제출한 문서제출명령신청, 감정 및 검증 신청으로 석명준비명령이 실행되어야 하는 상황입니다. 그럼에도 부정선거를 실행한 한틀시스템에 대한 사실 조회 신청은 9월까지 미루다가 마지못해 그쪽으로 보냈습니다. 우리 대리인단이 법률에서 정한 기한에 맞추어 모두 답변을 한 태도와 대조됩니다. 얼마 전에서야 석명이라고 내놓은 것도 매우 형편없는 수준이었습니다.

선관위가 시스템을 구축할 때에는 QR코드의 오류는 언제든 검증 가능한 것이라고 하다가, 이제 와서는 검증할 수 없다고 발뺌하고 있습니다. 일련번호를 기록해 놓지 않았다, QR 코드에는 번호를 하나씩 늘려가면서 순서를 부여했다, 대조되는 번호가 없다는 등 무책임한 태도로 나오고 있는 실정입니다.

이미 드러난 것만으로도 선거 무효의 이유가 분명합니다. 앞으로 공적으로 이를 선언하는 절차와 이를 책임지는 법관, 우리 사회의 양식 있는 지식인과 시민들의 결단이 필요합니다. 앞으로 우리가 나아가야 할 방향이 무엇입니까?

**박:** 이렇게 명백한 증거들이 넘치는데도 부정선거가 아니라고 하는 입장은 성립될 수 없습니다. 이 문제를 무시하는 이들은, 과연 저들이 전방위적으로 대규모적인 불법을 저지를 수 있느냐고 묻습니다. 선관위나 법원이 재검표를 미룬 이유는, 단순히 전자개표기의 기술적인 문제의 차원을 넘어서기 때문입니다. 선거부정이 선거의 전 과정과 절차에 걸쳐 전방위적으로 이루어졌기 때문에 피하는 것으로 보아야 합니다.

'블랙진실버스', '블랙승리버스'와 같이 진실을 널리 알리려는 노력을 통해, 식견과 용기를 갖춘 시민들이 진실 앞에 서게 하는 지혜가 필요합니다. 민경욱 전 의원이 미국에서 힘을 모으면서, 지금까지의 무기력하고 패배적인 분위기가 바뀌고 있습니다. 정치인들의 소극적인 태도에도 조금씩 변화가 감지되고 있습니다.

### ①·1 광역별 판세 (사전투표 보정값)

| 광역 | 전체 의석 | 현재 민주 지역구 의석 | 우세 (~+15) | 경합 우세 (+15~+7) | +경합 (+7~+3) |
|---|---|---|---|---|---|
| 전국 | 253 | 118 | 68 | 67 | 28 |
|  |  |  | 135 |  |  |
|  |  |  |  | 163 |  |
| 서울 | 49 | 36 | 17 | 18 | 6 |
| 경기 | 59 | 38 | 19 | 22 | 7 |
| 인천 | 13 | 7 | 5 | 6 | 1 |
| 대전 | 7 | 4 |  | 4 | 2 |
| 세종 | 2 | 1 | 1 | 1 |  |
| 충북 | 8 | 4 |  | 3 | 2 |
| 충남 | 11 | 6 | 2 | 4 | 1 |
| 광주 | 8 | 1 |  |  |  |
| 전북 | 10 | 2 | 7 | 1 | 2 |
| 전남 | 10 | 3 | 9 | 1 |  |
| 부산 | 18 | 6 |  | 1 | 2 |
| 울산 | 6 |  |  |  |  |
| 경남 | 16 |  |  |  |  |
| 대구 | 12 |  |  |  |  |

**이근형**
4월 16일 오전 8:30

선거막판에 이러저러한 괴문서들이 돌아 다녔는데 실제 우리 당 전략기획 파트의 예측은 이랬습니다
자랑질하려는 건 아니고,
나름 민심을 잘 읽으려 노력했다는 점을 강조하는 차원에서...
국민의 선택이 두렵게 느껴집니다
문재인 정부와 더불어민주당이 확실하게 중간급유를 받아 연료를 가득 채우고 다시 길을 나섭니다
국민과 더불어 이 위기를 극복하고 "나라다운 나라"에 좀 더 다가 가야 하겠습니다.
응원과 지지 보내주신 분들께 눈물겨운 감사를 보냅니다.

#EP3
2020년 4월 16일 4.15총선 개표가 완료된 직후 당시 이근형 더불어민주당 전략기획위원장이 자신의 페이스북에 업로드한 '사전투표 보정값'이 적용된 판세표

선거운동을 위해 판세를 조사했다면 사전 당일을 구분하여 목표를 설정할 수도 할 필요도 없습니다. '사전투표 보정값'이라는 표현은 그 자체가 조작의 증거라고 할 수 있습니다. 보정값은 조작값의 다른 말입니다.

**2020년 10월 2일**

[성명서]
# 대법원은 선관위의 4·15총선 서버 훼손에 대해 국제조사를 실시하고 선거무효를 공식 선언하라!
### 부정선거 증거인멸은 문명 법치국가 포기하는 대형 범죄!

2020년 9월 30일 새벽 5시 30분경 중앙선거관리위원회(이하 '선관위')는 관악청사에서 지난 4월 15일 치러진 제21대 국회의원 선거 기록 일체가 들어 있는 서버를 해체하여 과천청사로 이관한다고 공고한 작업을 강행했다.

중요 증거인 서버 컴퓨터 이동에 맞서 중앙선거관리위원회 관악청사 앞에 모여든 시민들

민경욱 전 의원 선거무효 소송대리인단과 기독자유통일당 선거무효 소

송대리인단(이하 '소송대리인단')은 125개 지역구와 비례대표 선거에 대한 선거무효 소송이 대법원에 제기되어 있고, 서버에 대한 증거보전이 신청된 상황에서, 연휴 새벽 특공 작전을 방불케 하며 많은 시민들의 필사적인 항의를 짓밟고 이루어진 선관위의 반법치적·반문명적 증거인멸 행위를 엄중 규탄하며, 대법원은 서버 훼손에 대한 국제조사를 응급하게 실시하여 선거무효를 공식 선언할 것을 강력히 촉구한다.

지난 5월 7일 제21대 국회의원 선거무효소송 제기와 더불어 디지털 조작 선거의 핵심 증거인 서버 등에 대한 증거보전 신청이 이루어졌다. 그러나 사건을 맡은 법원은 서버 등 디지털 선거장비와 전자기록에 대한 증거보전 신청을 모두 기각했으며, 이에 불복한 항고 또한 기각했다.

비슷한 시기 다른 지역에서 민사소송법상 사전 증거조사 신청의 형태로 서버에 대한 증거보전 신청이 이루어졌지만 이 또한 기각되었고, 항고 기각, 재항고를 거쳐 현재 대법원에 계류 중이다.

소송대리인단은 총 일곱 차례의 준비서면을 제출하면서 디지털 조작이 4·15 부정선거의 핵심이고, 선거무효 주장의 핵심임을 총체적이고 심층적으로 제시해 왔다. 동시에 디지털 증거보전, 증거조사의 필요성을 계속 주장했다.

소송대리인단은 지난 6월 초 선거무효소송을 담당하고 있는 대법원에 서버 등 디지털 선거장비에 대한 감정신청, 각종 문서제출명령신청, 사실조회 및 문서송부촉탁신청, 검증신청을 7월에 제기하였으나, 선관위는 4개월 동안 의견서 4페이지 외에 요청된 자료를 전혀 제출하지 않았다.

마침내 법정 기한 마감이 한 달여 남은 9월 중순이 되어서야 대법원의 석명준비명령이 내려졌는데, 이 무렵 2020년 9월 29일부터 2020년 10월 4일까지 중앙선관위 전산센터이관 사업 계약 공고가 이루어졌다. 동시에 선관위는 9월 24일자 석명준비서면을 통해 서버 등의 감정이 전산센터 이관 후 새롭게 서버가 설치될 과천청사에서 이루어져야 할 것이라 공식 주장했다.

소송대리인단은 위 공고와 준비서면 내용을 확인한 후 즉시(2020년 9월 25일) 대법원에 4·15 선거기록 일체가 담긴 서버의 현상이 보존될 수 있도록 응급한 증거보전을 구하는 신청서를 접수하였으며, 관악청사 현장의 서버 이전 움직임이 가시화됨에 따라 28일과 29일에 걸쳐 추가 준비서면 및 무려 4차례나 기일지정 신청서를 거듭 접수하면서 이번 선거무효소송의 핵심 증거인 서버의 훼손이 이루어지지 않도록 사법부의 응급한 조치를 촉구하였다.

그러나 대법원은 소송대리인단의 필사적인 요구에 대해 침묵과 무반응으로 일관하였다. 결국 2020년 9월 29일 저녁 6시 중앙선거관리위원회는 홈페이지 접속을 차단하는 셧다운을 실시했고, 곧이어 30일 새벽 5시 30분경 관악청사에서 지난 4월 15일 치러진 제21대 국회의원 선거 기록 일체가 들어 있는 서버를 해체하여 과천청사로 이관하는 작업을 강행했다. 데이터 이전 사업을 맡은 업체는 소송대리인단이 그간 불법 조작과 동일성 검증의 핵심으로 지적해 온 QR코드 전문회사였다.

지난 4·15총선 후 9월 30일까지 5개월 반 동안 선거기록 일체가 담긴 서버는 선관위의 지배권 아래 놓여 있었는데, 선거 관련 전자기록 일체에 대한 진정성(authenticity), 무결성(integrity), 신뢰성(reliability)이 그 기간 동안 이미 훼손되었을 가능성도 완전히 배제하기 어렵다. 더구나 이 불법적인 훼손 의혹을 해소해 주어야 할 책임이 있는 선관위가 오히려 의혹 해소의 유일한 수단인 서버의 현상 보존을 완벽히 파괴하는 행위를 스스로 자행하고 말았다.

'전산센터 이관 작업의 대상은 선거데이터와 무관하다'는 선관위의 기존 해명은 전산센터 이관 후 과천청사에서 서버 감정이 이루어져야 한다는 9월 24일자 선관위 서면 내용을 볼 때 거짓으로 여겨질 수밖에 없다. 특히 20대 총선, 19대 대선, 2018년 지방선거 전부 선거정보시스템 운영장비 로그보존 용역사업을 실시한 바 있는데 이번 총선에서는 위 사업을 실시하지 아니하여, 로그 기록이 보존되었는지 담보할 수 없는 상황이다. 그런데 선관위는 사전투표가 제대로 실시되었는지 밝힐 수 있는 열쇠인 서버 로그기록의 포렌식을 요청하는 소송대리인단의 요구를 4개월 동안 묵살하다가 전체 서버 이동 계획을 밝히지 않은 채, '기존 서버는 이동이 되지 않는다'는 식의 보도자료를 내어 대중을 현혹하고, 실제로는 자료의 동일성을 담보할 수 없는 상태로 서버를 반출했다.

또한, 현재 선관위는 '통합명부시스템 데이터품질관리 컨설팅사업' 용역을 공고하여 계약일로부터 2020년 12월 31일까지 통합명부시스템 코드부여 기준에 대한 작성 규칙 재정비를 할 것이라 예고하고 있다. 소송대리인단이 소 제기 당시부터 간곡히 주장했던바 '통합선거인명부의 로그 기록, QR코드 발급내역 등을 비교하여 사전투표가 제대로 이루어졌는지 확인하자'는 목소리 또한 실효성이 없도록 묵살하는 것이다.

9월 29일 저녁 6시 선관위 홈페이지 정지 후 10월 4일 재가동 이전까지 기간은 네트워크에 연결되어 선관위 홈페이지가 가동되고 있을 때보다 선거 기록 일체가 담긴 서버에 대한 조작, 은폐, 증거인멸이 훨씬 용이해진다는 정당한 우려가 제기되고 있다. 또한 관악청사에서 과천청사로의 전산센터 이관이라는 명분 아래 이루어지는 대규모 작업 시 실제로는 선거 관련 기록의 은밀한 삭제, 변경, 누락이 대량 발생할 수 있다는 염려가 심각하게 제기된다.

무엇보다 선거 직후 현상이 보존되었어야 할 선거 관련 전자 기록이 5개월 반이나 무방비로 방치되었다는 점, 2020년 1월에 이관 작업을 포함한 연간 일정이 미리 결정되었다면서도 선거무효 소송이 제기된 지난 5개월간 적절한 시점에 이를 고지하지 않은 점, 이제 무결성 훼손의 흔적마저 복구하기 어려운 상황이 강제로 초래되었다는 점, 선거관리위원장이 대법관임에도 디지털증거의 무결성을 유지하는 보전 조치를 취하지 않은 점, 소송대리인단이 검증 방법으로 강조해 온 지점에 대해 맞춘 듯이 용역 계약이 이루어지는 점을 고려할 때, 대법원이 선관위의 증거인멸을 방조하는 사실상 공범이 아니냐는 합리적 의심마저 제기되고 있다.

9월 30일의 야만적인 증거 훼손 행위는 선거무효소송의 핵심 증거인 서버의 진정성과 무결성, 신뢰성을 확인할 수 있는 유일한 수단을 소송당사자 일방이 영구적으로 훼손한 조치이며, 이는 소송 법리상 <입증방해>의 전형적 행위로서 선관위 스스로 선거무효 사유의 존재와 불법 조작 부정선거 주장의 정당성을 자인한 바에 다름 아니다. 법원은 결정적 증거인멸, 입증방해 행위에 따른 소송법상 효과만으로도 소송대리인단의 서버 관련 선거무효 주장이 입증된 것으로 간주하고 선거무효 판결을 선포해야 할 것이다.

선관위의 서버 훼손 조치에 대한 시민들의 강력한 항의가 물증으로 남겨져 있다. 서버의 물리적 이동 중 네트워크 차단 상태에서 QR코드가 포함된 것으로 보이는 대량의 스캔 작업을 하는 선관위 직원의 모습이 포착되었다. 서버 이동을 맨몸으로 막아서던 처절한 항의 도중 비폭력 시민 4명이 경찰에 연행되기도 했다.

전국 단위로 자행된 부정선거는 집권 세력의 운명을 일시에 좌우하는 것이기에 국내 전문가들에게 가해지는 외압의 크기가 상상 이상이라 볼 수밖에 없다. 더구나 헌법상 적법절차 원칙을 근본적으로 파괴하는 서버 훼손, 증거인멸 행위를 무도히 자행하는 현실을 볼 때, 국내조사로 진실을 밝힐 전문 감정이 이루어질 것을 기대하기는 어렵다고 봄이 상식적이다. 따라서 소송대리인단은 서버 등 선거전산장비와 선거 전산기록에 대하여 선거 감사 국제전문가들로 이루어진 국제조사단에게 감정이 맡겨져야 함을 향후 소송절차 진행의 필수 전제로서 강력히 주장한다.

선관위가 국제조사단에 의한 감정을 거부하거나, 국제조사단에 의한 감정 결과 서버 등 선거전산장비와 선거 전산기록의 훼손, 인멸이 밝혀진다면 대법원은 응당 4·15 선거 무효를 공식적으로 선포해야 할 것이다.

민경욱 전 의원 선거무효 소송대리인단과 기독자유통일당 선거무효 소송대리인단은 대법원에 대해 선관위의 4·15총선 서버 훼손에 관한 국제조사를 실시하고 그에 따라 선거무효를 공식 선언할 것을 다시 한번 강력히 촉구하는 바이다.

2020년 10월 2일
민경욱 전 의원 선거무효 소송대리인단 및
기독자유통일당 선거무효 소송대리인단 일동
변호사 강민수, 고영일, 고재영, 권오용, 김모둠, 도태우, 박주현,
석동현, 류승수, 이동환, 이명규, 이순호, 정회석. 이상 13인의 변호사(가나다 순)

20
21

# 부정선거 주장하는 집회의 자유 말살에 방역을 악용하고 있다

류승수 변호사

선거는 대의민주주의의 근간을 이루고, 국민의 주권을 판가름하는 잣대가 된다. 우리는 선거의 진실성에 따라 국민의 주권 행사가 올바르게 행해지는지 판단할 수 있다. 4월 15일 이후 부정선거를 밝히려는 국민들의 목소리가 높아지고, 광화문과 대법원에서 끊임없는 집회와 시위로 부정선거를 밝히려는 소리를 내고 있다. 코로나 명분으로 집회를 제한하는 방역 방침으로 9인 이하의 집회로 제한을 하고 있으나 장소를 옮기며 최소한의 인원으로 매주 집회를 이어 나가고 있다.

집회와 시위의 자유는 헌법상 보장된 기본권이기에 집회 자체를 함부로 제지할 수는 없다. 감염병예방법은 공익상의 목적으로 특별한 조치를 할 수 있으나 모이지 않는 것이 마치 무소불위의 법인 것처럼 위험성을 과장하고, 공포감을 심어줌으로써 집회의 자유에 대한 말살 수준의 제한이 합리화되는 것으로 포장하고 있는 것이 현재의 모습이다.

집회의 본질은 사람들이 모여 집회의 목적을 알리는 것이다. 집회 시 집회결사의 자유를 공익과 충돌하지 않도록 질서유지를 위해 경찰이 협조하고 보호해 주어야 하는데, 실제로는 경찰들이 마치 집회의 자유를 말살할 수 있는 권력이 있는 것처럼 감염예방법상 집회에 대한 특별 조치를 시민들에게 취함으로써 시민들의 정당한 집회를 불법집회로 몰아가는 데 경찰들이 앞장서고 있는 형국이다. 그런 공권력의 행사가 정당한 것처럼 경찰은 집회의 자유를 말살하려고 하고 있다. 인원의 숫자에 상관없이 방역이 필요하다면, 거리를 두고 모일 수 있도록 장소를 확보해 주는 것이 경찰의 역할이다. 코로나19 방역을 위해 집회·시위에 일정한 제한을 가한다 해도 공권력 사용은 최대한 절제되어야 한다.

정치방역의 흔적이 곳곳에 있다. 미국이나 유럽은 검진 대상이 50%가 넘는데, 우리나라는 검진 대상이 겨우 5.7%에 그치면서 방역 단계를 애매하게 올리고, 집회는 계속 금지하고 있다. 방역 조치가 합리성을 띠고 국민들을 설득하기 위해서는 객관적 데이터가 요구되는데, 가장 확실한 데이터는 국민들의 항체 형성률 분포를 공개하는 것이다. 이런 항체 형성률 분포 공개를 요청해도 여전히 반응이 없다. 언론도 여기에 한몫을 담당하고 있다. 정부와 대중에게 영향력을 주는 언론들이 국민들에게 객관적 데이터로 설득하는 것이 아니라 그저 은폐하기 바쁘다. 이것이 바로 정치방역이라고 하는 이유이다.

지난 해 코로나 확장세가 심하던 시기에 신천지가 뭇매를 맞던 것을 기억하는지? 얼마 전, 신천지가 무죄판결을 받았다. 잘잘못을 떠나 구속력을 가질 수 없는 것을 신천지로 책임 전가했고, 언론이 이에 동조했고, 국민들에게 진실을 은폐했다. 부정선거도 똑같은 상황이다. 대중에 대한 영향력을 쥐고 있는 권력이 깨어나고 있는 국민들을 속이고 진실을 은폐하고 있다.

부정선거 집회 불허는 코로나19 재확산 방지를 빙자해 정권 실정 비판을 원천 봉쇄하려는 '정치 방역'이라는 비판을 아니할 수 없다. 집회의 자유는 헌법에 보장된 기본권이다. 물론 전염병 확산이라는 예외적 상황에서는 제한할 수 있으나 그 제한은 말 그대로 '제한적'이어야 한다. 그러나 현 정권의 집회 차단은 '무제한적'이다. 용납할 수 없는 명백한 기본권 침해다.

요컨대 코로나 방역은 국민들의 소중한 생명이 우선이 아닌 정치적인 욕심과 이해관계로 일그러진 방역이다. 훗날 과연 어떤 칼날이 당신들에게 돌아올지 생각해 보기 바란다.

첫 재검표인 연수을 재검표가 있던
2021년 6월 28일,
하늘에는 무지개가 떴다.

### NP 2021년 8월호

# 배춧잎투표지 형상화와 명명은 [follow_the_party]에서 비롯되었다
## 『해커의 지문』을 펴내며

2020년 4월 15일 국회의원 총선은 역대 가장 많은 선거 무효, 당선 무효 소송을 야기시켰다. 일각에서는 이와 같은 상황이 음모론에 빠진 사람들의 광적인 선거 불복에 원인이 있다고 말한다. 그러나 이 선거가 남긴 수많은 에피소드들은 점점 마치 퍼즐이 맞춰지듯이 연결되어 매우 비극적인 큰 그림의 또렷한 윤곽으로 드러나고 있다.

2021년 6월 28일, 4·15총선의 문제점을 가장 강력하게 제기해 온 인천 연수을 민경욱 후보 지역구의 재검표가 있었다. 이 재검표는 무려 14개월을 끌어서 처음으로 이루어졌다. 4·15총선에 대한 문제 제기 중 어느 한 곳도 표를 제대로 세지 않아서 문제가 생겼다고 보고 다시 세어 보자는 뜻으로 소송을 낸 곳은 없었다. 불법 표를 가려내는 것이 소송의 이유였다.

## 이미징 파일 원본 파기 등 심각한 불법 발각

그러나 6월 28일의 재검표는 역시 표를 다시 세어보는 식이었다. 가장 중요한 쟁점은 투표지가 모두 실제로 유권자들이 찍은 진짜 투표지인지 부정선거를 획책한 사람들에 의해 오염된 가짜 투표지인지를 가리는 것이었으나 중앙선거관리위원회와 대법원, 언론들은 마치 눈속임이라도 하듯이 슬쩍 다시 세어보는 식의 재검표를 단행했다.

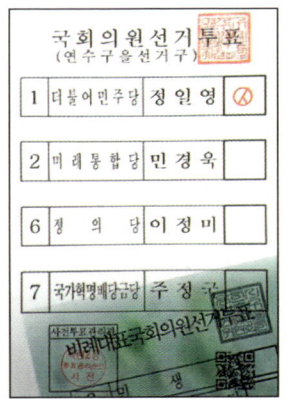

전자개표기를 도입한 후에 투표지가 개표기에 들어가면 동시에 이미징 파일로 전환되도록 되어 있다. 이 이미징 파일들이 실물표와 일치하는지를 확인하는 것은 쟁점을 해결하는 데 도움이 될 만하다. 그러나 재검표 당일 중앙선관위는 4월 15일 기록된 이미징 파일 원본을 제시하지 않았다. 불법적인 증거 인멸이 발각된 것이다.

그럼에도 불구하고 6월 28일 재검표는 의미 있는 성과를 남겼다. 정상적인 국가에서 정상적인 절차에 의해 정상적으로 기표되어 투표함에 들어갔다고 보기에는 어색해도 너무나 어색한 투표지가 대량으로 발견되었다. 대표적인 것이 이른바 '배춧잎투표지'이다. NPK에서 '배춧잎투표지'를 형상화하고 명명할 수 있었던 것은 1년 3개월에 걸친 치열한 부정선거에 사용된 프로그램 알고리즘 탐사에서 비롯되었다.

2020년 4월 21일 맹주성 법치와자유민주주의연대(NPK) 이사장이 제기한 '컴퓨터 프로그램 사용' 가설 이후 많은 사람들이 중앙선거관리위원회 통계 속에서 일정한 규칙을 발견하기 위해 노력했고, 그중 로이킴이라는 영어명을 쓰는 한 시민의 시행착오를 거친 조작 함수의 발견은 괄목할 만한 성과였다. 많은 사람들이 로이킴의 시행착오만을 부각시켜 질타했지만, 그의 부단한 노력은 선거 결과 데이터 속에 들어있는 정교한 규칙을 발견하는 결과로 이어졌다.

## 국민의힘 지도부의 비아냥과 핍박

"Follow the Party"(당을 따르라)라는 구절이 세상에 등장한 것은 2020년 5월 21일 민경욱 페이스북에서였다. 그 내용은 이러했다.

> 프로그래머가 자기만 알아볼 수 있게 배열한 숫자의 배열을 찾아내 2진법으로 푼 뒤 앞에 숫자 0을 붙여서 문자로 변환시켰더니 "FOLLOW-THE-PARTY"(편집자주 - 실제는 모두 소문자)라는 구호가 나왔습니다. 우연히 이런 문자 배열이 나올 수 있는 확률을 누가 계산해 주시면 감사하겠습니다. 그 확률이 1/10억보다 낮다면 빙고! 중국과 내통해 희대의 선거부정을 저지른 문재인은 즉각 물러나라!

허무맹랑한 주장으로 들릴 수도 있겠다. 4월 15일 선거를 치르고, 개표를 완료한 뒤 1주일부터 이미 근 한 달을 민경욱 전 의원은 부정선거 문제를 알리기 위해 백방으로 뛰고 있었다. 그러나 한달쯤 뒤에 나온 이 주장은 한마디로 '밑도 끝도 없는 것'이었다. 그러나 그는 페이스북에서 멈추지 않고 언론 기자들 앞에서도 동일한 내용을 발표했다. 부정선거가 있었다면 가장 큰 피해자일 국민의힘(당시 미래통합당이었으나 현재 시점에 맞춰 이하 국민의힘당으로 표기)은 그의 이러한 주장을 누구보다 격렬하게 비난했다.

현역 의원 하태경은 민경욱을 출당시켜야 한다고 주장했고, 조선일보가 이런 주장을 받아썼다. 여러 언론들의 한결같은 반응은 "허황된 음모론", "아무도 알아들을 수 없는 말"이라는 것이었다. 선거 실패를 인정하고 개표 도중에 대표 자리를 내놓은 황교안의 뒤를 이어 비상대책위원장을 맡게 된 김종인은 "강경 보수층에서 이번 총선에 부정선거 의혹을 제기하는 것과 관련해 별로 신빙성을 두지 않는다"라고 말했다.

이준석의 비아냥거림은 훨씬 자주 반복되었다. 여론조사를 통해 당대표가 된 이준석은 "달 착륙 음모론이 50년간 이어지고 있다"면서 "선거 조작도 만성질환처럼 지속되면서, 보수에게 매 선거마다 표 손실을 줄 것"이라고 말했고, 심지어 정치생명을 걸기도 했다. 선거 1년이 지난 무렵, 이준석은 "대깨문 1,000명만 차단하면 조용해지더라는 이재명 지사의 말에 감명받아 부정쟁이들을 1,000명 정도 차단해 볼까 하는 고민이 시작됐다. 그런데 부정쟁이들이 다해봐야 이제 100명은 되려나?"라고 말했다(2021. 4. 21., 서울경제).

## 해커의 지문 [follow_the_party]는 조작함수의 부산물

한편 "Follow the Party"는 많은 사람들에게 강력한 임팩트를 주고 있었다. 사람들이 "Follow the Party"라고 적힌 피켓을 들고 거리에 나오기 시작했다. 미국 외교 관련 유력지「The Diplomat」은 '한국 정치인, 중국 개입된 부정선거 주장' 제목의 기사를 보도하며 데이터 분석 결과 'Follow the Party'라는 코드가 있다는 민경욱의 말을 인용했다.

하태경은 급기야 민경욱에 "Leave the Party"(당을 떠나라)라는 구호로 더욱 격렬하게 반응했다. 그는 "민 의원이 Follow the Party를 수리수리 마수리 마법의 주문처럼 반복하는 주술 정치를 하고 있다"라며 비아냥거렸다.

21대 총선에 중국 해커가 개입해 전산을 조작했고, 전산에 '중국공산당을 따르라'는 문구를 숨겨 놓았다는 민 의원의 주장에 대해, 많은 사람들이 괴담에 낚였다고 하는데도 민 의원만 모르고 있고, 이에 대해 합리적인 설명을 하지 못한다고 말했다.

NPK와 VON뉴스가 이 같은 상황에 개입을 결정한 것은 몇 가지 이유가 있었다.

첫째, 4·15 부정선거에 전산적 개입이 있었다고 합리적으로 의심해 볼 수 있었다.

둘째, 전산적 개입이 있었다면 프로그램이 있었을 것으로 추정할 수 있었다.

셋째, 프로그램이 있었다면 주문한 쪽의 요구사항이 있었을 것이다.

넷째, [follow_the_party]는 주문자의 요구사항과는 별도의 것으로 주문자가 아닌 제작자를 유추할 수 있는 단서가 될 것이다.

다섯째, [follow_the_party]를 발견한 로이킴이라는 사람의 신원이 확실했다.

여섯째, 로이킴의 중앙선거관리위원회 통계 분석은 생업과 아무런 관련이 없는 것으로 순수한 호기심에 기반했다.

일곱째, 로이킴의 발견에 의문을 제기한 컴퓨터 프로그래머인 후사장이 스스로 의문을 해결하고 [follow_the_party]를 연역적으로 해석해 냈다.

## 프로그래머에 의한 치밀한 검증

follow_the_party가 세상에 나간 지 15개월이 지난 시점에서 우리가 다시 민경욱 페이스북 첫 포스팅을 들여다볼 때 이 정도로 수정할 수 있다.

첫째, "2진법으로 푼 뒤 앞에 0을 붙여서"는 불필요한 작업이었다. 나중에 로이킴은 아스키코드라는 개념을 모르고 알파벳이 숫자로 변환된다는 얘기가 얼핏 기억나서 검색을 하다가 2진법 코드를 통해 문자를 검색으로 추출해 낼 수 있었다고 말했다. 10진법 숫자도 알파벳 변환이 당연히 된다. 다만 아스키코드 개념을 잘 모르는 사람이 10진법 숫자를 구글 검색을 통해 알파벳으로 변환하는 것이 어려웠을 수도 있다.

둘째, 최종적으로 문제의 숫자열을 알파벳으로 변환했을 때 모두 소문자였다. 그리고 기호 "_" 두 개가 띄어쓰기를 대신하여 들어 있었다. 정확히 말하면 문제가 되는 것은 "follow_the_party"든 "follow_the_ghost"든, 소문자로 된 문장이 추출된다는 사실이다.

애초에 민경욱 페이스북은 모두 대문자로 표기했다. 실제로 아스키코드는 대문자와 소문자가 다르다. 전모를 파악하기 전이어서 의미를 전달하는 데 초점을 두고 대문자로 바꿔 발표했을 것으로 보인다. 요컨대 "follow_the_party"든 "follow_the_ghost"든 또 다른 단어이든 모두 일정한 구간 안에 있는 소문자라는 것이다.

그러나 [follow_the_party] 발견보다 더 중대한 사실은 앞서 로이킴이 중앙선관위 통계 속에서 일찍이 존재한 적이 없었던 독특한 규칙성을 발견해 낸 것이다. 그는 미국에서 발간된 4·15 부정선거 보고서 『Election Fraud South Korea 2020』(Vol.3, 한국어판, p.230)에서 이렇게 요약해 두었다.

21대 총선 더불어민주당 사전선거 비중값(전체 득표율 합에서 각 지역구 득표율을 나눈 값을 비중이라고 말함.-편집자주)과 당일선거 비중값의 차이를 구해 보았다. 사전비중에서 당일비중을 뺀 그 차이값은 당일선거 50% 득표율을 기준으로 그 이상을 얻은 지역구에서 모두 음수가 나오고, 50% 득표율 이하를 받은 지역구에서 모두 양수가 나왔다.(즉 50% 이상을 받으면 당선이 자동 확정되므로 50%

득표율을 기준점으로 정하여 더하고 빼는 조작함수를 구성. -편집자주) 그리고 50% 득표율 기준 이상 지역구의 비중값 차이를 모두 더하면(-)2.468, 다른 쪽은(+)2.468이 나왔다. 즉 50% 득표율을 교점으로 줄어든 양만큼 다른 쪽에서 늘어났음을 확인할 수 있다. 당일선거 50% 득표율을 교점으로 하여 양수와 음수가 나뉘고, 나뉘어진 증감의 양이 같다는 규칙성을 발견한 것이다. 이러한 규칙성을 가지는 것은 가공된 데이터이기 때문이라는 추론을 바탕으로 일종의 프로그램으로 온라인 게리맨더링을 구현한 것으로 추정할 수 있었다.

로이킴의 발견은 프로그래머 장영후의 도움으로 구체적으로 설명되었다. 이리하여 NPK와 VON뉴스에서 6월 28일 재검표에 필요한 검증은 '인쇄상태'에 있으며 인쇄전문가를 반드시 대동해야 할 필요성이 있다는 의견을 제시했다. 이상과 같이 만일 프로그램이 가동되었다면 중앙선관위 통계수치가 전산조작의 결과로써 현장 실물 계수와 일치하지 않을 가능성이 높고 따라서 이 차이를 선거 후 법원 증거 보전일까지 짧은 기간 내에 일치시키기 위해 많은 무리수를 두었을 것으로 추정할 수 있었다.

우리의 추정은 6월 28일 재검에서 나온 심각한 투표지 상황을 통해 확인될 수 있었다. VON뉴스가 기획하고 펴내는 『해커의 지문』은 이러한 조작함수의 발견과 프로그램 알고리즘으로의 구현 등에 관련된 구체적인 설명을 담는다. 4·15 부정선거는 규모도 크지만 그 수법이 고도의 디지털 범죄이므로 비전문가들이 쉽게 인식하기 어렵다는 맹점이 있다. 대한민국 자유민주주의의 미래가 달린 중대사인 만큼 최대한 성실한 설명이 요구된다.

### NP 2021년 8월호

# 4·15 특검 제안으로 부정선거 진실 규명 국면 전환되다!
## 제도권 비제도권 연합으로 헌정사의 새 국면을 열자!

도태우 변호사

4·15 부정선거에 대한 국민 투쟁이 6·28 재검표를 거쳐 두 번째 국면에 진입했다. 첫 번째 단계는 철저히 비제도권 시민들의 목소리였다. 원내정당, 주류언론, 수사기관과 대법원, 선거관리위원회 어느 곳도 부정선거 문제를 제대로 다루지 않았다.

6월 28일 인천 연수을 민경욱 전 의원 지역구 선거소송에 대한 최초의 재검표를 통해 아무도 예측하지 못한

유형의 조작선거 물증들이 쏟아져 나왔다. 소위 배춧잎투표지, 자석 투표지만이 아니라 하나의 동에서 천 장 이상 무더기로 발견된 일장기 투표지 또한 기상천외한 유형의 한 정점이었다.

스탬프가 내장된 만년도장인 투표관리관인을 비치되지 않은 인주에 묻

혀 천 번 이상 글자가 뭉개지도록 도장을 찍고, 천 명 이상 그런 투표지를 받아 문제없다는 듯 투표하고, 천 장 이상 이런 투표지가 나왔는데도 개표소에서 이의 한 번, 무효표 시비 한번 없이 개표함에 보관되었다가 1년 2개월 만인 재검표 기일에 갑자기 쏟아져 나왔다는 해명을 곧이곧대로 믿을 사람은 거의 없다.

4월 15일 개표 후 증거보전이 이루어질 때까지 약 2주간 CCTV도 엄밀히 남아있지 않은 공백기에 저급한 인쇄 방식으로 급조된 가짜 투표지가 대량 투입되었다는 가설이 힘을 얻고 있다.

이런 물증의 출현은 검찰 수사를 촉발시켰고, 국민의힘 대통령 경선 출마자 중 1인인 황교안 전 당대표가 기자회견을 통해 진상규명을 위한 특검을 제안하도록 하였으며, 대법원이 타 지역구에 대한 추가적인 재검표와 변론준비기일 일정을 연속 진행하도록 자극했고, 침묵하던 주류 언론계에 보도의 물꼬를 트고 있으며, 선거관리위원회 내에서 가장 큰 의혹을 받던 조해주 상임위원이 임기 중 사퇴하는 사태에 이르고 있다.

향후의 핵심은 검찰·법원·언론·정치권 등 제도권과 시민적 에너지를 어떻게 결합시켜 낼 것인가에 있다. 현재까지 여야를 막론한 제도권의 주류는 모두 4·15 부정선거 진상규명의 반대편에 위치해 왔다. 그러나 최근 드루킹 사건 확정판결에 따른 김경수 지사의 구속에서 보듯 이제 제도권 내에 균열의 단초가 발생한 것은 분명하다. 이 균열을 확대 보강하여 부정선거를 밝히고 자유민주주의와 헌법, 법치의 근간을 수호하는 목소리가 대통령 선거 전에 강력하게 울려 퍼지도록 하는 일이 자유시민들의 중요한 과제가 되었다.

1987년 6월과 같이 역동적인 시민들의 에너지와 제도권의 점진적 연합으로 헌정사의 새 국면을 열어젖혀야 할 것이다.

2021년 8월 26일

# "4·15 부정선거 비밀의 열쇠 [follow_the_party]"
## 민경욱 국투본 상임대표 인터뷰

QR코드를 스캔하시면
해당 영상을 시청하실 수 있습니다.

**편집자주** 2021년 8월 26일에 VON뉴스에서 진행된 민경욱 국투본 대표와 김미영 VON뉴스 대표의 인터뷰를 정리하여 싣습니다. VON뉴스 "4·15 부정선거 비밀의 열쇠 [follow_the_party] 민경욱 국투본 대표 인터뷰"(2021. 8. 26.) 영상에서 전체 내용을 시청할 수 있습니다.

**김미영(이하 김):** 저희가 도서 『해커의 지문』을 기획하게 된 계기가 민경욱 대표님의 전격적인 발표 때문입니다. NPK 회원인 로이킴 씨가 개표결과에서 해커의 흔적을 찾아내었고 저희는 내용을 검토 중이었습니다. 당시 민 대표님이 지난 5월 앞서 이 내용을 발표하셔서 제가 전화를 드렸습니다.

**민경욱(이하 민):** 제가 그 당시에 제보가 많이 필요해서 제 이메일 주소를 공개했습니다. 그래서 얻게 된 많은 제보 가운데 [follow_the_party]라는 제목이 눈에 띄었습니다. 그 제목이 마음에 쓰여서 찾아봤습니다. '4·15는 프로그래밍에 의한 부정 선거이고 주범이 중국 사람 같다. 그 근거는 이 안에 이스터 에그(해커의 지문)를 숨겨놓았는데 그 글자를 찾아봤더니 팔로우 더 파티였다'. 시진핑 이후 공산당 구호가 영원근당주(永远 跟党走)입니다. 이 말을 우리말로 풀면, '영원히 당과 함께 뛰어라'이고 영어로는 'Forever Follow the Party'이며, 이 뒷부분이 프로그램에 들어있다는 내용이었습니다. 제가 탐사보도 기자를 하면서 중요한 제보를 받았을 때 느꼈던 그 가슴 떨림, 진동 같은 것을 그때 느꼈고 바로 연락을 했습니다.

그분이 말한 내용은 프로그래머가 자기만 알아보도록 배열한 숫자배열을 찾아내서 이진법으로 푼 뒤 0을 붙여서 글자 사이에 언더바(_)를 붙이니까 [follow_the_party]라는 구호가 나왔다는 것입니다. 전화로 이런 내용을 확인 후 바로 그분을 직접 만났습니다. 이 사람이 어떤 사람인가? 이 사람이 나에게 거짓말을 해야 할 이유가 있는가? 그 사람이 설명하는 것이 내가 듣기에 합리적인 것인가? 이런 것을 몇 시간 동안 관찰했습니다. 저의 결론은 이 사람이 나에게 거짓말을 할 이유가 없다는 확신을 얻었다는 것입니다.

출처: 뉴데일리

**김**: 두 번의 재검이 [follow_the_party]를 어느 정도까지 입증하느냐를 해설할 때가 온 것 같습니다.

**민**: 우리나라에는 총 253개의 선거구가 있고 중앙선관위는 각 선거구에 고유번호를 붙여 관리합니다. 종로가 1, 종로에서 제일 먼 서귀포가 253번입니다. 로이킴은 앞서 말한 조정을 통해 표를 많이 받은 후보의 선거구를 맨 처음에 놓고 배열을 해봤습니다.

그다음 표를 많이 받은 선거구부터 7개씩 선거구를 묶어서 16개 그룹을 만들고, 각 그룹의 선거구 번호를 더합니다. 컴퓨터는 아스키코드라는 것을 쓰는데, 아스키코드를 십진수로 전환하고 그 십진수를 알파벳으로 전환하면 숫자 97부터 122까지가 알파벳 소문자에 해당합니다.

이제 16개 그룹마다 들어있는 7개 선거구 번호의 총합을 적절한 숫자로 나눠서 97부터 122 사이의 숫자가 나오도록 하고 결과로 나온 숫자를 로마자 알파벳으로 전환했습니다. 이렇게 해서 16개 그룹 각각이 표현할 수 있는 알파벳을 나열했더니 [follow_the_party]라는 문장을 만들 수 있고, 이 문장이 바로 '영원히 당과 함께하라'는 중국공산당의 모토라는 것을 알게 된 것입니다.

사실 [follow_the_party]를 설명하는 과정에 한 가지 중요한 해프닝이 있었습니다. 이것을 발견한 로이킴은 이 위대한 발견을 했지만 일반인들이 알아듣게 설명하는 재주는 없었습니다. 그래서 수학을 잘하고 설명도 잘하는 분을 모셔서 그분께 이해와 설명을 부탁했던 적이 있습니다. 더 눈밝은 분들에 의해 로이킴 해설에서 하자가 발견된 것입니다. 그래서 이 하자 때문에 우리가 해온 모든 이야기가 거짓말, 괴담, 사기라는 난리가 있었습니다. 하지만, 그것은 본질적인 하자가 아니었습니다. 해커의 지문이 발견됐다는 중요한 사실에는 변함이 없었습니다.

원래의 프로그램대로 진행했으면 정진석 의원이 출마했던 부여도 당선자가 바뀌었어야 합니다. 그런데 부여의 참관자들이 사전투표 결과가 너무 이상하다며 거세게 항의했고, 당황한 선관위 직원이 얼떨결에 리셋을 누릅니다. 리셋을 누르면 이 거짓말하는 기계가 참말을 하는 원래 기계로 돌아갑니다. 그래서 조작했던 대로 결과가 나오지 않았고, 이것 때문에 문제가 발생했습니다.

**김:** 저는 이 부정선거 규명에 있어서 가장 중요한 세 가지 사건을 이근형 판세표의 공개, [follow_the_party]의 발견, 그리고 황교안 대표의 특검 요구라고 봅니다. 범죄자 입장에서 보면 배춧잎투표지 같은 것보다 이런 것들이 더 놀랄 일입니다.

| 광역별 판세 (사전투표 보정값) | | | | |
|---|---|---|---|---|
| 광역 | 전체의석 | 현재민주지역구의석 | 우세(→+15) | 경합우세(+15→+7) · 경합(+7→-3) |
| 전국 | 253 | 118 | 68 / 135 / 163 | 67 / 28 |
| 서울 | 49 | 36 | 17 | 18 / 6 |
| 경기 | 59 | 38 | 19 | 22 / 7 |
| 인천 | 13 | 7 | 5 | 6 / 1 |
| 대전 | 7 | 4 | | 4 / 2 |
| 세종 | 2 | 1 | 1 | 1 |
| 충북 | 8 | 4 | | 3 / 2 |
| 충남 | 11 | 6 | 2 | 4 / 1 |
| 광주 | 8 | 1 | 7 | |

이근형이 자신의 페이스북에 올린 판세표

**민:** 이근형이 공개한 판세표는 실행 계획표입니다. 선거에 압승하기 위한 계획입니다. 이 계획에 맞는 결과를 만들기 위해 그 전에 다섯 단계의 프로그램 진화가 있었다고 생각하고 있습니다. 제일 첫 번째 판은 진짜 여론조사를 하는 것입니다. 그동안 축적된 빅데이터와 과거 선거이력을 활용해서 실제 투표결과를 예상합니다. 이런 정보를 활용하면 1번 선거구인 종로부터 253번 선거구인 서귀포까지 어떤 지역구는 지난번에 누가 이겼고, 이번에 누가 출마하고, 여론 조사는 어떻고 등 이러한 자료로 나오고, 그것을 기반으로 기초 판세표를 만듭니다.

**김:** 이근형 판세표의 첫 번째 정보에는 민주당 우세지역, 경합지역, 열세지역이 표시되어 있습니다. 이것이 바로 기초 판세표의 축약본입니다. 그런데 그다음에 사전투표 보정값이라는 것이 우측 상단에 있습니다.

**민**: 그것이 바로 전략적 목표로 몇 명을 당선시켜야 된다는 것이고 180이라고 적혀 있습니다. 이 180이라는 숫자는 300석 국회의 60%, 정확히 국회선진화법을 뚫을 수 있는 숫자입니다. 개헌하려면 200석이 필요하지만, 180석만으로도 야당의 방해를 뚫고 온갖 법안을 밀어붙일 수 있습니다. 그래서 이 목표를 달성하기 위해 어떤 선거구를 당선시킬지, 이를 위해 몇 표가 필요한지를 계산한 기본 판세표를 만들었을 것입니다.

180석이라고 그냥 무작정 정해 놓은 것이 기본 판세표라면, 그러기 위해서 누구를 당선시키고 어디에서 표를 빼 오고 어느 지역이 용이하고 또는 불편한지 등 이러한 사정과 투표율 등을 고려해서 실제로 그 작전에 필요한 작전기획도를 만든 것이 전략 판세표입니다.

그런데, 사전투표율을 마구 올릴 수는 없습니다. 지난 선거 이력과 너무 차이가 나면 의심을 받으니까요. 예를 들어, 지난번에 50%를 얻었는데 이번에 80, 90%를 올릴 수는 없습니다. 너무 티가 나지 않게 65% 정도, 그럴듯하게 보이는 선이 있습니다. 그래서 숫자를 다루는 데 능한 프로그래머가 표를 어떻게 배분하면 눈에 띄지 않게 180석을 만들 수 있을지 공들여 조정을 했을 것입니다. 이렇게 마무리한 것이 전술 판세표라 부르는 것입니다.

**김**: [follow_the_party]라는 16개 글자를 넣는 미세한 조정도 이때 했을 것입니다. 이렇게 문장을 이스터에그(해커의 지문)로

중국 선전에 있는 텐센트 본사 앞에 "Follow our party, Start your business"라는 문구가 적힌 조형물이 보인다.

남기는 것은 아주 이례적인데, 아마도 외국인이 넣은 것이겠죠?

**민**: 중국공산당의 구호니까 중국인이 넣었을 것으로 생각됩니다. 외국인이 프로그램을 짰기 때문에 부천 신중동, 민통선 안쪽 동네, 울릉도 등의 지역적 사정을 모르고, 부천의 경우 사전투표를 한 이틀 동안 4초 만에 한 표씩 쉼 없이 투표해야 나올 만큼 엄청나게 많이 수를 불리는 실수를 했던 것으로 생각합니다.

**김**: 저희가 이 [follow_the_party]를 제일 쉽게 설명하는 방법은 그림의 낙관이라고 생각합니다. 저희는 그 낙관을 찾아냈고, 낙관에 쓰인 글자가 [follow_the_party]라고 읽은 것인데, 하태경은 '아니야, [follow_the_ghost]야'라고 처음에 말했습니다. 낙관이라는 것이 결국 이 그림은 '내가 그렸다'는 일종의 표시입니다.

**민**: 낙관을 숨겨 놓으면 가짜 그림이 나왔을 때, '내 그림에는 숨겨진 낙관이 있어'라고 말해서 진품을 확인할 수 있습니다. 그런 목적으로 낙관을 숨겨둔 것입니다.

**김**: 하태경은 낙관이 있긴 한데 물고기 모양 아니고 사람 모양이라는 식으로 말하며 민 대표님을 괴담세력이라고 몰아갔습니다.

**민**: 하태경의 그 말은 인위적인 조작은 있다고 인정한 것입니다.

**김**: 부정선거를 위해 처음 작성하는 기초 판세표를 만들 때, 고한석, 최정목, 이근형, 그리고 박시영 같은 사람들이 어느 정도 도움을 줬을 것입니다. 그중에서 고한석이 한 좌파 매체와 빅데이터에 관한 인터뷰를 했습니다.

그 인터뷰를 보면 이 사람들이 빅데이터를 이용해서 부정선거를 시행할 것을 예상할 수 있습니다.

**민:** 고한석은 박원순 서울시장이 자살할 때 당시 비서실장을 했던 사람이고 자살 직전 마지막으로 만났던 사람입니다. 고한석은 간첩이기도 합니다. 간첩 사건으로 투옥됐다가 석방되면서 다시 잡혔는데 항문에 지령문이 담긴 캡슐 두 개를 숨겨 가지고 나오다가 들켰습니다. 고한석은 중국에서 활동하며 여론조사를 배웠고, 귀국 후 하태경 등과 함께 한국사회디자인연구소를 만들었습니다.

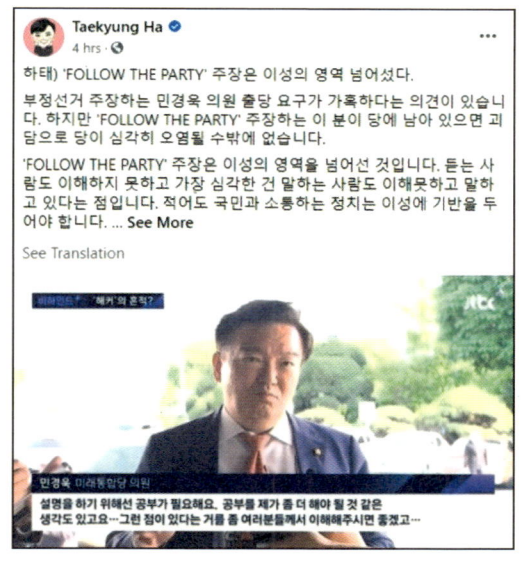

하태경 전 의원은 2020년 5월 본격적으로 민경욱 의원과 로이킴 씨를 공격하고 나섰다.

**김:** 저희는 중앙선관위 통계는 인위적으로 조작됐을 것이고 재검을 하면 무엇인가 나온다고 생각하고 있었습니다. 왜냐하면 이 사람들이 방심해서 통계와 실물표를 정확하게 맞추지는 못했을 것이기 때문입니다. 그래서 투

표함을 열면 무엇인가 나올 수밖에 없다고 생각했습니다. 그래서 재검표라는 합법적인 과정을 통해 부정선거를 밝혀야 한다고 봤습니다. 소송제기일로부터 벌써 1년 2개월, 14개월이나 지나서 드디어 6·28 재검표가 이루어졌고, 배춧잎투표지를 비롯한 많은 물증들이 쏟아져 나왔습니다. 배춧잎투표지가 증거물로서 어느 정도 확증성이 있을까요?

**민:** 제가 법을 전공하지는 않았지만 취재기자 경험으로 볼 때, 배춧잎은 재현 불가능한 것이고 따라서 증거능력이 충분하다고 봅니다.

**김:** 미국법에서는 증거물의 수준을 일곱 단계로 세분해 놓습니다. 사람들이 보통 말하는 '이게 증거야'라는 것은 합리적인 의혹(reasonable suspicion) 정도의 단계입니다. 우리에게는 이런 정도의 증거들이 그간 많이 쌓였는데, 재검표라는 검증 과정을 통해서 증거의 단계를 높여야 했었습니다. 그런데, 대법원은 이 재검표를 미루고 미뤘습니다.

**민:** 재검표는 그냥 주어진 것이 아닙니다. 대선까지 미루고, 대선도 부정선거로 치르고, 다시 정권 잡으면 영원히 파묻으려고 했던 것 같습니다. 그런데, 우리가 한 주도 빠짐없이 길거리에서 싸웠기 때문에 얻어낸 것입니다. 영하 15도의 혹한 속에서 발이 너무 시려서 서 있을 수도 없었던 날, 한여름 35도를 넘는 불볕더위에도 저희가 매주 싸워온 결과라고 생각합니다.

**김:** 위대한 역사입니다. 그런데, 6·28 재검표에서 나온 흔히들 '빼박 증거'라고 말하는 것들이 법률가의 관점에서는 그렇지 않은 면이 있습니다. 검사들은 합리적 의심의 여지가 없는, 검증된 증거만을 증거라고 부릅니다. 그래서 배춧잎처럼 일반인에게는 빼박 증거가 나와도 반드시 공신력 있는 기관, 국립과학수사연구소 같은 곳에서 감정을 해야 합니다. 개인적으로

배춧잎투표지는 수사를 할 만한, 즉 영장신청을 할 수 있는 수준의 증거라고 생각합니다. 이런 단계를 개연성이 있는 이유(probable cause)가 있다고 합니다. 이렇게 영장청구의 개연성이 있는 증거가 나왔기 때문에 황교안 대표를 비롯해 장기표, 박찬주 같은 대선 출마자들이 부정선거 투쟁에 가세하실 수 있었습니다. 이렇게 높은 수준의 증거가 나왔기 때문에 이미 정치적으로는 굉장히 중대한 사건이 된 것 같습니다.

**민:** 조재연 대법관은 경남 양산을 재검표 현장에서 사진을 찍지 못하게 했습니다. 그 와중에 제가 사진 한 장을 찍어 왔는데, 왼쪽 여백이 아예 잘려 나간 표입니다. 그리고 본드가 묻어서 두 장, 세 장씩 표들이 붙어 있는 경우, 심지어 아예 두 장이 잘리다가 말아서 붙어 있는 것도 있었습니다. 지역이 서로 다르게 표시된 표들이 덜 절단되어 붙어 있었던 것입니다.

경남 양산을에서는 투표지의 무게를 측정한 대사건도 있었습니다. 6·28 재검표에서부터 인쇄 전문가들은 투표지의 두께가 다르다는 의견을 냈었습니다. 규정은 평량 100g 모조지를 쓰게 되어 있는데, 더 두꺼운 종이로 투표지를 만들어서 개표기가 계속 고장을 일으킨다는 것이었죠. 개표기가 멈추는 빈도가 너무 높았던 것입니다. 그래서 두 번째 재검표인 양산을에서는 투표지를 100장씩 모아서 무게를 쟀습니다. 정밀한 저울로 재어보니 평량 100g이 아닌 150g짜리 이상의 무게가 나왔습니다. 그런데 중요한 점은 한국에서 쓰는 종이는 기본적 규격이 평량 100g인 반면, 중국에서는 평량 150g 용지를 기본으로 쓴다는 것입니다.

**김:** 두 번의 재검을 통해서 상당히 높은 수준의 증거가 나왔는데, 조재연이라는 대법관의 약력을 보면 걱정스럽습니다. 두 번째 재검표를 혼자 진행했고, 사진을 전혀 못 찍게 하는 등 문제가 많았습니다.

**민**: 조재연 대법관은 입지전적인 인물입니다. 상고를 졸업하고 한참 은행에서 일했는데, 은행을 다니면서 방통대를 졸업하고 성균관 대학을 야간으로 다녔습니다. 그리고 고시에 합격하고 판사가 되었습니다. 부장판사까지는 못 하고 변호사 생활을 했는데, 1982년 사법연수원 12기로 문재인과 동기입니다. 변호사 생활은 대륙아주라는, 최초로 중국에 세운 로펌이자 중국과 많은 일을 하는 법률회사에서 합니다. 그러다가 문 대통령에게 발탁되어 대법관이 됐습니다.

**김**: 부정선거 문제는 한 정치인의 문제가 아니라 대한민국 자유민주주의를 지키는 문제이고, 한반도 통일 비전을 쇄신하는 문제이고, 인류의 새로운 빛을 만드는 중대 사안입니다. 부정선거 진상규명을 위해 애쓰시는 민 의원님과 국투본, 많은 애국시민들이 속히 승리하기를 기도하겠습니다.

**NP 2021년 10월호**

# 4·15 총선의 통계학적 이상성에 대한 공학적 해설

맹주성 NPK 이사장

QR코드를 스캔하시면
해당 영상을 시청하실 수 있습니다.

> **편집자주** 맹주성 NPK이사장은 공학박사의 전문적 식견을 갖고 4·15 부정선거는 온라인 디지털 부정선거와 오프라인 아날로그 부정선거가 결합된 초유의 조직범죄였음을 설명해 내고 있으며, 2021년 6월 28일부터 세 차례에 걸쳐 이루어진 선거무효소송 재검표를 통해 맹주성 이사장의 가설은 거의 입증된 것으로 평가됩니다. 향후 선거무효소송은 이러한 부정선거 모델을 숙지한 가운데 진행되어야 할 것으로 보여 수록합니다. 2020년 4월 24일 VON뉴스 '프로그래밍으로 보는 21대 총선부정의 개연성' 영상 내용 일부도 들어 있습니다.

  4·15 총선결과가 발표되었을 때 필자가 눈여겨 본 것은 사전투표와 당일 투표의 결과가 지금까지 있었던 다른 선거 결과와는 현저하게 달랐다는 것

인천 인하대 앞에 붙은 국투본 현수막. 국투본은 추석 주간에 전국 곳곳에서 현수막 시위를 펼쳤다.

이다. 사전투표의 결과를 제외한 당일투표 결과에서 지역구의 경우 더불어민주당은 123석, 미래통합당은 124석에서 승리했지만 사전투표 결과를 합산했을 때 더불어민주당은 163석, 미래통합당은 84석을 얻는 데 그쳤다. 사전투표에서 미래통합당이 40석을 빼앗긴 결과를 가져온 것이다.

4·15 총선 개표결과가 발표된 후 전 통계학회 회장이었던 박성현 서울대 명예교수, 박영아 명지대 물리학과 교수 등은 선거관리위원회가 발표한 결과의 수치가 인위적 통계일 가능성을 강력하게 주장했다. 필자는 여기에 덧붙여 공학자의 관점에서 전산상 어떤 문제가 있었는지 접근해 보려 한다.

### 오프라인 선거와 온라인 선거 차이점

현행 선거제도가 이루어지는 과정을 필자는 둘로 구분했다. 먼저 유권자들이 현실세계에서 투표소를 찾아 투표하고 투표지가 담긴 투표함을 열어 개표하고 계수하는 것을 오프라인 선거, 개표한 결과가 전산상으로 집계되고 그 결과를 토대로 당선자를 발표하는 것을 온라인 선거라 명명해 보자. 오프라인 선거의 결과는 온라인 선거를 통해 집계되고 발표된다. 온라인 선거는 모든 과정이 컴퓨터에 의해 관리되기 때문에 프로그램의 개입이 가능하다. 오프라인 선거의 결과를 온라인 선거로 넘기는 과정에서 불순한 의도를 가진 특정 세력이 프로그램을 통해 오프라인 선거 결과를 왜곡할 수 있다는 것이다. 어떤 목표치를 설정해 결과로 만드는 프로그램을 설계해 온라인 선거에 개입했다면 오프라인 선거는 단순히 선거 데이터를 온라인으로 넘겨주는 역할만 할 뿐 선거결과에 영향을 미치지 못한다. 만약 더불어민주당이 180석의 의석이 필요하다면 몇 줄의 명령어로 오프라인 선거 결과를 왜곡할 수 있다.

최대한 쉬운 설명을 위해 중학교 수준의 간단한 가상 프로그램을 만들어 보자. 들어가기 앞서 필자가 후술할 프로그램의 로직이 이번 선거에 반드시 사용되었다는 것은 아니다. 하지만 이번 선거 결과의 통계적 이상성을 설명하기에는 충분하다.

## 프로그램 로직이 발견되는 선거

프로그래머가 프로그램을 설계하기 전에 선행하는 과정을 로직(logic)이라 부른다. 이 과정은 프로그램 실행을 위한 논리적인 흐름도를 만드는 것인데 글을 쓰기 전 구성안, 건축하기 전 설계도 정도로 생각하면 된다. 흔히 로직은 플로우 차트(flow chart)로 표현되는데 이곳에서 현실언어를 0과 1로 이루어진 컴퓨터 언

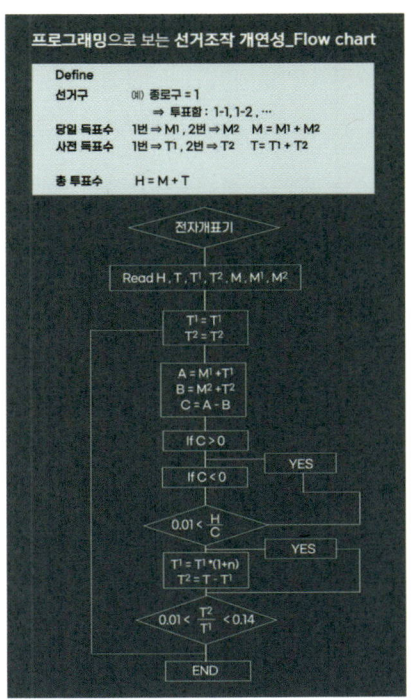

어로 바꿔줘야 한다. 우선 아래 표에 표현되었듯 선거구, 당일득표수, 사전득표수, 총투표수 등을 컴퓨터가 인식할 수 있는 기호로 정의(define)한다. 253개 선거구는 각 고유 선거구 번호에 따라 정의하는데 현재 선관위의 분류대로 종로구를 1로 마지막 서귀포시를 253으로 정의해보자.

1번 선거구인 종로구로 가보자. 1번 선거구의 투표함을 1-1, 1-2 등으로 정의하고 1번 선거구의 A당 당일 득표수를 $M^1$, B당 당일 득표수를 $M^2$로, A당과 B당의 사전투표수를 각각 $T^1$, $T^2$로 정의한다. 사전투표 득표수를 관외, 관내 득표수로 세분화한다면 더 정교한 로직이 나오겠지만 전체적인 방향성은 같으므로 보다 쉬운 설명을 위해 여기서는 제외한다. 두 당의 당일 득표수의 합을 $M(M^1+M^2)$, 사전 득표수의 합을 $T(T^1+T^2)$로 정의하고 제1 선거구의 두 당의 당일 득표수와 사전 득표수의 합을 $H(M+T)$로 정의한다.

개표가 시작되고 A당은 $M^1+T^1$을, B당은 $M^2+T^2$를 득표한다. 이때 A당과 B당의 득표차를 C로 정의한다. 만약 A당이 B당보다 득표가 많은 조건, 즉 C가 0보다 크다면(IF C>0) A당이 당선되기 때문에 아무런 조작이 필요 없지만 상대 후보와 어느 정도 격차를 만들어 내기 위해서 제약조건을 만들어 낼 수도 있다.

문제가 되는 경우는 다음의 경우다. A당이 B당보다 득표수가 적다면, 즉 C가 0보다 작다면(IF C<0) A당 후보가 낙선되기 때문에 프로그램의 본격적 개입이 시작된다. 우선 조작이 수월한 A당 사전득표수 $T^1$에 가중치를 부여한다($T^1=T^1\times(1+n)$). 가중치가 부여된 $T^1$은 전체 사전투표수 T에서 비중이 커지고 반대로 B당 사전득표수 $T^2$는 비중이 줄어들게 된다($T^2=T-T^1$). 여기서 중요한 것은 가중치(n)의 크기다. 확실하게 A당 후보를 당선시키기 위한 값을 찾아야 하는데 아래의 플로우 차트에는 A당 사전투표 득표수를 분모로 B당 사전투표 득표수를 분자로 하는 값($T^2/T^1$)이 0.10과 0.14 사이에

위치할 경우를 결정값으로 주었다. 그 값을 만족할 때까지 반복(iteration)하면 프로그램 로직은 완성되고 또 다른 지역구로 넘어가 같은 과정을 반복하게 된다.

이런 로직이 반복되면 통계학자들이 말한 서울, 경기 지역의 통계의 유사성이 나타나게 된다. 전국적 단위에서 결정값이 같다면 유사한 패턴이 나타날 수밖에 없다. 히스토그램의 특이성은 이런 프로그램 조작이 있었다는 것을 방증하고 있는 것이다.

사전투표 득표수를 조작했다고 추론한 이유는 미래통합당이 당일투표에서는 이기고 있었는데 사전투표함이 개봉되면서 결과가 뒤집혔기 때문이다. 서울, 경기, 인천의 더불어민주당과 미래통합당의 득표율이 모두 63:36이라는 같은 패턴의 비율이 나온 것도 역시 조작 값이 유사했기 때문이라고 생각한다.

## 빅데이터 기반 세 차례 조작

전체적으로 필자는 이번 부정선거는 세 차례에 걸쳐 조작이 있었다고 생각한다. 1차 조작은 빅데이터를 통해 얻은 정보를 통해 사전투표에서 이뤄졌을 가능성이 크다. 사전투표용지 채우기, 바꿔치기 등 사전 조사를 통해 얻은 정보를 이용해 필요한 표를 채워 넣었을 것으로 본다. 빵 상자에 담긴 투표용지, 봉인함이 훼손된 사전투표함 등이 이를 방증한다.

더욱더 중요한 증거는 사전투표의 주요 방법 중 하나인 우편투표에서 대규모의 이상성이 발견된 것인데, 관외사전투표 2,724,653개를 전수 조사한 결과 110만 표에서 이상성이 발견되었다. 그 이상성은 표현할 수 없을 정도로 기상천외했다. 기표된 투표지가 든 우편물은 반드시 선관위 직원이 수령해야 함에도 깨씨, 들씨 등 국적을 알 수 없는 사람들이 수령했고, 교통이 불편한 외딴 섬 울릉도, 민간인 통제선 안에 위치한 진동면 같은 지리적 제약이 있는 곳에서 적게는 수십, 많게는 수백의 관외사전투표가 이뤄졌는데 이것은 전산을 통한 조작이라는 의심을 강하게 만들었다.

한 시민의 조사에서도 역시 빅데이터를 통한 조작의 정황을 볼 수 있었다. 그는 통계청의 주민등록 시스템과 행정안전부의 거주자 데이터를 통해 거소불명자, 군 입대자 등 투표할 수 없는 사람들이 투표한 것이 약 110만 표라는 것을 발견하였다. 이것은 박주현 변호사가 조사한 것과 거의 일치한다. 여기서 필자는 이 110만 표가 소위 빅데이터를 통해 거동이 불편한 노년층 혹은 장기 입원 환자, 교도소 입소자, 사망자 등 투표를 할 수 없는 사람들의 정보를 빅데이터로 입수해 만들어 낸 유령투표라는 강한 의혹을 갖게 되었다.

앞에 필자가 제시한 표를 보면 조작된 A당 사전득표수 $T^1 = T^1 \times (1+n)$의 n은 가중치 값이다. 더불어민주당 전 전략기획위원장 이근형이 페이스북에서 자신들이 예측한 것과 일치하는 선거결과를 자랑하며 제시한 보정값이 바로 이것이다. 이 보정값을 프로그램에 입력해 조작했기 때문에 똑같은 결과를 얻어 낸 것이다. 즉 빅데이터를 통해 얻은 정보로 이 보정값을 계산해 내고 이것을 토대로 180석을 목표로 하는 프로그램을 만들어 낸 것이라 추측한다.

1차 조작 이후, 당일투표에서의 2차 조작은 전자분류기를 통해 이뤄졌다. 위에서 설명한 로직과 유사한 프로그램이 서버에서 전자분류기로 보내졌고 전자분류기는 서버의 명령에 따라 실행된 것으로 예상된다. 실제로 전자분류기의 오류가 잡힌 영상은 SNS 플랫폼에 수두룩하다. 통계학자들이 개표결과 수치의 이상성을 이야기했을 때 아무도 컴퓨터에 의한 전산조작에 대해 이야기하지 않았지만 필자는 전산 조작으로만 가능한 통계결과라고 생각했다.

이런 전산 조작의 가능성들이 여러 사람들에 의해 제기되었다. IBM에서 오랜 기간 컴퓨터시스템 설계 담당자로 있었던 벤자민 월커슨 씨는 구리선 관위의 전자개표기에서 임베디드 시스템(embedded system)의 흔적을 발견하였다고 주장하였다. 임베디드 시스템은 일반적 CPU와는 달리 특정 목적을 수행하는 프로그램 코드를 작성하여 메모리에 기록하고 이를 동작시키는 방식이다. 이것은 선거 조작을 위해 목적된 프로그램을 수행하기 위해 숨겨져 있었을 가능성이 높다.

그뿐 아니라 4개의 USB 포트와 외부 PC와 연결하는 단자를 통해 외부와 통신할 수 있는 기능까지 갖추고 있는 것을 발견하였다. 전자개표기에 딸린 USB 포트에 무엇을 연결하느냐에 따라 무선통신, 특정 프로그램 수행 및 해킹 등 다양한 외부 명령이 가능하기에 조작도 쉽게 이루어질 수 있다. 외국의 해킹 프로그램이 쉽게 들어올 수 있는 여지도 있었다. 월커슨 씨에 따르면 중앙선관위가 시연한 전자개표기의 하드웨어 설계시스템은 일부러 외부 프로그램에 의해 조작이 쉬운 구조로 설계되어 있었고, 그 조작의 증거가 남지 않는 설계였다고 한다. 자일링스 데이터 분산 시스템은 해커가 특정한 목적을 임베디드 시스템에 명령을 내려 실행한 후 조작이 완료되면 증거를 없앨 수 있도록 활용될 수 있다. 월커슨 씨의 주장대로 전자 개표기가 통신이 가능한 고성능의 컴퓨팅 시스템이라면 외부 통신망은 못 달게 되어 있는 규정을 선관위가 스스로 어기고 있는 것이다.

이렇게 개표기를 통해 분류된 득표수는 형식적 수검표를 거쳐 중앙선관위 서버로 옮겨진다. 개표는 수작업으로 진행한다는 일각의 주장 역시 영상으로 확인한 바에 의하면 잘못된 주장이었다. 그저 전자개표기에서 분류된 투표용지 뭉치를 검표원이 흘깃 눈으로 확인하는 수준에 불과했다. 검표원은 오류로 인해 잘못 분류된 투표용지를 걸러내지 못하고 그냥 지나치기 일쑤였다. 결국 전자개표기에서 분류되고 계수된 수치가 최종 결과가 될 확률이 높다.

## 관악청사 서버의 중대성

중앙선관위의 서버 프로그램의 목적은 각 개표소에서 올라오는 단순한 각 후보별 득표수의 합산으로 제한될 것이기에 중앙선관위의 서버엔 단순 합계 프로그램만 들어 있을 가능성이 높다.

그렇다면 전자개표기를 조작한 프로그램은 어디에 있을까? 2020년 9월 경 중앙선관위의 전산센터가 서울시 관악구에 있는 선관위 관악청사에 있다는 것을 알게 되었다. 필자는 관악청사에 있는 서버가 전자개표기의 프로그램에 중요한 역할을 하고 조작의 모든 기록이 남겨져 있을 것으로 보았다. 관악청사의 서버가 한 역할은 무엇이었을까? 관악청사 서버로 들어오는 정보는 전자개표기를 통해 계수된 확정 득표수이다. 아직 이 득표수로는 특정 후보의 당락 여부는 알 수 없다. 따라서 프로그램에 의해 미리 세팅된 보정값을 다시 전자개표기로 보내 부족한 득표수를 채워가며 특정 후보를 당선시키는 득표수에 도달하기까지 조작이 계속된다. 이 조작이 끝나면 서버에 남겨진 결과를 중앙선관위 서버로 보내게 된다.

필자는 이 디지털 기록이 고스란히 남아 있는 관악청사 서버는 중요한 증거이기 때문에 선관위가 이 서버에 들어있는 조작과 관련된 기록들은 파기할 것으로 예측했다. 예상했던 대로 선관위는 관악청사에 서버를 보존하라는 시민들의 요구를 묵살하고 2020년 추석 연휴 기간에 군사작전을 하듯 서둘러 서버를 과천청사로 이동시켰고 이동 중 몇몇 자료들은 손상되었다고 변명을 늘어놓았다.

또 하나의 의심스러운 정황은 선관위가 총선기간 동안 지역별로 임시사무소를 비밀리에 운영했다는 것이다. 2020년 10월 말 현재 11개의 임시사무소의 존재가 확인됐다. 이 임시사무소들은 전국적으로 존재했을 가능성이 크다. 관악청사의 서버를 통해 전국을 관장할 수 있는데 굳이 각 지역에 임시사무소가 필요한 이유는 무엇이었을까? 필자는 1차 조작을 할 때 가짜 투표용지의 제작 혹은 보관 장소로 쓰였을 가능성을 의심하고 있다. 또한 관악청사 서버에서 조작 프로그램을 다운 받아 각 지역 개표소의 전자개표기를 좀 더 세밀하게 관리하던 곳이라고 짐작한다.

종합하자면 관악청사 서버와 각 지역별 임시사무소에서 프로그램에 의해 조작된 전자개표기의 득표수가 중앙선관위 서버로 보내지고 중앙선관위 서버는 단순히 득표수를 집계해 언론사 등으로 보냈던 것으로 파악된다.

그렇다면 2차 조작이 필요한 이유는 무엇이었을까? 비록 빅데이터 및 여론 조사를 활용한 1차 조작을 통해 어느 정도 목표에 가깝게 도달했더라도 당일투표의 결과는 아무도 정확하게 예측할 수 없었기에 좀 더 확실한 승리를 위해 실시간 조작 프로그램이 필요했던 것으로 파악된다. 여러 영상에서 확인된 2번 기표지가 1번 기표지로 분류되는 전자개표기의 오류는 이 프로그램에 의해 의도된 것이라고 할 수 있다.

이런 조작 의혹에도 중앙선관위는 서버를 절대 내놓지 못하고 있다. 결백하다면 서버에 남겨진 디지털 기록을 통해 그 의혹을 해소할 기회가 있음에도 선관위는 지금까지 서버에 대한 기록은 영업비밀이라는 등 파기하거나 훼손되었다는 등 여러 이유를 들어 내놓지 않고 있다. 필자는 이것이야말로 4·15총선이 전산 조작에 의한 부정선거였다는 결정적 증거라고 생각한다.

### 2021년 12월 24일

# "[follow_the_party]는 이렇게 발견되었다"
# 『해커의 지문』을 펴내며
## 로이킴

2020년 4월 15일 제20대 총선을 치르고 개표가 마무리된 후 중앙선거관리위원회("선관위" 또는 "중앙선관위")가 다음날인 16일 선거 결과가 담긴 데이터를 홈페이지에 올렸다.

여당이 180석을 차지하는 결과가 잘 납득이 되지 않아 데이터를 면밀히 관찰하게 되었다. 쉽게 예상치 못했던 이 선거 결과가 불법적 조작에 의한 것이라고 가정한다면, 이 데이터에서 어떤 종류의 인위적인 패턴이 찾아질 수 있을 것으로 생각했다.

이런 아이디어가 떠오른 것은 음악전문채널 엠넷(Mnet)의 〈프로듀스 101〉 투표 조작 사건 때문이었다. 이 프로그램은 2016년부터 열린 아이돌 그룹 선발 오디션 프로그램으로 국민 프로듀스라는 개념을 도입하여 온라인 투표와 문자 투표로 참가자들의 합격과 탈락이 결정되는 식이었다. 생방송에서 시청자들의 유료 문자투표 결과를 조작한 것으로 관련자들이 징역형 포함 실형을 받았던 사건이다.

이 사건의 경우 온라인에서 조작 함수를 찾아 경우의 수를 사람들이 역으로 알아내며 이슈가 되었고, 검찰 조사를 통해 이러한 시청자들의 주장이 사실로 확인된 경우였다. 〈프로듀스 101〉의 조작 방식에서 착안하여 중앙선관위에서 발표한 통계에서 일정한 규칙성이 있을 수 있다고 생각했다. 〈프로듀스 101〉의 투표 조작 방법은 미리 연습생별로 조작된 득표율을 정하고, 그것과 전체 득표수를 곱한 후 소수점 아래 첫 번째 자리에서 반올림하여 각 출연자 득표수를 구하는 방법으로 조작이 이루어진 것이다. 투표가 시작되기 전에 미리 선발되는 사람과 순위까지 정해져 있었던 것이고, 문자 투표는 시청자들의 눈을 속이기 위한 쇼였다고 알려져 있었다.

〈프로듀스 48〉과 〈프로듀스 101〉을 통해 데뷔한 조 모두가 아주 작은 오차로 소수점 아래 두 번째 또는 세 번째 이하 자리가 모두 영(0)인 득표율을 가진 점이 시청자들의 의심을 샀다. 많게는 9명의 참가자가 1%의 득표율 차이 내에서 경합하는 상황에서 조작 득표율을 0.05%라는 큰 단위로 설정하여 출연자들 간의 득표율 차이가 같은 숫자인 경우가 여럿 관찰되어 조작 사실이 눈에 띄게 되었다는 것이다.(〈프로듀스 101〉 충격적인 투표조작 방법, 살구뉴스, 2020.11.18)

이 사건은 국회의원 선거에 비하면 규모가 비교할 수 없이 작은 사건이지만, 4·15총선 결과는 누가 보아도 매우 의심스러운 정황이 많았고, 또 많은 전문가들이 이미 통계적 이상 현상에 대해 말하고 있었기 때문에 만일 〈프로듀스 48〉이나 〈프로듀스 101〉처럼 디지털 사기라고 가정한다면, 조작 방법을 찾아낼 수 있을 것으로 보았던 것이다.

총선 결과에 의문을 품은 후, 한 달 이상을 집중하여 중앙선거관리위원회 통계 속에서 인위적인 조작의 흔적을 추적했다. 요컨대 필자가 한 달여 집중한 것은 선관위 통계 속에서 일정한 규칙을 발견하기 위한 것이었지 [follow_the_party](이하 ftp) 같은 뜻밖의 문자열을 찾아내기 위한 것은 아니었다. ftp는 규칙이 발견된 후 부수적으로 확인된 것이다. 앞에서도 말했듯이 특정 사람들을 합격자로 정해 놓고 투표를 쇼로 만들었던 〈프로듀스 101〉에서 발견된 조작 함수 같은 것을 찾아내 보려고 노력했던 것이다.

## 더불어민주당 당일득표율 50%를 교점으로 발견된 규칙성

한국의 국회의원 선거는 2016년에 있었던 20대 총선부터 사전투표제를 도입했다. 본투표 또는 당일투표라고 부르는 애초에 투표일로 지정된 날짜 외에 이틀에 걸쳐 사전투표를 할 수 있다.

21대 선거에서 사전선거는 4월 11일과 12일, 이틀에 걸쳐 진행되었고 12일은 토요일로 휴일이었다. 21대 총선의 특이점은 집권 여당이 사전선거에서 당일 선거보다 거의 전 지역에서 평균 10% 이상 득표했다는 점이다. 이러한 분석은 한국 중앙선관위가 발표한 공식 홈페이지에 발표한 통계 숫자(이하 "통계")를 바탕으로 한 것이다.

학문적인 방법론을 도입하여 분석한 것이 아니라 기본적으로 비전문가인 필자는 시행착오(trial and error) 방식으로 규칙성을 찾기 위한 노력을 시작했다. 앞에서도 말했듯, 프로듀스101 사건은 랜덤으로 보이는 통계 수치에서 모종의 인위적인 조작을 짐작한 시청자들의 의혹에 발단된 것이다. 필자의 4·15 부정선거 조작 규명 시도도 그 어떤 이해관계도 없는 시청자와 같은 입장에서 행해졌다고 볼 수 있다.

먼저, 필자가 시도해 본 방법은 사전선거와 당일 선거를 다른 집합으로 구분하여 본 것이다. 더불어민주당의 당일 선거 각 지역구 득표율은 조작이 있었더라도 소규모였을 것으로 추측하였다. 왜냐하면 아무리 많은 협조자가 있었다고 해도, 첫째, 폐쇄회로(CCTV) 카메라를 가렸던 사전투표와 달리 당일투표는 그런 제한이 없었기 때문이다. 둘째, 조작이 필요하다면 사전선거에서 조작하는 것이 관내, 관외가 따로 있어 외부에 표가 덜 날 수 있다는 이점이 있다. 따라서 당일투표에서는 조작이 있었다고 해도 최소일 것으로 보고 당일 득표율을 기준으로 삼아 사전 득표율의 이상성을 추적해 보는 방법을 택했다.

이해하기 쉽도록 각 지역구의 더불어민주당 당일 득표율이 전체 더불어민주당 당일 득표율을 합한 값에서 어느 정도 차지하는지 알아보기 위해서 전체 득표율에서 각 지역구 득표율을 나누어 각 '비중값'을 구했다. 같은 방식으로 더불어민주당 전체 사전선거 득표율 전체에서 각 지역구 사전 득표율을 구하고 각 지역구마다 비중값을 구해 보았다.

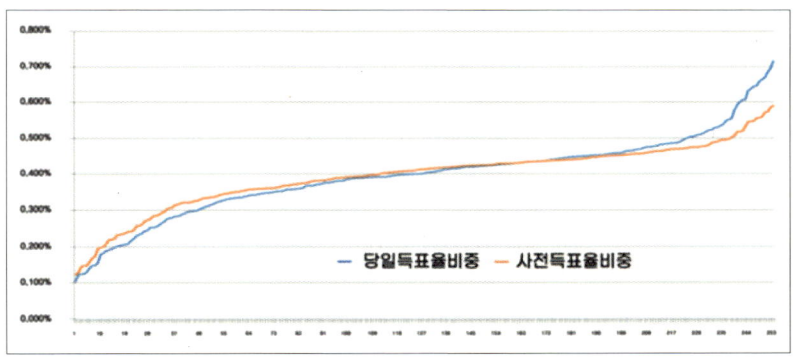

이런 방식으로 비중값을 구하여 각 지역구별로 가장 비중값이 작은 순서에서 큰 순서로 그래프를 그려 보았다. 당일 득표율의 비중값과 사전 득표율의 비중값을 같은 좌표상에 그려 보았다. 이 표는 학문적으로 또는 전문가들에게는 그다지 의미 없을 수 있다. 그러나 필자에게는 육안으로 의미 있는 사실을 확인할 수 있는 중요한 그래프였다. 왜냐하면 하나의 교점이 발견되었기 때문이다. 그리고 이 교차 지점은 더불어민주당의 득표율 약 50%를 획득한 지역구였기 때문이다.

당일 득표율 50%란 그 이상을 받았을 때 반드시 당선이 되는 지역구를 의미한다. 하나의 확고한 기준이 된다. 왜냐하면 50% 초과된 표는 당락에는 무의미하므로 이동시켜서 다른 곳의 당락에 영향을 미칠 수 있기 때문이다.

더불어민주당 전 지역구에서 당일 득표율에서 50% 이상을 획득한 지역구는 89개가 존재하고 이하를 획득한 구간은 164개 지역구가 존재한다. 같은 방식으로 20대 총선 선거 데이터를 나타내 보았다.

이 표 역시 학문적으로나 전문가용으로는 그다지 의미가 없을 수 있다. 그러나 적어도 당일 선거나 사전선거나 모집단의 숫자는 차이가 나지만 기본적으로 모집단의 성격이 동일하다는 것을 유추할 수 있다. 이런 결과는 매우 자연스러운 것이라고 보여진다.

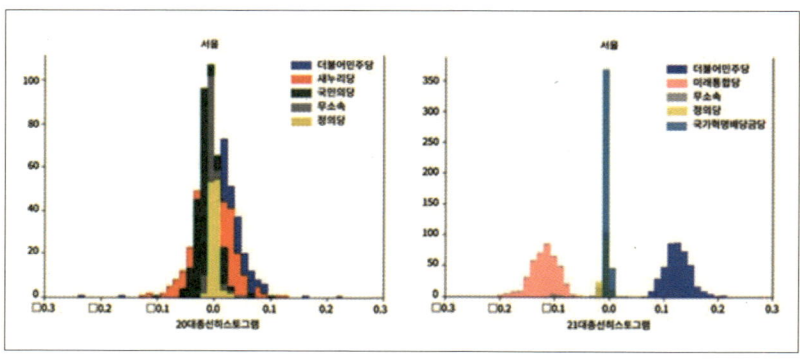

다시 말하면 사전선거를 하는 사람들의 모집단과 당일 선거를 하는 사람들이 같은 성격의 모집단이고, 다만 여러 가지 개인 상황으로 투표일을 달리했을 뿐이다. 어떤 사람들은 보수 성향의 사람들이 사전선거를 기피한 조건이 반영되었다고 하는데, 그렇게 판단하기에 지나치게 이채를 띠는 차이를 보인다.

20대와 21대 선거를 비교한 종형과 쌍봉형 히스토그램이 보여주는 특이 성과도 같은 맥락이다.

사회심리 또는 정치심리상 보수 성향의 사람들이 사전선거를 기피했다고 하기에 어려운 정황도 있었다. 오히려 코로나19에 대한 위험 때문에 한산한 시간에 투표를 하기 위해 보수 지지 성향의 높은 연령대 투표자가 사전투표에 더 많이 참여했다는 분석도 있었다.

박성현 서울대 통계학 명예교수는 통계는 특별히 사전선거에 더불어민주당 성향의 사람들이 더 나왔다는 것을 밝혀주고 있지 않는다고 언급했다. 말하자면 지역구 사전투표에서 더불어민주당은 56.3%, 미래통합당은 34.9%를 얻었다. 더불어민주당의 압승이었다. 그러나 당일투표에서는 더불어민주당이 45.6%, 미래통합당이 46.0%로 미래통합당이 근소한 차이로 이겼다.

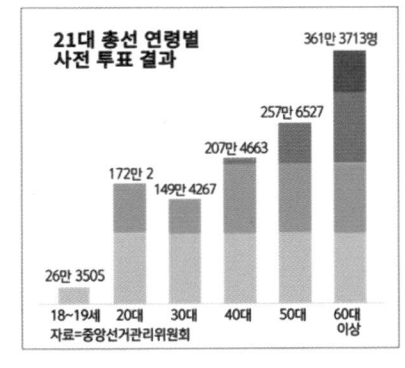

사전선거에 더불어민주당 지지자들이 대거 몰려나왔다는 것이다. 그러나 동네별 사전투표율과 더불어민주당 득표율을 비교하는 산점도를 그렸을 때, 더불어민주당 총득표율이 높을수록 당연히 동별 사전투표율도 올라가야 하는데 그래프는 그런 상관관계를 전혀 보여주고 있지 않는다. 요컨대 어떤 방식으로 비교를 해도 21대 총선의 분포도는 대수의 법칙에서 멀어져 있는 비정상 분포도이다. 대수의 법칙에서 큰 모집단 두 표본의 분포 차이는 영(0)에 수렴해야 한다. 그러나 사전 당일 각각 득표율 비중값을 비교하는 시도를 하여 그린 그래프에서 다른 분포도에서 찾기 어려운 사실을 발견했다는 것이 중요하다. 하나의 '교점'이 존재한다는 발견은 또 다른 사실로 눈을 열어 주었다.

다시 21대 총선의 더불어민주당 사전선거 비중과 당일 선거 비중의 차이값을 구해 보았다. 각 지역구의 사전 비중에서 당일 비중을 뺀 그 차이값은 당일 선거 기준 50% 이상의 득표율을 획득한 전 지역구에서 음수(-)값이 나왔다. 말하자면 50% 이상의 득표율을 얻은 지역구는 모두 사전 비중이 당일 비중보다 작다는 것이다. 반대로 50% 득표율 이하를 획득한 전 지역구가 양수(+) 값이 나왔다. 사전 비중이 당일 비중보다 더 크다는 것이다.

이렇게 각 지역구마다 사전 비중에서 당일 비중을 뺀 차이값을 모두 더하면 50% 이상 득표율을 얻은 지역구 총합은(-) 2.486, 다른 쪽은(+) 2.486이 나왔다. (실물표를 옮겼다는 의미가 아니다.)

당일 선거 기준으로 50%를 교점으로 사전선거 득표율 비중에서 당일선거 득표율 비중을 뺀 값이 음수 양수로 나뉠 뿐 아니라 그 증감의 양이 동일하다는 것은 매우 흥미로운 데이터가 아닐 수 없다. 이런 현상은 교점이 하나만 나타나고, 또 일정한 패턴으로 주고받는 경우에 가능하다. 20대 총선에서는 기본적으로 교점이 하나가 아니며 이런 인위적인 패턴이 나타나지 않았다.

일정한 규칙성을 찾기 위해 긴 시간을 들인 결과 발견한 것이었다. 복잡하게 얽힌 큐브를 하나하나 맞춰 가듯 공을 들인 결과였다. 적어도 한 달 이상은 매일 몇 시간을 수와 씨름한 결과라고 말할 수 있다. 결국, 이러한 규칙성은 중앙선관위가 발표한 21대 총선 통계가 가공된 데이터라는 가설을 세우기에 충분한 근거였다.

2022

`2022년 8월 9일`

# 이제 국민 저항만 남았다!

민경욱 4·15부정선거국민투쟁본부 상임대표 인터뷰

QR코드를 스캔하시면
해당 영상을 시청하실 수 있습니다.

**편집자주** 지난 2022년 7월 28일 인천 연수구 선관위를 상대로 낸 국회의원 선거무효 소송에서 대법원은 원고의 청구를 기각했습니다. 일방적으로 선관위를 변호하는 판결문을 낸 대법원에 애국시민들의 공분이 사그라지지 않습니다. 이에 민경욱 국투본 상임대표와 김미영 VON뉴스 대표와의 대담을 정리합니다. VON뉴스〈특별 인터뷰〉"이제 대법원이 심판 대상 – 국민 저항만 남았다!"(2022.08.09) 영상에서 전체 내용을 시청할 수 있습니다.

**김미영(이하 김):** 오늘 특별인터뷰로 민경욱 국투본 상임대표님을 모셨습니다. 안녕하십니까? 그동안 여러 차례 뵈었지만 오늘 가장 비장해 보입니다.

**민경욱(이하 민):** 비장하다는 표현이 맞는지 모르겠는데 큰 실망과 충격에 빠졌습니다. 특히 지난 2년 3개월 동안 함께했던 많은 애국 시민들께서 떳떳한 얼굴로 집에 들어가실 수 있었는데, 그렇지 못했다는 것에 대한 아픔이 있습니다. 그리고 대법관들에 대해서도 경고합니다. 저를 어리석다고 생각하실지 모르지만, 대법관들을 믿는 마음이 있었습니다. 조재연, 천대엽, 이동원 이 세 명 중 적어도 한 명은 올바른 판단을 내려주고 잘못된 판단을 강요한다면 양심과 법률에 따라 저항할 수 있는 사람이 있을 거라 생각했습니다만 그렇지 않았습니다. 이 자들의 이름은 불명예스럽게 역사에 남게 될 것이고, 그들이 내린 판단은 후세 법률가들의 조롱거리가 될 것입니다.

## 대한민국의 대법관은 선관위가 고용한 변호사인가?

**김:** 제가 판결문을 보다가 충격을 받았는데, 판결문이라기보다 피고 측이 고용한 로펌에서 대신 써준 그런 기분이었습니다.

**민:** 천대엽 대법관의 경우 재판 과정 중에 말이 안 되는 진행을 해서 우리가 강력히 항의한 적이 있습니다. 예를 들면, 우리나라에는 투표용지를 만드는 회사가 무림과 한솔 두 회사뿐입니다. 그래서 이 두 회사에서 납품한 종이와 연수을에서 나온 종이를 비교하면 되는 것인데 난데없이 지방에 있는 37군데의 2차 업체들의 공장에서 종이를 가져왔습니다. 문제는 37개의 공장에서 가져왔다고 하는데 저나 저희 변호사들이 입회한 적이 없습니다. 그래서 그 종이들을 중국 어디에서 가져왔을지도 모르는데 어떻게 법정에서 열 장씩 뽑느냐고 강력히 항의했는데 당시 천대엽 대법관은 '저를 믿어주십시오'라고 했습니다. 그래서 최소 양심이 있는 사람이라 증거 능력이

없다는 것을 지적할 줄 알았는데 절차적으로 잘못되었다는 이야기를 전혀 하지 않았습니다.

선고 당시 조재연 대법관은 의기양양하게 판결문을 읽었는데 8초도 안 걸렸습니다. 기각이 선고되고 아수라장이 되는 상황에서 그는 '변호사 비용은 원고가 하고 감정 비용은 서로 한다'라는 문장 하나 읽고 웃으면서 가 버렸습니다.

## 입증책임 운운하며 민사재판의 원고가
## 범인까지 잡아야 했다는 전대미문의 핑계

**민:** 지금 대법원에서는 입증책임이 원고에게 있는데 입증을 못 했고, 지난 2년 동안 성명불상의 특정인이라고 이야기할 뿐 누가 범인인지 지적하지 못했다고 주장하고 있습니다. 지금까지 여러분들의 힘으로 배춧잎투표지, 일장기투표지를 찾았습니다. 수사선상에 있는 사람들은 자연인 민경욱이 잡아서 자백시켜서 끌고 왔어야 한다는 이야기입니까?

게다가 증거의 편재 현상이 있었습니다. 증거가 투표용지인데 투표용지를 누가 갖고 있습니까? 피고가 갖고 있습니다. 그런데 원고가 그것을 입증할 책임이 있다? 여기에 착안해서 도태우 변호사께서 '과거 판례를 봤을 때도 증거의 편재 현상이 있을 때는 피고도 자기가 죄가 없음을 확실하게 입증해야 하는 의무가 있는 것이다'라는 법리를 얘기했음에도 불구하고 받아들여지지 않았습니다.

## 부정선거를 제도화시킨 주범,
## 천대엽, 조재연, 이동원 대법관

**김**: 사실 입증책임이라는 것은 기본적으로 절차적인 문제입니다. 그리고 입증책임이라는 것을 가지고 이렇게 실체적인 판단을 하는 것도 있을 수 없는 이야기입니다. 가령 우리가 '배춧잎투표지에 찍은 사람 한 명도 없다' 라고 주장하면, 이것에 대한 항변의 입증책임은 무조건 피고가 갖고 있는 것입니다.

**민**: 그들은 처음부터 끝까지 거짓말로 일관했습니다. 그리고 천 장의 일장기투표지에 대해서도 대법관들은 '1,000장이 실수로 찍혔는데 이것을 받아든 유권자들이 항의를 안 했을 수도 있다'라는 판결문을 내놓았습니다. 이것은 판례로 남습니다. 일장기투표지가 용례로 나왔기 때문에 앞으로는 비정상적인 투표지가 나와도 유효한 투표지로 인정이 됩니다. 부정선거를 제도화한 주범으로서 역사의 재판정에 천대엽, 조재연, 이동원, 세 사람을 고발합니다.

**김**: 판결문 중 투표관리관들의 증언 부분을 보면, '증인 지상훈의 증언에 의하면 지상훈은 송도4동 사전투표소 사전투표관리관으로서 투표용지 발급 및 교부 업무를 투표사무원이 하도록 하였는데 그 당시 위와 같은 형태로 출력된 투표용지를 보거나 들은 바가 없고, 위와 같은 투표용지의 존재가 투표록이나 개표록에 특별히 기록된 것으로 보이지도 않는다. 그러나 해당 투표지를 발급·교부한 투표 사무원이나 이를 교부받은 선거인이 특별히 투표용지에 대하여 이의를 제기하지 않았다면 위 투표지의 존재를 사전투표관리관이 알지 못할 수 있고, 그 경우 그러한 사실이 투표록이나 개표록에 기재되지 않게 된다.'라고 써있습니다. 많은 사람들이 보고 있는데 하

필 이렇게 이상한 투표지는 전혀 눈에 띄지 않았다는 것인가요?

**민:** 투표관리관이 '보지도 않았고 보고를 받은 적도 없다'라고 하면 상식적으로 비정상적인 투표지가 없었다고 생각하게 되는데 지금 판사는 그 사람이 보지 못했을 수 있고 그래서 이의를 제기하지 않았으니 투표록이나 개표록에 쓰지 않았다고 주장하는 것입니다.

## 흉악범들이 증거를 남길 바보가 아니기에 부정선거를 인정할 수 없다, 고로 기각한다?

**김:** 재판관이 또 이렇게 쓰고 있습니다. '따라서 그와 같은 사정만으로 위 투표지가 정규의 투표용지를 사용한 것이 아니라고 보기 어렵다. 이러한 투표지의 존재는 이를 유효한 투표로 인정할지 여부가 법률적 쟁점이 될 수는 있으나, 사전투표지가 대량으로 위조되었다는 원고의 주장을 증명하기에 충분한 증거가 될 수는 없다. 성명불상의 특정인이 사전투표지를 위조하였다면 굳이 이와 같은 형태로 사전투표지를 작출하여 문제의 소지를 남길 이유가 없다는 점에서 보더라도 그러하다.' 이 사람은 저희가 지금까지 일관되게 주장해 왔던 국가기관이 동원된 대대적인 부정선거 가정은 아예 갖고 있지 않습니다.

**민:** 지금 저 한 페이지가 아마 후대 법률가들에게 조롱거리로 두고두고 남게 될 겁니다. 가장 유력한 증거를 제시했더니, 대법관들이 '범인들이 이런 증거를 남길 정도로 바보가 아니다'라고 이야기하는 것입니다. 사람을 찔러 죽인 사람이 범행도구인 칼에 지문을 남겼는데 지금 대법관 천대엽은 이런 흉악범들이 이런 증거를 남길 이유가 없다고 합니다. 이러한 논리로

일장기 투표지, 배춧잎투표지, 빳빳한 투표지, 붙은 투표지 등 이런 것들은 일부의 이상한 형태일 뿐이고, 실제로 부정선거를 저지르려는 사람이 있었다면 이런 바보 같은 흔적을 남기지 않았을 것이다. 이것이 우리가 받아들일 수 있는 재판입니까?

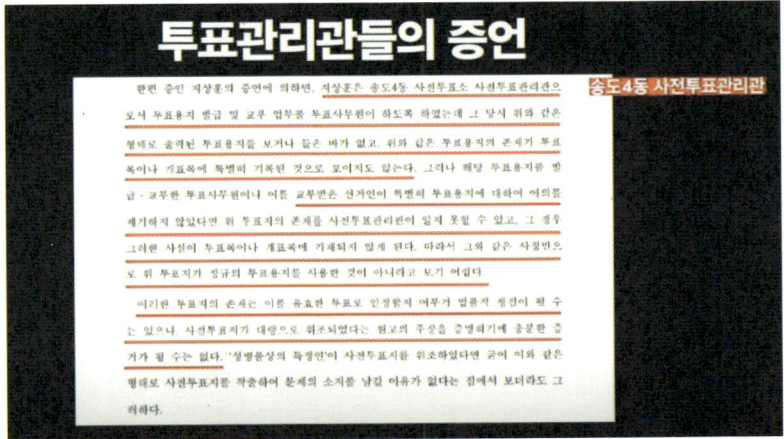

김: 지금 투표관리관들의 증언들은 일관되게 이런 투표지를 본 적이 없다고 합니다. 이 사람들은 우리가 제출한 이런 종류의 투표지를 본 적이 없을 겁니다. 그래서 저는 부정선거라는 것을 가장 확신하는 분들은 투표관리관이라고 생각합니다.

민: 우리가 투표관리관을 증인으로 신청했을 때 선관위가 이들의 주소를 주지 않아서 대법정에서 증언을 못 했습니다. 그래서 우리가 재차 요청했는데 이 사람들이 이렇게 중요한 증인을 부르지 못하도록 하면서 쓴 논리가 있습니다. 투표관리관이 대법정에 나오기 전에 한 유튜버와 인터뷰에서 본인은 그런 투표지에 도장을 찍은 적도 없고 본 적도 없고 보고 받은 적도 없다는 이야기를 했습니다. 그런데 그 이야기를 두고 본인은 찍지 않았으

니 다른 사람이 찍었을 것이라는 식의 논리를 펼쳤습니다.

투표관리관 밑에 사무원이 두 명 있습니다. 그중 한 명이 안 찍었다고 증언을 했고 그렇다면 나머지 한 사람이 찍었을까요? 천 장을 찍으려면 6시간이 걸립니다. 지금 판결문에서는 다른 사람이 찍었다는 것으로 보일 수 있도록 해석해 놓은 것입니다. 두고두고 사람들이 조롱을 할 판결문입니다.

**김:** 저희는 비정상 투표지가 나온 이유에 대해 부정선거를 일찍 들킨 바람에 숫자를 맞추기 위해 일주일 만에 급조해서 들어갔기 때문이라고 주장했습니다. 그런데 대법원은 지금 그런 범죄를 누가 했는지 적어내라고 합니다. 또 우리가 명명한 배춧잎투표지는 '지역구 사전투표용지 하단에 비례대표 투표용지 내용 일부가 출력된 경우'라고 바꿔놓았습니다. 배춧잎투표지도 아무런 문제가 없다고 말하고 있습니다.

## 배춧잎투표지 입증 과정에서 드러난 선관위와 대법관의 대 사기극

**민:** 배춧잎투표지가 '비교 대상 투표용지와 동일한 용지로 제작된 것이다'라고 하지만 비교 대상 투표용지는 한솔과 무림에서 나온 두 가지밖에 없어야 합니다. 그런데 우리 변호사를 입회시키지도 않고 선관위에서 37개의 2차 업자들이 가공한 다른 롤 종이를 가지고 와서는 그중 하나라도 똑같은 종이가 나오면 같은 것이라는 주장을 폈습니다.

더 황당한 것은 잉크젯 프린터 형식으로 인쇄되었다는 것을 중앙선관위에서 찍어 왔는데 가만히 기다리고 있다가 투표용지가 나오니까 그것을 잡아서 나오는 구멍으로 다시 집어넣었습니다. 그러면서 여러 개가 겹쳐서 나왔습니다. 그런데 빨리하려고 투표용지를 빨리 빼는 것은 가능해도 나온 용지를 왜 구멍에 다시 집어넣습니까?

김: 어떻게 보면 선관위보다 더한 사람들이 대법관들입니다.

민: 대법관들은 민경욱이 범인을 잡지 못했기 때문에 모두 무효라는 이야기를 하면서 뒤에 있을 검찰의 수사마저 막는 더 큰 범죄를 저지른 것입니다. 부정선거를 획책한 범인이 있고, 중앙선거위와 공범의 관계가 있다면 대법관은 이 부정선거를 제도화한 가장 큰 죄를 저지른 자들입니다.

## 선관위가 QR코드로 누구를 찍었는지 찾아냈지만 비밀선거 침해 아니라는 대법원

김: QR코드가 비밀선거 침해라는 의견에 대한 답이 굉장히 이상합니다. 어떤 분이 QR코드가 찍혀있는 충청도 청양 투표지 하나를 쓰레기통에서 발견했습니다. 이를 두고 선관위에서 경주 쪽에 여행을 갔던 사람이 부주의하게 찍었다는 발표를 했습니다. 그래서 누가 찍었는지를 선관위가 알고 있다는 것이니 이것에 대해 문제를 제기했는데, 재판관들이 선관위를 어떻게 두둔하고 있는지 정말 가관입니다.

> 투표지의 현물과 투표지 이미지를 저장한 저장 매체는 중앙선거관리위원회 서버와는 별도로 구·시·군 위원회에서 물리적으로 분리된 상태에서 보존되므로, 중앙선거관리위원회 서버에 저장된 로그파일의 데이터와 이와 같은 현물 투표지 또는 투표지 이미지 파일에 나타나는 투표 정보를 연결하는 것은 별도의 특별한 증명이 없는 이상 이론적으로 가능해 보이지 않고, 그 밖에 QR코드 또는 투표지 발급이력 등을 통하여 투표의 비밀이 침해될 수 있다고 볼 만한 증거도 없다.

로그 데이터 보여줍니까? 지금 재판관들이 중앙선거관리위원회의 변호인입니까?

**민:** 안 보여줍니다. 그렇게 떳떳하다면 로그 데이터를 내놓으면 됩니다. 중앙선관위에서 밤새워서 무슨 작업을 했었습니다. 그리고 큰 트럭이 왔다 갔다 해서 유튜버들이 몰래 뒤를 따라갔습니다. 그랬더니, 시흥의 고물상으로 가서는 고물상에 파지하는 곳에 종이를 다 버렸습니다. 그러니까 사람들이 차가 떠난 다음 고물을 뒤져서 지금 나오는 투표용지를 발견합니다. 투표를 한 투표용지였습니다. 그리고 QR코드로 누가 찍었는지 찾아냈습니다. 충남 보령에 사는 사람인데 경주에 놀러 왔다가 코로나에 걸려서 연수원에 수용되어 있다가 임시 투표소에서 투표하는 과정에서 나왔다고 이야기했습니다. QR코드를 보고 사람을 찾아낸 것입니다.

## 부천 신중동 사전투표 현장에는 단 하나의 투표함만 있었다

**김:** 배춧잎투표지도 찾을 수 있습니다. 더 우스꽝스러운 사건도 있습니다. 부천 신중동은 1초에서 4초 사이 한 사람이 한 표를 찍었다는 계산이 나오는 경우인데, 이 사람들의 변명은 정말 가관입니다.

> 사전투표기간에 부천시 신중동 사전투표소에서 18,210명이 관내사전투표를 한 사실, 그중 신중동 사전투표소에 20대 이상의 사전투표장비와 기표대가 설치되어 있었던 사실이 인정된다. 이와 같이 다수의 장비와 기표대를 이용하여 신속하고도 동시다발적으로 투표가 진행되는 사정을 고려하면, 사전투표기간인 2일 동안 한 군데 사전투표소에서 위와 같은 규모의 사전투표가 이루어지는 것이 불가능하다거나 경험칙에 현저히 반한다고 보기 어렵다.

**민**: 20대의 장비와 기표대가 있었습니다. 그런데 그날 투표소에 있었던 투표함은 하나였습니다. 장비 100대가 있더라도 투표함이 하나면 다 줄을 서야 합니다. 결국 한 대를 통과해야 하는데 그게 4초 만에 한 명씩 투표했다는 것이 말이 됩니까? 20대의 장비와 기표대가 있었기에 18,210명이 가능하다? 사람들을 속이기 위해서 중앙선관위가 쓴 그대로 대법관들이 인용한 죄가 너무나 큽니다.

## 천 개의 동전을 하늘에 던졌을 때
## 모두 같은 면으로 떨어질 가능성이 있다고 주장하는 대법원

**김**: 사전투표 전산데이터 조작 한번 보십시오. 우리가 사전투표 전산 데이터 조작을 대대적으로 했다고 이야기했는데 이 대법관들은 그럴 리가 없다고 한마디로 말하고 있습니다.

> 각 선거의 사전투표율과 선거일 당시에 정치적 판세에 따라 전국적으로 특정 정당의 후보자에 대한 사전투표 득표율이 당일투표 득표율에 비하여 높거나 낮은 현상이 나타날 수 있고…

**민**: 많은 전문가들이 반복되는 '0.39', '63:36'과 같은 통계는 나올 수 없다고 이야기를 했습니다. 박영아 교수님은 '천 개의 동전을 하늘에 던졌을 때 모두 같은 면으로 떨어진 가능성이다'라고 하셨습니다. 그런데 대법관들은 그것이 가능하다고 합니다. 그리고 한 가지 또 근본적인 문제를 제기하고자 합니다. 이 소송은 인천 연수구을 4·15총선 결과에 대한 선거무효소송, 당선무효소송입니다. 그런데 지금 이 사람들은 부정선거가 전국적으로 있었던 것이 말이 안 되기 때문에 너희 것도 유효할 수밖에 없다고 이야

기를 하고 있습니다. 지금 4·15총선 전체에 대한 소송이 다른 특별부에서 진행되고 있습니다. 왜 당신들이 전국에서 부정선거가 있었던 것이 아니기 때문에 4·15 연수구을이 부정선거라는 것을 인정할 수 없다는 법리를 펴고 있습니까?

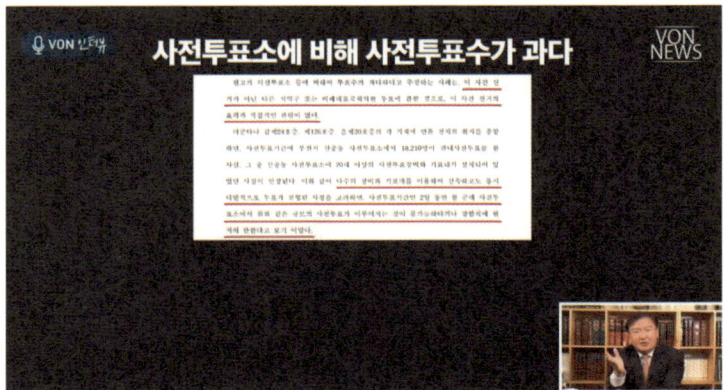

## 흔들리는 대한민국이 자유민주주의 제도

**김**: 지금 민경욱 연수구을 판결로 앞으로 진행될 100개 이상의 판결을 미리 입막음하겠다는 것이겠죠. 그리고 중요한 것은 기본적으로 선관위가 항변할 항변 입증책임이 있습니다. 형사 재판을 할 때도 기본적으로 검사에게 입증책임이 있고 유력 증거를 제시해야 되지만 그것에 대해 항변할 때는 피고가 입증을 해야 됩니다. 입증책임이라는 것은 절대적이지 않습니다. 그저 절차적인 것에 불과합니다. 그런데 입증책임을 가지고 실체적인 판단을 한 희한한 재판인데 더 무시무시한 사실은 이것이 1심밖에 없는 선거 재판이라는 것입니다. 그리고 대법관 13명 다 불러서 하는 것도 아니고 이렇게 중요한 대사건이 상당히 부패했을 것으로 보이는 사람이 포함된 세 명의 재판부에 의해서 결론이 난다는 것입니다. 북한과 무엇이 다릅니까?

**민**: 사실상 북한으로 만들고 있습니다. 북한과 우리가 다른 것이 공직선거법 225조입니다. 선거무효소송 당선무효소송은 다른 쟁송에 우선하여 180일 이내에 처리하여야 합니다. 선거제도를 최고로 치는 금과옥조입니다. 북한에는 당연히 이런 법이 없습니다. 그런데 이것이 정면으로 위배됐습니다. 180일이 아니라 2년 3개월 만에 이러한 결과가 났습니다. 지금 대한민국의 민주주의 제도가 흔들거립니다.

**김**: 결국 이 재판부가 우리에게 주는 가장 중요한 메시지는 이 선거는 민경욱이라는 한 자연인이 국가기관에 대해서 문제 제기를 한 행정소송이다. 그래서 민사소송법에 준용해서 다루었으니 억울하면 정식으로 수사를 하라는 것인가요? 그리고 형사 재판처럼 만들어서 다시 가지고 오라는 메시지로 보입니다. 형사재판으로 돌아가면 이제 3심이 됩니다. 지금 수사 권력은 누가 갖고 있습니까?

## 결국 패는 실질적인 수사권을 가진 윤석열 정부에게로

**민**: 지금은 윤석열 정부가 갖고 있다고 봅니다. 그리고 부정선거 수사를 하는 것이 좋다고 봅니다. 왜냐하면 이 선거제도를 손보지 않으면 다음 권력 창출과 2년 뒤에 있을 총선에서 이긴다는 보장이 없기 때문입니다. 그리고 이 사건은 자료실에 박제되어 있습니다. 그래서 시간의 문제라고 한 것입니다. 부정선거라는 것은 지나칠 수 있는 성질이 아니기 때문에 결국 수사를 하지 않은 사람으로 기록이 될 것입니다.

**김**: 기본적으로 부정선거는 좌익이 했습니다. 그런데 규명 방해는 우익이 했습니다. 그렇다면 좌익도 우익도 다 부정선거 한패입니다. 이 상황을 어

떻게 타개해 나갈지 국투본 입장에서는 계획이 있으신가요? 우선 민 대표님이 힘을 내셔야 합니다.

**민**: 지금 이러한 재판 결과가 나왔다고 해서 묻힐 수 있는 사건이 아닙니다. 오히려 싸움은 본격화 됐고, 싸우는 조건 또한 우리에게 그렇게 불리하지 않습니다. 일단 정권이 바뀌었고, 바뀐 정권의 감사원에서 감사가 있을 것이고, 한덕수 총리도 비정상적인 상황에 대한 점검을 하겠다고 이야기했습니다. 우리가 새로운 증거를 가지고 고소와 고발을 한다면 또 다른 접근을 할 수 있을 것이라고 생각합니다.

**김**: 지금껏 저희는 부정선거를 획책한 오적을 특정했었습니다. 이제는 부정선거 규명을 방해한 오적이 누구인지 정해야 합니다. 특정 인물들 이외 침묵했던 범 국민의힘 의원들 모두 사실 우파의 절망입니다.

**민**: 지난 2년 3개월 동안 눈물 쏟고 조롱받으며 목숨 바쳐서 부정선거 규명을 위해 싸웠습니다. '전 세계 역사에 큰 획을 긋는다'라는 사명감으로 해왔던 것입니다. 우리가 이런 자부심을 갖고 있다는 사실을 윤석열 대통령도 알아야 합니다. 자유민주주의의 가장 큰 적은 부정선거입니다. 선거제도가 이렇게 엉망이 된다면 북한하고 똑같아집니다.

제가 '분노하라, 조직하라, 소리치라'고 처음부터 이야기했습니다. 분노하라는 '힘'입니다. 조직하라는 '함께'입니다. 소리치라는 '표현'입니다. 그래야 위기에 처해 있는 우리 자유민주주의 제도를 지킬 수 있습니다.

## 대법원의 누더기 부정선거 판결문

맹주성 이사장

사건: 2020수30 국회의원선거무효

원고: 민경욱

피고: 인천 연수구 선거관리위원회 위원장

변론종결: 2022. 5. 23.

판결선고: 2022. 7. 28.

위 사건은 2020년 4·15 총선 인천 연수구을 선거무효 소송 건으로 종심에서 기각 판결을 선언하는 데 1분도 채 걸리지 않았다. 판결문 낭독도 하지 못하고 "부정행위한 주체를 밝히지 못해서 기각한다. 판결문을 참조하라." 이 말을 뒤로하고 재판관은 퇴정하고 말았다. 참으로 어이 상실이다. 본인들도 양심의 가책을 느꼈음일까?

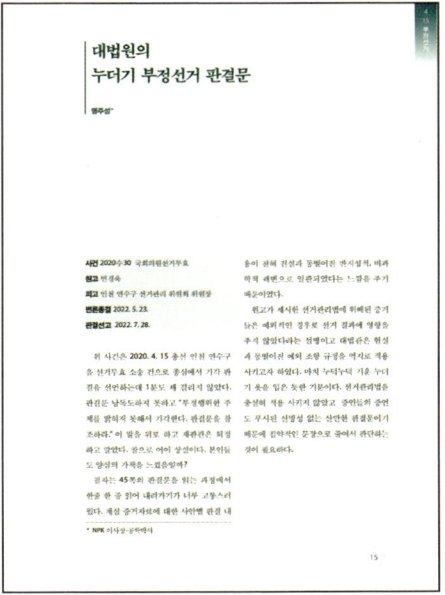

필자는 45쪽의 판결문을 읽는 과정에서 한 줄 한 줄 읽어 내려가기가 너무 고통스러웠다. 재심 증거자료에 대한 사안별 판결 내용이 전혀 진실과 동떨어진 반지성적, 비과학적 궤변으로 일관되었다는 느낌을 주기 때문이었다.

원고가 제시한 선거관리법에 위배된 증거들은 예외적인 경우로 선거 결과에 영향을 주지 않았다는 설명이고 대법관은 현실과 동떨어진 예외 조항 규정을 억지로 적용시키고자 했다. 마치 누덕누덕 기운 누더기 옷을 입은 듯한 기분이다. 선거관리법을 충실히 적용시키지 않았고 증인들의 증언도 무시된 신빙성 없는 산만한 판결문이기 때문에 집약적인 문장으로 줄여서 판단하는 것이 필요하다.

## 1. 총괄

### 1) 판결문 요약

가) 선거 관련 규정을 위반한 주체의 존부

"선거에 관한 규정에 위반된 사실을 판단하기 위해서 원고는 변론종결에 이르기까지 이른바 부정선거의 주체를 명확하게 밝히지 못하였다."

"부정을 하기 위해서는 실시간으로 발표되는 사전투표자의 수를 부풀리기 위한 중앙선거관리위원회 서버의 보안을 뚫고 침투하는 등의 전산조작이 필요하다."

나) 선거 관련 규정에 위반된 사실에 대한 구체적인 주장 . 증명의 여부

"2021. 6. 28. 실시된 검증기일에서 QR코드 판독 결과 사전투표지에서 중복된 일련번호가 존재하지 않았다."

"검증기일에서 원고가 비정상 투표지라고 골라낸 투표지 감정 결과 정상 투표지에 기표된 것으로 확인되었다."

"6하 원칙에 의거 증명하지 못했다."

다) 위조 투표지 투입과 전산조작 주장의 양립가능성 문제

"전국적 253개의 선거구에 동시에 위조된 사전투표지를 투입한다는 것 자체가 통상적 이해의 범위를 넘어선다."

2) 주문(2022. 7. 28.)

"위와 같은 사유로 2020수30 사건을 기각한다."

## 2. 판결문의 허구성

### 1) 가)에 대하여

"원고가 부정선거의 주체를 명확히 밝히지 못하였다"는 문장은 부정선거가 있었다는 의미를 내포하고 있는 것으로 수사기관이 수사하여 부정선거가 밝혀지면 판결을 뒤집겠다는 것과 무엇이 다른가?

"중앙선거관리위원회 서버의 보안을 뚫고 침투한다"는 문장은 디지털 해킹을 의미하는 것으로 디지털선거의 개념조차 없는 대법관의 무지를 나타내는 것이다. 디지털선거의 개념은 전산장비에 내재되어 있는 프로그램의 운용에 따라 다양한 결과를 도출시킬 수 있다는 것이다. 프로그램을 이용한 선거부정은 전산조직의 기능상 언제나 광범위하게 열려있다. 프로그램의 경우는 내부자 1인만으로 운용이 충분하며, 외부로부터의 침투는 선

거방해를 목적으로 하는 정반대의 개념인 것이다. 외부의 도움을 받아 선거 조작이 이루어지는 경우라 해도 이 상황은 내부자와 협력 관계인 것이다. 프로그램에 의한 선거부정을 하고자 한다면 투표 이전에 모든 경우의 수를 시뮬레이션을 통하여 원하는 결과를 수치적으로 도출하는 것은 필수적 과정인 것이다. 대법원의 판결문은 정해진 목표에 접근하기 위한 궤변으로 구성되었다는 느낌을 지울 길이 없다.

### 2) 나)에 대하여

"QR코드 판독에서 사전투표지에서 중복된 일련번호가 없었다"는 문장은 전산조직의 기능을 완전히 무시한 것이다. 언급한 바와 같이 기능상 얼마든지 중복된 일련번호가 없도록 조작하는 것은 손바닥 뒤집기만큼 쉬운 일이다. 대법관은 서버의 기록과 통합선거인명부를 통하여 일련번호를 비교했어야 한다. 중앙선관위는 서버 파손, 전자개표기의 이미지파일 원본 파손, 통합선거인명부 미제출 등 결정적 증거자료는 증거인멸, 증거은폐를 진술하였다. 그럼에도 불구하고 대법관은 증거제출을 요청한 바도 없으며 증거인멸까지도 방관하였다.

"원고가 재심에서 골라낸 부정투표지는 감정 결과 정상 투표지였다"는 문장은 대법관의 일방적 주장으로 선관위법에 위배된 투표지를 유효표로 분류했을 따름이다(예; 평량 150g투표지는 국내에 존재하지 않는다는 전문가의 진술). 그 수량이 전체의 40%에 이르는 현실이다.

### 3) 다)에 대하여

"전국적 253개의 선거구에 동시에 위조된 투표지 투입은 통상적 이해 범위를 넘어선다"는 문장은 명확성이 없는 관념적 수사일 뿐만 아니라 마치 중앙선관위 발표와 투표함 속의 내용물이 숫자적으로 일치한다는 뉘앙스를 담고 있다. 2020수30의 경우 재검에서 발표 숫자와 다른 출처를 알 수 없는 300표가 쏟아져 나온 이유는 무엇인가? 이 300표를 포함해서 일련번호를 맞추어 놓았다면 전산조직을 통한 조작이 아니라고 판결할 수 있는 근거는 무엇인가?

그 밖에 평량등 투표지 규격, 기형적 형상 기표용구, 기억형상종이(투표용지 재질)등 사안별 판결이 있으나, 근본적으로 부정은 있었으나 부정행위를 한 주체를 원고가 2년 넘도록 명확히 밝히지를 못했기 때문에 기각한다는 목표를 세워놓고 비과학적, 반지성적 재검으로 일관하였던 바 사안별 판결은 의미가 없다.

"2년이 넘도록"이라는 단어는 대법관의 반지성적 자세를 대변하는 대표적 사례이다. 선거관리법 225조는 6개월 이내에 판결하도록 강제하고 있는 규정으로, 법을 어기고도 아무것도 모르는 일반 국민들과 부정선거 없다고 주장하는 자들에게 마치 충분히 재검했다는 느낌을 주기 위한 의도된 문구일 뿐이다.

## 3. 결론

첫째, 2020수30 판결문은 총체적으로 부정선거를 인정하는 내용이다.

둘째, 6하원칙(누가, 언제, 어디서, 무엇을, 왜, 어떻게)에 의거 부정행위를 한 주체를 밝히라는 내용인 바 수사권이 없는 일반 변호사가 원고 측 법정 대리인이라는 한계를 최대한 악용한 반지성적 판결문이다.

셋째, 원고 측이 제시한 증거별 판결은 유권자 중심 법적용이 아닌 증거인멸, 증거은폐, 증거축소 등 비과학적 방법을 통해 피고 중앙선거관리위원회를 두둔하는 일방적 법적용으로 헌법에 보장된 국민의 주권을 짓밟았으며 헌법 제1조를 사문화 시켰다고 생각할 수밖에 없다.

넷째, 이번 판결로 20세기 최고 발명품인 보통선거는 영원히 사라졌다.

다섯째, 대한민국은 문명국의 틀에서 벗어났다.

#EP4
2022년 6.1 지방선거 경기도지사 개표 현장에서 나온 신권다발 투표지

2020년 이후 부정선거 의혹이 봇물처럼 터졌지만 개표 현장에는 사람의 손을 전혀 탄 흔적이 없는 형상복원 빳빳한 투표지가 계속적으로 나타나 순식간에 당선자를 바꾸고 있습니다.

# 20
# 23

**2023년 4월 15일**

## 다큐멘터리 《당신의 한 표가 위험하다》

QR코드를 스캔하시면
해당 영상을 시청하실 수 있습니다.

## 2023년 4월 15일 국회의원회관 시사회

황교안 전 국무총리 축사

최승재 국회의원 축사

## 2023년 4월 22일 송도 컨벤시아 시사회

**2023년 9월 15일**

# (사) 법치와자유민주주의연대 부정선거수사촉구 특별위원회 발족 및 8개의 고발 사건

**편집자주** 2023년 9월 15일(사)법치와자유민주주의연대는 부정선거 수사를 촉구하는 특별위원회(이하 수촉특위)를 발족했습니다. 권오용 변호사, 윤용진 변호사, 박주현 변호사를 공동위원장으로 하는 수촉특위는 앞으로 형사고발과 함께 부정선거의 증거들을 전시회 형태로 소개하는 등 부정선거 규명을 위한 다양한 활동을 펼칠 예정입니다. 현재까지 고발 접수한 8개의 사건을 소개합니다.

## 파주, 개표록에 있는 투표지는 없어지고
## 개표록에 없는 '이상' 투표지는 쏟아져

[수촉특위 1호] 2023. 9. 26. 파주경찰서

> 그 밖에 특기사항(투표관리관 사인날인누락상황·질서문란상황·정 원초과상황 등 투표관리상의 특기사항)
>
> 오전 09시 30분 때에 약 20장의 투표용지가 투표관리관 도장 날인없이 선거인에게 교부됨
>
> 국회의원 선거투표 일련번호지 1장에 따라여 절취되 못함.

**4·15 총선 파주시 투표록**

　2021년 11월 12일, 파주시 선거관리위원회에 보관 중이던, 2020년 4월 15일 실시된 제21대 국회의원 선거의 투표지들에 대한 재검표가 이루어졌다. 위 재검표장에서는 신권 돈다발 같은 빳빳한 투표지, 배춧잎투표지, 화살표투표지, 붙어있는 투표지 등 비정상 투표지들이 다량 발견되었다. 스카이데일리 사회부장 허겸 기자는 2023년 7월 31일 기사를 통해 '해당 재검표 과정에서 선관위 직원들이 투표지를 빼돌리고 바꿔치기했다'는 법정 경위들의 증언을 담은 녹취록을 공개했다.

　재검표장에서 투표록과 개표록에 기록되지 않은 투표지들이 쏟아졌고, 한편으로 투표록에 기재돼 있던 이상 투표지들은 재검표장에서 사라졌다. 특히 투표록에 투표관리관의 도장을 찍지 않은 20장의 투표지, 일련번호를 떼지 않은 한 장의 투표지가 투표 과정에서 들어갔다고 기재되어 있었는데, 재검표 현장에서는 투표록에 기재된 이상 투표지들이 단 한 장도 발견되지 않았다. 또한 파주을 지역구의 경우 4·15총선 당시 인구수보다 투표수가 더 많았다.

　이에 수촉특위는 2023년 9월 25일, 선관위를 비롯한 국가기관이 재검표를 위해 투표지를 교체한 부분에 대하여 특수절도죄와 공용서류무효죄, 가

짜 투표지를 임의로 만든 부분에 대하여 투표지 위조죄, 위계로서 법원의 재판 업무를 방해한 부분에 대하여 위계에 의한 공무집행방해죄 등의 혐의로 파주경찰서에 고발했다. 또한 인구수보다 투표수가 많았던 파주을 지역구의 경우 중앙선관위의 전산 조작과 그에 따른 위조 투표지를 넣는 등의 행위가 있었다고 판단, 이러한 혐의에 대해 공전자기록변작 및 동행사죄 등의 혐의로 고발했다.

### "인쇄흑선(요고레)는 명백한 부정 증거"
### 오산, 투표용지 납품업체 대표조차 납득할 수 없는
### 인쇄 불량 투표지 쏟아져

[수촉특위 2호] 2023. 10. 4. 대검찰청

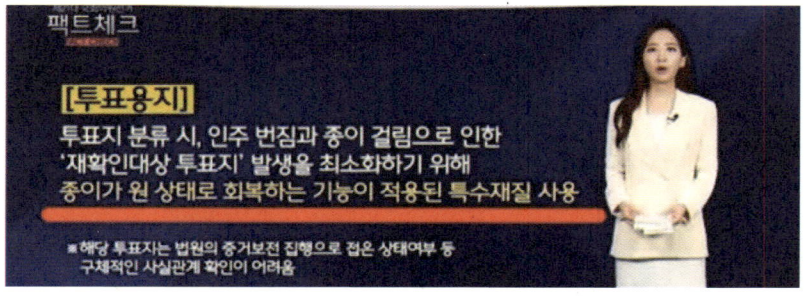

선관위의 투표용지 설명 자료. 현재는 삭제되었다.

2021년 10월 30일, 수원지방법원 대회의실에서 4·15총선 당시 더불어민주당 안민석 의원이 당선된 오산시 지역구의 투표지들에 대한 재검표가 이루어졌다. 해당 재검표장에서도 신권 돈다발 같은 빳빳한 투표지, 붙은 투표지, 좌우 여백이 다른 투표지, 투명 테이프로 붙여진 투표지 등 다른 재검표장에서 볼 수 있었던 이상 투표지들이 발견되었다.

또한 인쇄 자국인 흑색 실선(요고레)이 있는 당일투표지들이 다량으로 발견되었다. 당일투표지의 경우 엄격한 품질 검사를 통과해야 납품할 수 있다. 다량으로 인쇄할 때 인쇄기의 질이 좋지 않아 발생하는 흑색 실선(요고레)은 사실상 당일투표지에서 발견될 수 없다. 인쇄소에서 제본 작업에 쓰는 머리 풀이 붙어있거나 잉크 자국이 있는 투표지들은 급작스럽게 투표지를 위조하는 과정에서 만들어진 것으로서 투표지를 통째로 교체했다는 증거로 볼 수 있다.

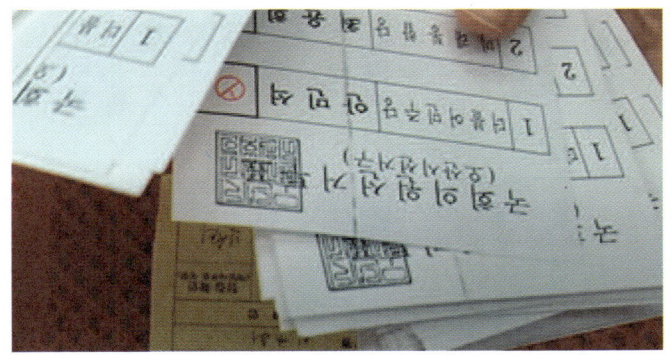

다량의 인쇄 불량 투표지

오산시 지역구의 경우, 4·15총선 당시에 사용된 기표인과 실제 재검표장에서 나온 기표인을 대조하기도 하였는데 재검표장에서 나온 투표지에 찍힌 기표인의 크기가 기존 기표인보다 컸으며, 유권자가 찍었다고 볼 수 없는 비정상적인 기표인이 나왔다.

이에 따라 수촉특위는 2023년 10월 4일, 선관위를 포함한 국가기관이 재검표를 위해 투표지를 교체한 부분에 대하여 특수절도죄와 공용서류무효죄, 가짜 투표지를 임의로 만든 부분에 대하여 투표지 위조죄, 위계로써 법원의 재판 업무를 방해한 부분에 대하여 위계에 의한 공무집행방해죄, 그리고 총체적인 증거인멸 등의 혐의로 대검찰청에 고발했다.

## "행정상 인구수보다 선거인수가 더 많아" 연수을,
## 행정상 100세 이상 인구 21명 통합선거인명부에는 30명

[수촉특위 3호] 2023. 10. 10. 대검찰청

| 인천광역시 연수구 | | | | | | | |
|---|---|---|---|---|---|---|---|
| 행정기관코드 | 2818563000 | 2818578000 | 2818579000 | 2818582000 | 2818583000 | 2818584000 | 2818585000 |
| 행정기관 | 옥련1동 | 동춘1동 | 동춘2동 | 송도1동 | 송도2동 | 송도3동 | 송도4동 계 |
| 남 인구수 | 10,049 | 12,874 | 9,408 | 18,089 | 18,000 | 23,759 | 19,516 111,695 |
| 연령구간인 | 10,049 | 12,874 | 9,408 | 18,089 | 18,000 | 23,759 | 19,516 111,695 |
| 100세 이상 | 0 | 3 | 1 | 0 | 0 | 0 | 0 4 |

| | 옥련1동 | 동춘1동 | 동춘2동 | 송도1동 | 송도2동 | 송도3동 | 송도4동 | 계 | 합계 |
|---|---|---|---|---|---|---|---|---|---|
| 여 인구수 | 10,178 | 13,297 | 9,774 | 18,548 | 18,716 | 24,540 | 19,863 | 114,916 | 226,611 |
| 연령구간인구수 | 10,178 | 13,297 | 9,774 | 18,548 | 18,716 | 24,540 | 19,863 | 114,916 | 226,611 |
| 100세 이상 | 3 | 9 | 1 | 1 | 1 | 0 | 2 | 17 | 21 |

**통합선거인명부 기준**

| 연령 | 생년 | 남 | 여 | 총합계 | 누적 |
|---|---|---|---|---|---|
| 117 | 1903 | | 1 | 1 | 1 |
| 115 | 1905 | | 1 | 1 | 2 |
| 113 | 1907 | 1 | | 1 | 3 |
| 109 | 1911 | 1 | 1 | 2 | 5 |
| 108 | 1912 | | 2 | 2 | 7 |
| 107 | 1913 | | 2 | 2 | 9 |
| 106 | 1914 | | 1 | 1 | 10 |
| 105 | 1915 | | 1 | 1 | 11 |
| 104 | 1916 | | 2 | 2 | 13 |
| 103 | 1917 | 1 | 2 | 3 | 16 |
| 101 | 1919 | 1 | 2 | 3 | 19 |
| 100 | 1920 | 3 | 8 | 11 | 30 |

인천 연수구 행정상 100세 이상 인구는 21명이지만, 통합선거인명부에서는 30명으로 나와있다.

 2023년 10월 10일, 국가정보원(이하 국정원)의 선관위에 대한 보안점검 결과 발표가 있었다. 국정원은 대통령 선거와 국회의원 선거 및 각종 위탁 선거 관리를 책임지는 중앙선거관리위원회의 투·개표시스템과 내부 전산망이 외부 해킹으로 사전투표 선거인명부 조작은 물론, 개표 분류 결과까지 바꿀 수 있음을 밝혔다.

 국정원은 이번 발표에서 지난 2020년 4·15총선에서 사용된 통합선거인명부 조작이나 해킹 기록은 발견하지 못했다고 했으나 4·15총선 선거무효소송 과정에서 소송대리인들이 선관위 측으로부터 받은 통합선거인명부에는 주민등록정보시스템과는 다른 명부가 있었음이 이미 드러났다. 인천 연수을 통합선거인명부에는 당시 기네스북에 등재된 세계 최연장자와 같은 나이의 여성이 있었다. 더구나 영등포을과 파주을 선거구의 선거인명부에서는 각각 1886년생, 1823년생이 있었다.

이에 따라 수촉특위는 2023년 10월 13일, 허위의 통합선거인명부를 작성한 행위에 대하여 허위공전자기록변작 및 동행사죄, 허위공문서 작성 및 동행사죄, 위계로써 투표 사무와 법원의 재판 업무를 방해한 부분에 대하여 위계에 의한 공무집행방해죄 혐의로 서울중앙지검에 고발했다.

## "보관장소 봉인 훼손과 이상 투표지는 투표함 교체 증거"
## 영등포을, 투표함 보관장소 출입문 봉인 훼손
[수촉특위 4호] 2023. 10. 11. 대검찰청

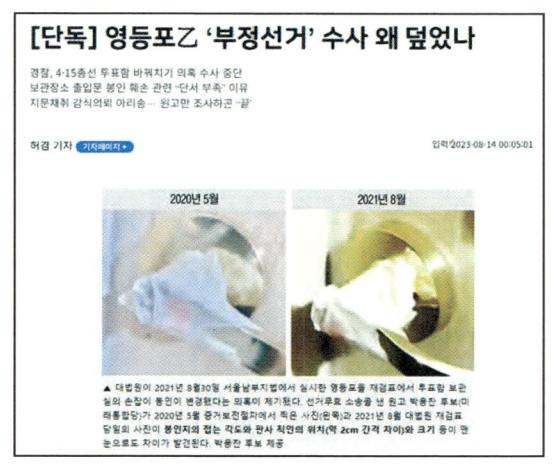

출처: 스카이데일리

2021년 8월 30일, 서울남부지방법원 411호에서 2020년 4월 15일 실시된 제21대 국회의원 선거의 영등포을 투표함에 대한 재검표가 있었다. 재검표 현장은 개시 전부터 봉인 훼손 문제로 소요가 일어났다. 증거보전절차 종료 후 봉인한 출입문 손잡이의 봉인지가 교체되어 있었으며, 봉인의 인영 위치가 달라져 있었기 때문이다.

재검표장에서는 신권 돈다발 같은 빳빳한 투표지, 기표인이 비정상적인 투표지, 붙어있는 투표지, 투명 테이프로 붙은 투표지 등 이상 투표지들이 다량 발견되었다. 특히 한 번도 접은 흔적이 없는 빳빳한 투표지에 관하여 선관위는 '원상태로 회복이 가능한 특수 재질의 종이'를 사용했다고 설명하고 있다. 또한 영등포을에서도 오산시에서와 마찬가지로 인쇄 자국인 흑색 실선(요고레)이 있는 당일투표지들이 발견되었다.

투·개표록에는 당일투표지 인쇄 상태가 잘못된 투표지들을 교부했다거나 개표장에서 이러한 투표지들을 목격했다는 기록이 전혀 없다. 다른 건과 마찬가지로 재검표장에서만 발견되었다. 투표와 개표를 거친 투표지에 불량 인쇄 자국이 균일하게 분포된 것은 결국 재검표를 위해 영등포을 선관위 직원들과 중앙선관위 직원들이 파주을 선거구와 같이 투표함을 바꿔치기했음을 의미한다.

이에 따라 수촉특위는 2023년 10월 11일, 선관위를 비롯한 국가기관이 재검표를 위해 투표지를 교체한 부분에 대하여 특수절도죄와 공용서류무효죄, 가짜 투표지를 임의로 만든 부분에 대하여 투표지 위조죄, 위계로써 법원의 재판 업무를 방해한 부분에 대하여 위계에 의한 공무집행방해죄, 그리고 총체적인 증거인멸 등의 혐의로 대검찰청에 고발했다.

## "국정원 보안점검 브리핑에 대한 중앙선관위 보도자료는 허위공문서"
## 선관위, 선거시스템 해킹 가능성이
## 부정선거 가능성으로 이어지는 것은 아니라고 주장

[수촉특위 5호] 2023. 10. 12. 중앙지방검찰청

2023년 10월 10일, 백종욱 국가정보원 제3차장은 브리핑을 통해 2023년 7월 17일부터 9월 22일까지 선관위 전산망의 보안점검을 한 결과, 선거인명부 및 사전투표를 비롯한 투표 시스템과 개표 결과 조작이 가능한 상태이며 투표지분류기 무선 연결이 가능하고, 외부망을 통해 내부망에 침입할 수 있고, 보안을 위한 비밀번호도 단순하게 설정돼 있었고, 암호화되지 않은 중요 정보를 통해 주요 서버에 침투할 수 있을 뿐만 아니라, 개인정보 다량 유출 위험성이 크다고 밝혔다.

## 국정원 보안점검결과 브리핑 요약

[투표시스템]
1. 선거인 명부 조작 가능함
2. 사전투표용지 무단으로 인쇄 가능
3. 온라인투표에서 대리 투표 가능
4. 사전투표소에 비인가 PC 접속 가능
5. 선상투표결과 개인정보 열람 가능

[개표시스템]
1. 해커가 개표 결과값을 변경할 수 있음
2. 투표지 분류기는 비인가 USB를 무단으로 연결 가능하고 이를 통해 투표 분류 결과값 변경 가능함
3. 투표지 분류기는 무선 통신 장비 연결 가능함

[시스템 관리]
1. 망 분리 보안이 미흡. 외부방에서 내부중요망(업무망·선거망)에 침입할 수 있음
2. 단순한 패스워드 관리로 손쉽게 시스템 침투가 쉬움

3. 시스템 접속 패스워드 및 개인정보 등중요정보를 암호화하여 관리해야 하나, 평문으로 저장하고 있어 주요서버 침투에 활용될 수 있을 뿐만 아니라 개인정보 다량 유출 위험가능성이 높음

이러한 국정원의 보안점검 결과에 대해 중앙선거관리위원회는 같은 날 보도자료를 내며 아래와 같은 허위 사실을 기재했다.

1. 투표관리관이 개인 도장(사인)을 찍는다.
→ 사전투표는 인쇄되어 나오고 당일투표의 도장은 선관위로부터 부여받은 후 회수된다.
2. 북한 해킹으로 인한 선거 시스템 침해 없었다.
→ 2021년 4월 '김수키' 조직에 의해 대외비 업무 자료가 유출되었다.
3. 내부 조력자 없이 부정선거 불가능하다.
→ 외부에서 선거망 접속이 가능하여 내부 전산망의 조종이 가능한 상태이다. '12345'와 같이 단순한 비밀번호를 암호화하지도 않고 저장해 두었다.
4. 통합선거인명부 데이터 위변조 어렵다.
→ '통합선거인명부 시스템'은 인터넷을 통해 침투할 수 있고, 접속 권한 및 계정 관리가 부실해 해킹이 가능한 것으로 확인되었다.

또한 국정원은 브리핑을 통해 중앙선관위가 2020년 총선 로그 기록 등 전산 자료 및 백업 자료까지 삭제했음을 밝혔다. 이는 전산 기록 등 손괴죄에 해당할 뿐만 아니라, 증거인멸죄에 해당한다. 이에 수촉특위는 2023년 10월 12일, 중앙선거관리위원회 공보과 직원들 및 전산 담당 직원들을 허위공문서작성 및 동행사죄, 전산기록 등 손괴 그리고 증거인멸죄로 서울중앙지방검찰청에 고발했다.

## "국내법상 사전투표 출구조사 불가능" 수상한 방송 3사의 여론조사
[수촉특위 6호] 2023. 10. 12. 대검찰청

2020년 4월 15일 총선 당시 방송 3사(KBS, SBS, MBC)는 공동 예측 출구조사 결과에서 당일투표를 마친 42만 5,000여 명으로부터 얻은 결과치를 토대로 총선 결과를 예측했다. KBS는 더불어민주당 155~178석, 미래통합당 107~130석, MBC는 더불어민주당 153~170석, 미래통합당 116~133석, SBS는 더불어민주당 154~177석, 미래통합당 107~131석을 받을 것이라 밝혔다. 그러나 실제 당일투표를 기준으로 하면 더불어민주당은 50.69%, 미래통합당은 49.31%로 양당 간 격차는 불과 1.38%밖에 차이 나지 않으며, 실제 의석수에서는 미래통합당 124석, 더불어민주당 123석으로 오히려 미래통합당이 더 많이 득표하였다.

우편투표와 선거일 당일투표 의석수 비교

그러나 4·15총선은 정확한 투표 결과값을 예측할 수 없을 만큼 사전투표와 당일투표의 결과가 극명하게 갈렸다. 출구 결과는 투표일 당일투표를 마치고 나오는 사람들을 대상으로 누구에게 투표했는가를 조사해서 통계를 내는 것이 원칙이다. 현재 국내법상 사전투표에서는 출구조사를 할 수 없고, 당일투표에서만 출구조사를 할 수 있다. 그러나 방송 3사가 발표한 출구조사 결과는 출구조사를 할 수 없는 사전투표 결과까지 예측한 셈이다.

방송 3사와 여론조사 기관의 담당 직원들이 의도적으로 '제21대 총선 출구조사' 사안에 대하여 여당이 압승할 것을 알고 조작 값을 넣는 등의 방법으로 출구조사를 했거나, 출구조사를 하지 않고도 본인들이 정해놓은 결과값을 반영한 것이다.

이에 따라 수축특위는 2023년 10월 12일, 방송 3사와 여론조사 기관의 신뢰도를 높이고자 출구조사 결과값을 조작한 것에 대하여 업무방해죄 및 사기의 혐의로 서울중앙지방검찰청에 고발했다.

## "통합 선거인 명부 조작 있다"
## 강서구청장 보궐선거부정선거 혐의 짙어
[수촉특위 7호] 2023. 10. 16.

지난 2023년 10월 11일, 강서구청장 보궐선거가 있었다. 국민의힘 김태우 후보와 더불어민주당 진교훈 후보가 출마하였고 개표 결과 진교훈 후보가 사전투표 선거구 20곳 모두에서 압도적으로 승리하며 당선되었다. 당일투표에서는 대부분의 투표소에서 결과가 엎치락뒤치락했던 것과는 달리 사전투표에서만 65.7%:30.6%라는 비율로 더불어민주당 후보가 압승하는 것은 통계학적으로 불가능한 일이다.

이번 강서구청장 보궐선거에서도 국정원이 지적한 통합선거인명부 조작이 있었음이 드러났다. 행안부에 따르면 2023년 9월 기준 18세 이상 인구 수는 499,359명이나, 선거인 수는 500,603명으로 1,244명이 더 많았다. 강서구 가양2동 인구가 13,520명인데, 선거인 수는 60명이나 많은 13,580명이었다. 가양3동의 경우 인구는 14,232명인데, 선거인 수는 13,612명이었다. 선거권이 없는 18세 미만의 인구를 고려했을 때 비정상적인 수치이다.

인천 연수을, 영등포을, 파주을, 오산 등 4·15총선 선거무효소송에서 확보한 통합선거인명부에도 1800년대 출생자 수가 상당히 많았다. 통합선거인명부와 주민등록 정보시스템상의 수치와도 일치하지 않는다. 선관위는 관련 전산 자료를 삭제했으나 부정선거를 밝히기 위해 활동하는 시민들이 그 증거를 확보한 상태다.

특히 이번 보궐선거에서는 관외사전투표가 없어 외부에서 정확한 인원 체크가 가능했다. 선관위가 제출한 시간별 투표 인원(시간별 실제 투표하러 온 인원수)과 외부에서 계수한 인원에는 대략 200명의 차이가 있었다. 실제 발산1동에서는 사전투표 첫째 날 부정선거부패방지대(이하 부방대) 감시원이 계수한 수치(약 2,500명)와 선관위 투표사무원이 발표한 수치(약 2,800명)가 달라 이를 항의했고 그다음 날 선관위가 투표자 수를 정정하는 일이 있었다.

이번 국정원 보안점검 발표 시점과 맞물려 국정감사에서도 본인확인기의 오류율이 10% 이상인 점이 밝혀졌다. 지난 각종 선거에서 중복 투표가 있었다는 제보를 미루어 보아 불량 본인확인기가 부정선거에 이용되었다고 판단된다.

공직선거관리규칙 제72조(투표함의 규격 및 투표용지 발급기의 송부 등)
① 법 제151조에 따른 투표함의 규격은 별표 2에 따른다.

[별표 2]

1. 철제 또는 알루미늄제
2. 제1호의 자재외에 중앙선관위가 선거시마다 정하는 자재로 제1호의 규격에 준하여 만드는 투표함(주: 투표함에는 그 앞면에 해당 투표구의 명칭 및 해당 투표함의 관리번호를 표시한다.)
3. 동시선거에 있어서 2개 이상의 선거를 대상으로 1개의 투표함을 사용하는 경우에는 중앙선관위가 선거를 실시하는 때마다 투표함의 자재와 규격을 달리하여 정할 수 있다.

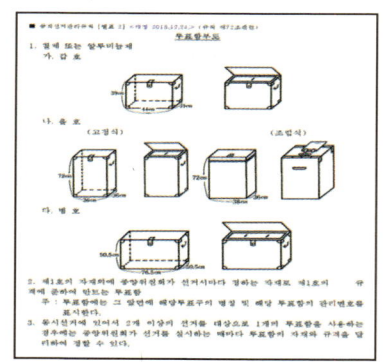

또한 공직선거관리규칙상 사전투표함은 철제 또는 알루미늄제여야 하지만 강서구청장 보궐선거에서 행낭식 사전투표함이 사용되었고, 뚜껑과 행낭 사이에 봉인이 안 되어 있었던 점도 밝혀졌다.

이에 수축특위는 2023년 10월 16일, 사전투표수와 인구수를 조작한 혐의를 받는 중앙선거관리위원회와 강서구 선거관리위원회의 공무원들에 대해 공전자기록변작 및 동행사죄, 허위공문서작성 및 동행사죄, 위계공무집행방해죄, 직무유기 및 직권남용 혐의로, 본인확인기 사업자와 관계 공무원에 대해서는 업무상 배임죄, 직무유기 및 직권남용 혐의로, 행낭식 사전투표함을 사용한 선관위 공무원들에 대해 직무유기 및 직권남용 혐의로 서울중앙지방검찰청에 고발했다.

## "전자개표기 혼표 발생은 전국적 현상"
## 투표지분류기에 무선통신 접속은 불가능하다는 선관위 해명은 거짓
[수축특위 8호] 2023. 10. 31.

국정원과 한국인터넷진흥원의 선관위에 대한 보안점검 결과를 통해 한국산 전자개표기는 외부 장치 연결 및 무선통신이 가능하고 투개표 결과를 바꿀 수 있는 심각한 문제가 있음이 드러났다. 그러나 선관위는 전자개표기를 투표지분류기라고 개명하고 단순한 분류 기능만 할 뿐이라고 거짓 해명했다. 이미 지난 4·15총선 이후 전자개표기 조작 증거는 서울, 경기, 인천, 충남 등 전국 곳곳에서 드러났다. 여러 개표소에서 혼표가 발생했고, 사전투표용지 발급수와 실제 개표수가 맞지 않는 곳도 다수 있었다.

이에 수축특위는 2023년 11월 1일, 전자개표기 공급자 '한틀시스템'의 관련 사업자 윤 모씨 및 조해주, 김세환, 박찬진 등 선관위 직원을 공직선거법위반, 위계공무집행방해, 허위공문서작성 및 동행사 혐의로 서울중앙지방검찰청에 고발했다. 또한 국정원의 합동 보안 점검팀이 31개의 평가 항목을 기준으로 평가한 결과 100점 만점에 31.5점에 불과했지만, 선관위는 2022년 동일한 항목으로 자체 평가를 진행해 국정원에 100점 만점을 제출하였다. 따라서 선관위 담당 직원을 허위공문서작성 및 동행사, 위계공무집행방해, 직무유기 등의 혐의로 고발했다.

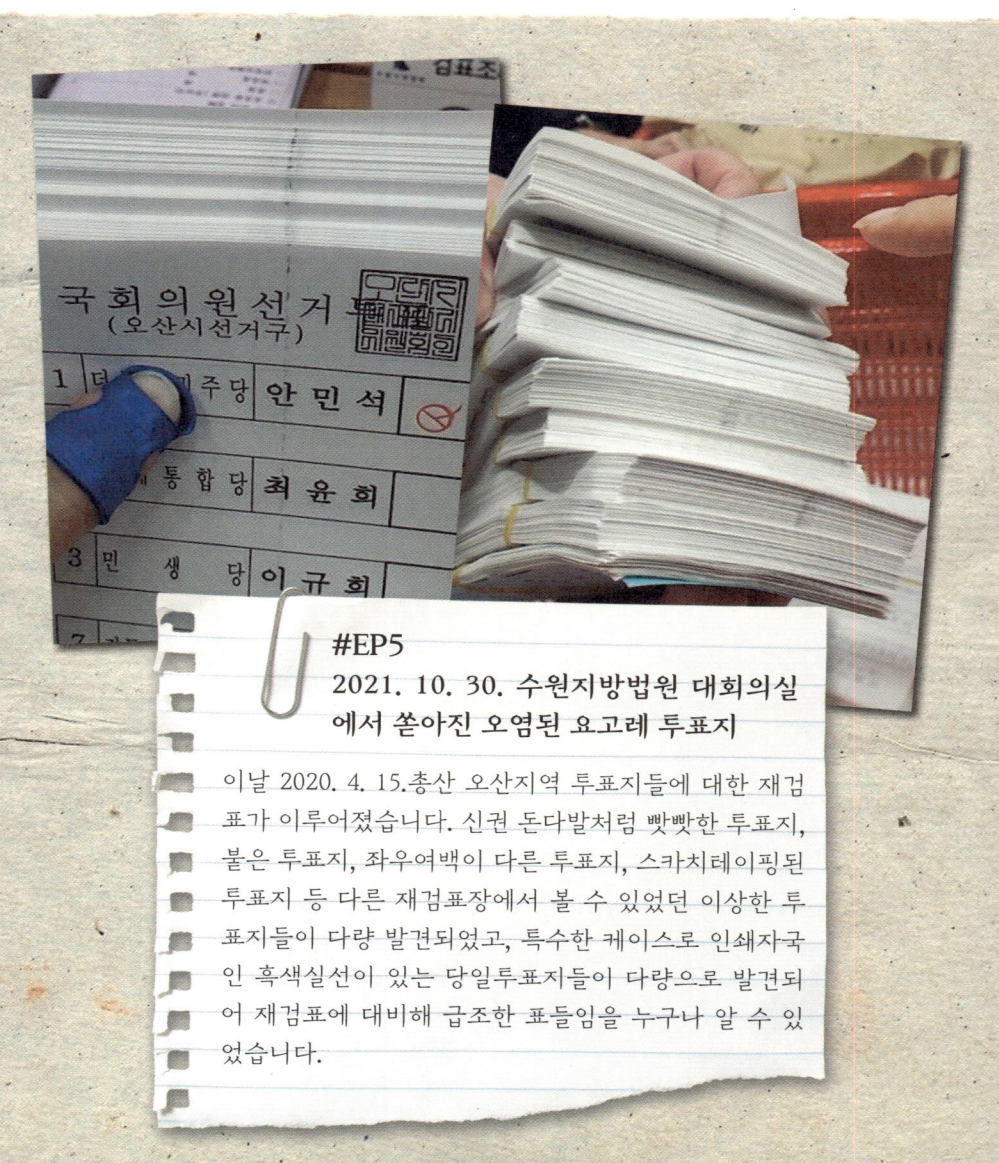

#EP5
2021. 10. 30. 수원지방법원 대회의실에서 쏟아진 오염된 요고레 투표지

이날 2020. 4. 15.총산 오산지역 투표지들에 대한 재검표가 이루어졌습니다. 신권 돈다발처럼 빳빳한 투표지, 붙은 투표지, 좌우여백이 다른 투표지, 스카치테이핑된 투표지 등 다른 재검표장에서 볼 수 있었던 이상한 투표지들이 다량 발견되었고, 특수한 케이스로 인쇄자국인 흑색실선이 있는 당일투표지들이 다량으로 발견되어 재검표에 대비해 급조한 표들임을 누구나 알 수 있었습니다.

**2023년 9월 27일**

# 부정선거가 밝혀지는 그날까지
## 권오용 수촉특위 공동위원장 인터뷰

QR코드를 스캔하시면
해당 영상을 시청하실 수 있습니다.

**편집자주** 중앙선거관리위원회의 투·개표 시스템이 사이버 보안에 취약하다는 국정원의 발표 이후 지난 4·15 부정선거를 수사하라는 목소리가 커지고 있습니다. 이에 부정선거 수사촉구 특별위원회의 위원장을 맡은 권오용 변호사와 김미영 VON 뉴스 대표의 대담을 정리합니다. 〈VON 인터뷰〉 "검사 출신 변호사가 본 충격적인 재검표 현장 – 위조 투표지는 위조 지폐보다 무섭다"(2023.09.27.) 영상에서 전체 내용을 시청하실 수 있습니다.

**김미영(이하 김):** 지난 4·15총선 인천 연수을 선거무효소송 법률대리인이자 부정선거 수사촉구 특별위원회의 공동위원장을 맡고 계시는 권오용 변호사님 모셨습니다. 우리나라가 전반적으로 모든 영역에서 제도의 '엄격함'

이 무너진 것 같습니다. 그 절정이 부정선거입니다. (사)법치와자유민주주의연대에서 부정선거 수사촉구 특별위원회(수촉특위)를 발족했고 형사 고발이 시작되었습니다. 권 변호사님께서는 수촉특위의 공동위원장으로 수고해 주고 계십니다.

**권오용(이하 권):** 수많은 부정선거의 물증들 그리고 선거 재판 과정에서 보여주었던 범죄 행위에 해당될 수 있는 법원 또는 법관들의 태도를 직접 목격했습니다. 관련 증거들도 수집해 놓았습니다. 이런 저의 경험을 토대로 앞으로 수사 기관에 고발할 계획입니다. 저는 진행되는 일련의 모든 과정을 역사의 기록으로 남겨야 한다고 생각합니다.

**김:** 만약 재검표 현장에 변호사가 아닌 검사 입장으로 있었다면 어떤 느낌이었을 것 같으신가요?

**권:** 검사든 판사든, 심지어 선관위 공무원들까지도 현장과 증거를 보고 가만히 있을 사람은 없을 것이라고 생각합니다. 그들도 대한민국 국민이기 때문입니다. 우리가 지켜오고 믿어왔던 법질서가 모두 다 무너진 범죄 현장을 보고도 묵인하는 것은 국민의 도리가 아니라고 생각합니다. 그것은 인간의 도리도 아닙니다.

**김:** 4·15총선이 3년 정도 지났지만 선거 데이터 속에 남겨진 해커의 지문, [follow_the_party]를 이해하는 사람들이 많지 않습니다. 저는 [follow_the_party]의 로직을 사건 초기에 파악하고 이상 투표지가 쏟아질 것을 예상했습니다. 재검표 현장에 계셨던 변호사님의 소회가 궁금합니다. 투표함을 열었을 때 어떠셨습니까?

권: 2021년 6월 28일 인천지방법원 5층 회의실에서 재검표를 진행했습니다. 사전투표 결과는 조작되었다는 확신이 있었기 때문에 위조된 투표지를 찾으려는 마음으로 갔었는데 1년 이상 보관되어 있었던 투표함 박스를 여는 순간 투표지가 너무나 깨끗해서 새로운 용지처럼 보였습니다.

투표함을 제출한 사람들은 자타공인 '헌법기관'이라는 선거관리위원회(이하 선관위)의 공직 공무원들이고, 해당 재판은 대법관들이 직접 나와서 진행하는 재판이었기에 투표지를 완전히 바꿔치기해서 제출할 것이라고는 상상도 못 했습니다. 그런데 사전투표지를 보니 접힌 흔적도 없을뿐더러 100장씩 다발로 묶여 있었습니다.

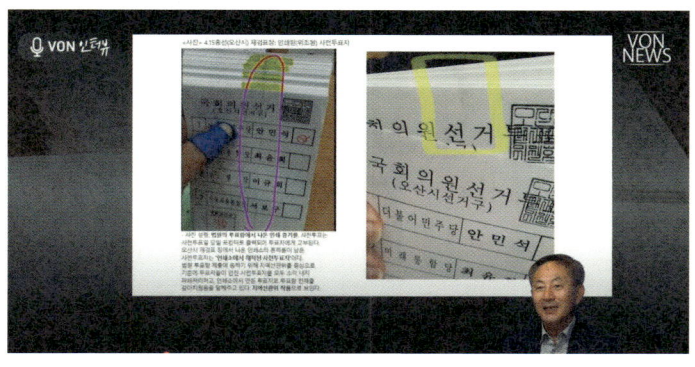

당시 참석하신 인쇄 전문가 한 분과 투표지들을 보고 프린트된 것 같다는 대화를 나눴습니다. 사전투표지는 프린터에서 한 장씩 출력되어 나오는데 재검표 투표함에서 나온 투표지들은 전부 한꺼번에 인쇄되어 만들어진 것 같았습니다. 현장에 함께 있었던 한 분이 '만약 인쇄되었다면 QR코드는 어떻게 된 것인가'를 궁금해하셨습니다. 제가 연구 보고서를 인쇄해 본 경험이 있는데, QR코드를 자동으로 생성하여 인쇄물에 하나씩 적용할 수 있는 기술은 이미 전부터 있었습니다.

더구나 정규 투표용지는 백색입니다. 재검표 당시 투표함에서 꺼낸 투표지들은 베이지색이었습니다. 접힌 자국이 전혀 없는 투표지도 많았는데 이에 대해 대법관들에게 항의하니 대답을 회피했던 것으로 기억합니다. 재검표는 주로 부장판사 또는 대법원의 재판 연구원이 증거들을 확인합니다. 그중 판사 한 분이 투표지를 위로 들고 조명에 투표지를 비춰 보면서 어떤 자국이나 접은 흔적이 없는 것에 본인도 당황스러운 표정을 지었습니다. 아마도 당시 재검표에 참여했던 법관들이나 법원 공무원들은 4·15총선이 부정선거였음을 인식했을 것입니다.

**김**: 다큐멘터리 《왜(歪): 더 카르텔》은 부정선거를 밝히기 위해 애쓰는 우리를 비아냥거린 이준석, 하태경 같은 사람들을 고발했습니다. 특히 대표적인 보수 언론인 조갑제, 정규재 같은 분들의 논리는 위대한 대한민국의 국가기관이 그런 범죄를 할 리가 없다는 주장이었습니다. 대한민국의 제도에 대한 무조건적인 신뢰가 느껴졌는데 전직 검사로서 공감하시는지요?

**권**: 2020년 5월 10일 국회에서 부정선거를 알리는 기자회견이 있었는데 당시 구리시 개표장 참관인이었던 이종원 씨가 사용하지 않은 투표지 6장을 민경욱 의원께 전달했었습니다. 이것을 빌미로 선관위는 민경욱 전 의원과 성명불상의 절도범을 고발했고 해당 사건을 의정부 지검에서 담당해 조사를 맡았습니다.
선관위는 당시 참관인이었던 이종원 씨가 투표지 보관 장소에 들어가서 투표지가 들어있던 가방을 열고 봉투를 찢어 투표지를 '절도'했다며 고발했는데 사실 이종원 씨는 누군가 전달해 준 투표지를 받은 것입니다. 그 투표지는 사람의 손을 타지 않은 듯한 투표지였고 그래서 개표장에 이런 투표지가 들어온 것에 대해 문제를 제기하기 위해 민경욱 전 의원님께 제공했던 것입니다.
제가 이종원 씨 변론을 맡았습니다. 항소심 당시 이 씨가 찢었다는 그 봉투의 사진을 봤는데 불에 탄 상태였습니다. 당시 대검찰청 포렌식 센터는 투표지와 봉투를 가져와 DNA 검사를 했는데 불에 탄 봉투에서 이종원 씨의 DNA가 세 군데에서 발견되었다는 결과가 나왔습니다. 이종원 씨가 봉투를 찢고 만졌다는 DNA 증거가 나왔다는 것입니다. 그런데 대검 포렌식 센터에 불이 난 시점이 5월 19일이었고 이종원 씨는 검찰에 5월 말에 출석했었습니다. DNA는 세포 조직입니다. 땀이나 침은 물이 많아 세포 조직이 거의 없습니다. 봉투에 이종원 씨의 살점이 떨어졌을 리도 없고 혈액이 튀었을 리도 없는데, 심지어 불에 탄 봉투에서 DNA를 찾았다고 한 것입니다.

항소심에서 원본 봉투를 제공해 주기를 요청했지만 원본은 못 가지고 온다면서 똑같은 크기의 다른 봉투를 가져왔고 그렇게 재판은 허무하게 끝났습니다. 대검 포렌식 센터에 불이 났다면 불을 끄기 위해 소화기도 사용했을 텐데, 불에 탄 흔적이 있는 봉투를 가지고 와서 DNA를 찾았다며 결국 유죄 판결을 선고했던 것입니다. 저는 검사 출신이기 때문에 검사들과 검찰청을 믿었습니다. 그러나 이 사건은 부정선거 재판 과정에서 검찰에 대한 신뢰가 무너진 사건이었습니다.

**김:** 이렇게 허술한 재판 때문에 공익 제보자 이종원 씨는 실형을 살았습니다. 더 이상 부정선거 사건을 건드리지 말라고 겁을 주기 위해 한 사람을 무조건 감옥에 넣은 것이 아닌가 하는 생각이 들 정도입니다.

**권:** 이종원 씨는 1심에서 2년 6개월 선고받았고 2심에서 1년 6개월로 감형되었습니다. 원래는 이종원 씨가 아니라 민경욱 의원을 타겟으로 했을 겁니다. 부정선거를 규명하는 인물 중 가장 영향력 있는 민 의원을 소위 범죄자로 '엮기 위해' 수사했고 이종원 씨를 절도범으로 몰았던 것이라 생각합니다. 제가 민경욱 의원과 함께 의정부 지검에 조사를 받으러 간 날이 민 의원께서 [follow_the_party]를 공개한 날이었어요. 당시 민 의원께서 [follow_the_party]에 대해 설명하셨는데 잘 이해하진 못했습니다.

**김:** 그날 민경욱 의원께서 [follow_the_party]를 공개하는 바람에 오히려 신변이 안전해진 것이 아닐까 생각합니다. 범죄자들은 부정선거 사실을 들켰고, 이를 덮기 위해 무고한 사람을 감옥에 집어넣었으며, 여전히 엄청난 권력으로 사람들의 목을 죄고 있습니다. 권 변호사님께서는 스스로 왜 이런 거대한 사건에서 역할을 하고 있다고 생각하십니까?

**권:** 제가 인천지검 공안부에서 검사 생활을 할 때 대우자동차 노조를 압수수색 한 적이 있습니다. 당시 민주노총은 불법노조였습니다. 압수수색을 하면서 민노총이 합법노조의 모습을 갖춘 후 진보 정당을 만들 것이라는 장기 계획이 있다는 것을 알게 됐습니다. 대한민국을 사회주의 국가로 만들기 위한 장기적인 전략이 있던 것입니다. 이 내용을 정리해서 당시 검사장께 보고했지만 별다른 반응이 없었습니다. 돌아보면 한때 노동 운동하던 사람들이 지금 정치권에 다 들어와 있고, 사회주의 국가 건설이라는 그들의 장기적인 목표대로 이런 지경까지 이르렀다고 생각합니다. 4·15 부정선

거는 마지막으로 그들이 저지른 악행이라 생각합니다.

**김**: 4·15 부정선거의 핵심은 전국 253개 선거구 전체의 사전투표율을 10% 이상 올려서 더불어민주당 득표율을 일괄적으로 올렸다는 것입니다. 원래 대전 유성구 을은 김소연 후보보다 이상민 후보가 유리한 지역입니다. 부정선거가 필요 없는 지역이지만 '일괄적으로' 사전투표율을 올렸기 때문에 전국이 다 부정선거를 하게 된 상황입니다.

더불어민주당은 지난 4·15총선에서 전국 253개 지역구 전체에 후보를 냈을 뿐만 아니라 몇 군데를 제외한 대부분의 지역구에서 15% 이상 득표하는 결과를 냈습니다. 다시 말해, 지금 어느 지역구를 열어도 전부 이상 투표지가 나올 수밖에 없습니다. 이 정도 수준까지 밝혀졌는데 지금까지 재검표도 제대로 하지 못하고 있는 것은 고명한 우파 또는 제도권에 있는 여러 보수 인사들 때문입니다. 특히 비례대표 투표지를 열어보지 못한 것이 굉장히 안타깝습니다.

**권**: 기독자유통일당에서 비례대표 투표지 보전 처분을 했었는데 반환했습니다. 48cm나 되는 비례대표 투표지는 너무 길기 때문에 접을 수밖에 없습니다. 만일 비례대표 투표함을 열었는데 빳빳한 투표지가 나왔다면 그 자체가 조작의 증거이고, 접혀있다면 검증기일에 우리가 목격했던 투표지와 구분될 수 있었을 겁니다.

**김**: 기독자유통일당 측은 비례대표 투표함은 왜 열지 않았는지, 국민의힘은 부정선거에 대해 왜 다 침묵하는 것인지 궁금합니다. 지금 대한민국은 대혼돈의 시대를 걷고 있습니다. 선관위가 매우 공정한 기관이라고 여겨졌는데 가족 채용 비리로 그렇지 않았음이 드러났습니다. 부정선거를 규명하는 일에서 많은 사람들이 떠나갔지만, 권오용 변호사님께서 굳건히 자리를

지켜주고 계셔서 든든합니다. 앞으로 수촉특위가 어떤 활동을 하게 될지 여쭤봅니다.

**권:** 자신들이 말하는 대로 '헌법기관'인 선관위는 국가 예산으로 운영되지만 자신들의 은밀한 것은 모두 감추고 있습니다. 언론 또한 우리가 상대하기에는 너무 거대합니다. 수촉특위에 후원해 주신 분들은 굉장한 재벌도 아니고, 나라를 사랑하는 평범한 국민들입니다. 투명한 선거시스템을 회복해야 한국의 일반 국민들도 살아갈 수 있습니다. 선거관리와 사법부는 아주 밀접하게 연결되어 있어서 선관위와 사법부의 개혁이 반드시 같이 이루어져야 합니다.

**김:** 부정선거 문제가 해결될 때까지 함께하실 것 같아서 든든합니다. 사실상 수촉특위의 가장 맏어른이신 권 변호사님, 앞으로 응원하겠습니다.

**2023년 12월 3일**

# 로이킴과 후사장
『해커의 지문 발견기』 서문

김미영

『해커의 지문』을 발간한 지 2년 만에 『해커의 지문 발견기: 나는 어떻게 [follow_the_party]를 발견하였나』를 펴내게 되었다. 『해커의 지문』 발간 당시 핵심 집필자인 장영후 프로그래머(이하 처음에 불러주도록 요청했던 후사장으로 부른다.)와 작업하면서 내내 아쉬워했던 것은 로이킴은 어떻게 [follow_the_party]를 발견했는지 밝혀 두지 못한 것이었다. 이 질문에 대한 후사장의 대답은 "그것은 자연과학의 영역이라고 생각합니다. 저는 공학의 관점에서 검증할 수 있을 뿐입니다."였다. 그가 자연과학이라고 한 것은 정확하게 수학을 의미하는 것 같지 않았다. 내 관점에서 후사장은 컴퓨터가 수행한 결과 데이터를 보고 알고리즘을 읽어내는 비전문가의 '정신의 능력'을 자연과학으로 표현하는 것으로 보였다.

지난 3년 반, 나는 '로이킴'과 '후사장'이라는 두 인물과 많은 대화를 나누었다. 나는 이렇게 주고 받는 말들을 '대화'라고 표현하는 것이 맞는지도

가끔 생각해 보게 된다. 이 대화는 '공감과 소통'의 세계와는 조금 다른 것이었다. 문학과 철학, 그리고 법학의 테두리에서 크게 벗어나 있지 않았던 나의 독서 경험과 교우관계에서 보면 두 사람은 매우 낯선 계보에 속했다. 또 한 가지 특징은 그들은 학위과정을 밟아서 연구를 하거나 가르치는 직업에 속해 있지 않았다. 나의 인간관계란 대개 생활세계보다 조금 추상적인 쪽에 속해 있었다고 할까, 어쨌든 기업에서 아주 구체적이고 기능적인 일을 해온 사람들과 책을 쓰고 만드는 작업을 하는 것은 쉬운 일이 아니었다. 자연과학과 공학, 그리고 인문학의 만남이었다. 선관위 발표 데이터 속에서 암호문자를 찾아내고 검증하고, 또 세상에 알리는 이 작업은 진정한 '융합 학문'의 세계였다.

로이킴(Roy Kim)은 유학할 때 쓰던 이름이라고 한다. 실명도 널리 알려져 있지만 굳이 이 이름을 쓰는 것은 실명이 더 알려지는 것이 실생활에 이로울 것이 없다고 그는 생각한다. 그의 이력을 자세히 살펴보면 미국에서 회계학을 공부했고, 한국에서는 몇 가지 사업을 했다. 아이들을 키우는 아버지고 그 사이 40대가 되었다. 처음 [follow_the_party]를 세상에 알렸을 때는 아직 30대였다. 이 발표 이후 사람들이 자신을 향해 돌팔매질을 해대는 것에 조금 마음의 상처를 입었다고 한다. 특히 공인이라고 할 수 있는 사람들이 전화 한 통화를 해서 물어보는 노력도 없이 '괴담꾼' '사기꾼' 등등의 욕설을 던진 것에 대해 여러 가지 생각이 많은 쪽이었다.

후사장은 한국에서 대학을 나왔고, 화학공학을 전공하여 정유 분야의 프로그래머로 오랫동안 일한 뒤 사업체를 운영하는 사람이다. 그는 특히 석유의 여러 성분을 적절하게 조절하여 상품성 있는 가솔린을 만들어내는 일을 오래 했다. 그는 한 치의 오차도 허용 않는 정밀하고 민감한 분야의 종사자였다. 그가 우리에게 처음 연락을 취해온 것은 로이킴의 [follow_the_party] 발견에 있어 데이터가 불확실한 점이 보인다는 제보를 위해서였다.

처음 만난 이후 세 사람이 같이 만나 밥 한 끼, 차 한 잔 나눈 적도 없다.

나는 분명 로이킴, 후사장과 두 권의 책을 집필하고 만드는 데 관여했지만 진정한 의미에서 교류라는 것을 갖지 못했다. 로이킴과의 전화통화는 언제나 손님이 물건을 계산할 때 바코드나 QR코드를 찍는 소리와 함께였고, 후사장은 자신의 사업으로 짬을 내기 어려워 전화통화조차 어려울 때가 많았다.

그럼에도 그들이 보내오는 분석 데이터는 놀랍도록 치밀했다. 두 사람은 마치 다른 끝에서 시작해온 서서히 다가오는 듯했는데 처음에는 멀어서 잘 안들린다는 듯한 표정이다가 조금씩 들린다, 알겠다로 바뀌어갔다. 나는 중간쯤에 서서 잘 안 들리는 부분의 말을 들어 전달하는 역할 같은 것을 하면서 『해커의 지문』을 정리했다. 그리고 만 2년 만에 『해커의 지문 발견기』를 다시 펴내는 것은 『해커의 지문』에는 로이킴이 어떻게 이 암호문자를 발견했는지에 대해서는 자세한 설명이 생략되어 있기 때문이다.

당시에도 이 부분을 채워넣기 위해 노력을 많이 기울였으나, 후사장은 자신이 알 수 없는 내용이라고 했고, 로이킴은 잘 설명할 수 없다고 했다. 후사장은 초정밀 공업 분야에서 종사해온 전문가답게 오차 가능성이 높거나, 어림짐작하는 내용은 말할 수 없다는 입장이었다. 로이킴 역시 발견자의 입장이었을 뿐 자신이 무엇을 정확히 어떻게 발견해냈는지 모를 뿐 아니라 발견의 과정에서 여러 가지 시행착오가 있었다는 것이다. 로이킴이 본문에서 설명하듯 갯벌에 문어잡으러 들어갔다가 금괴를 찾아낸 형국이라면 한 동안 금괴를 두드리며 문어는 아니지만 거대한 갑각류의 등이라고 생각하는 식이었다.

처음 세상에 [follow_the_party]가 나온 지 1년 반 만에 『해커의 지문』을 내고, 다시 3년 반 만에 『해커의 지문 발견기』를 내면서 중간쯤에 서 있었던 나는 서쪽 끝에서 걸어 들어오는 로이킴과 동쪽 끝에서 걸어 들어오는 후사장의 목소리를, 서로보다는 좀 더 잘 들을 수 있었던 게 아닌가 한다. 내게는 로이킴의 추리력이 없고, 후사장의 분석력이 없지만 각자에게 조금 더 가까운 거리에 있었다. 조금 더 잘 들리는 자리였다.

로이킴은 발견자지만, 후사장이 없었다면 자신이 발견한 것이 무엇인지 끝까지 이해하기 어려웠을지도 모른다. 인류의 과학발전의 역사에서 발견자가 자신이 발견한 것의 향유자가 된 예는 많지 않았다. 우리가 일상 생활에서 아주 흔히 사용하는 스티로폼(Styrofoam), 즉 발포폴리스티렌(Expanded Polystyrene)을 발견한 사람은 1839년 독일의 약종상 에두아르드 시몬(Eduard Simon, 1789~1856)이다. 그는 자신이 무엇을 발견했는지 몰랐다. 이것의 실체를 파악하고 정리하여 고분자 이론으로 발표한 화학자 헤르만 슈타우딩거(Hermann Staudinger, 1881~1965)가 1953년이 되어 이 발견으로 노벨화학상을 받았다고 한다.

에두아르드 시몬은 자신이 발견한 것이 나중에 온 세상 집들에서 단열재든 택배상자든 필수품이 되어 사용될 것을 생각하지 못했을 것이다. 로이킴의 발견은 100년 후쯤 어떻게 평가될지 아직은 모르겠다. 그러나 나중에 한국에서 있었던 2020년 4월 15일 선거 결과 데이터에서 발견된 조작자의 암호문자인 것이 그때쯤에는 사실로 확인되었다고 할 때, 무엇보다 선거가 끝난 지 한 달 여 만에 이것을 찾아낸 로이킴과 한국인의 저력은 세계적으로 인정받게 될 것으로 본다. 로이킴의 발견이 사실이라고 전제할 때, 민경욱 전 의원을 통해 공표된 당시 조작자는 얼마나 모골이 송연했을 것인가? 다른 사람들은 몰라도 그 암호문자를 삽입한 자는 모를 리 없다.

2020년 총선의 결과만큼이나 [follow_the_party]의 발견은 대내외적으로 권력 세계에 보이지 않는 영향을 미치고 있다고 생각한다. 내가 많은 어려운 사정을 겪으면서 굳이 로이킴과 후사장의 잘 안들리는 목소리를 재차 재차 확인해가며 두 권의 책까지 내게 된 것은 이 작업으로 현재의 권력자들을 상대로 승부를 내기 위함이 아니다. 오늘도 생각하지만 100년 후도 생각하기 때문이다.

2020년 4월 15일 총선 결과 데이터 속에서 발견된 암호문자 [follow_

the_party]는 대법원 투표지 재검을 통해 예상치 못한 이상 투표지가 대량 발견된 사실과 관련이 있다는 것이 우리의 기본 입장이다. 이 중대한 사실은 언론의 침묵과 수사기관의 직무유기 속에서 묻혀져 가고 있다. 과연 한국인의 누가 자신에게 주어져 있는 이상한 투표지에 조용히 기표할 사람이 있을까? '배춧잎투표지'로 명명된 잉크가 여러 겹으로 겹친 투표지, 도장이 뭉개진 '일장기투표지', 화살표가 붙어 있는 투표지, 거뭇거뭇 질 낮은 인쇄물에 들어있는 일명 요고레 투표지, 좌우 여백이 다른 투표지, 손을 탄 흔적이 없는 빳빳한 투표지들. 이런 것으로 투표할 사람은 없다. 10억이든 100억이든 현상금을 걸어도 그런 투표자는 나타나지 않았고 앞으로 나타나지 않을 것이다. 왜? 이런 투표지들은 투표 현장에 존재한 적이 없었기 때문이다.

로이킴이 발견한 암호문자 [follow_the_party]는 이 이상 투표지 출현과 매우 깊은 관계가 있다고 보고 있다. 이 책에 대본을 수록하는 애니메이션 《배투출비(배춧잎투표지 출생의 비밀)》는 이 연관관계를 세상에 알리기 위해 제작되었다고 할 수 있다. 30분으로 설명할 수 없지만, 일단 이런 사실이 있다는 것은 세상에 알려야 한다는 판단이었다. 문명국에서 만일 천 원짜리든 만 원짜리든 오만 원짜리든 지폐 한 장에 인쇄가 겹쳐진 '미스 프린트'가 있었다고 하면 이를 가만히 두겠는가? 왜 이 나라 사람들은 중앙선거관리위원회라는 국가 기관의 심각한 '미스 프린트'가 문제 없다고 생각하는가? 화폐의 '미스 프린트'가 과연 조폐공사의 '부실' 때문일까? 그럴 리가 없지 않나? 분명히 범죄의 흔적일 것이라 보고, 수사에 착수할 것이다. 만일 조폐공사 직원의 실수라고 하자. 그것은 범죄에 값하는 배임이고 직무유기다. 누군가 책임을 져야 한다. 대법원 재검에서 나타난 각종 이상 투표지가 과연 국가기관의 실수, 이른바 '부실' 때문인가? 왜 이 중대한 직무유기를 수사하지 않나? 유권자 한 사람의 투표지 한 장 가격은 고급차 한 대 값이라는 보도가 있었다. 5,000만 원짜리 수표에 위조가 의심되는 '미스 프린트'가 발견되어도 수사에 돌입하지 않나? 이해할 수 없는 이 무시무시한 침묵 속에서 우리는 거대한 권력과 금력이 사태의 배후에서 움직이고 있지 않는지에 대한 의구심을 갖고 있다. 이것은 하나의 묵시록적 징후로 감지된다. 말하자면 '천벌받을 일'이 이 나라에서 일어나고 있는 것이다.

우리가 해커의 지문이라는 별명을 붙인 암호문자 [follow_the_party]에 대해 특별한 주의를 기울이는 것은, 이것이 중앙선거관리위원회에서 발표한 공식적인 선거 결과 데이터에 나타나 있는 이상 인멸될 수 없는 증거라는 측면에 중요성을 두고 있다. 거대한 권력을 등에 업고 벌이는 이 무시무시한 범죄는 '인멸' 역시 쉬워서 선거가 끝난 후 중요한 선거 도구를 포함한 각종 소프트웨어가 중앙선거관리위원회에 의해 거의 멸실되었다. 그러나 그들이 발표한 결과 데이터만은 더 이상 손댈 수 없다. 이 데이터는 이상 통계를 포함하여 너무나 많은 증거를 품고 있다. 그중에 단연 암호문자 [follow_the_party]가 있다.

그러나 다시 한번 탄식하는 것은 2020년 5월 [follow_the_party]에 관련된 발표가 있은 후 발견자 로이킴은 온갖 비난에 시달려야 했다. 이 암호문자는 선거 데이터에서 우연히 발견된 것이 아니라 로이킴이라는 한 유권자의 한 달여에 걸친 치열한 연구·천착을 통해 발견된 것이다. 나는 소음과 같은 그들의 악담이 신경 쓰이지 않았다. 왜냐하면 로이킴의 발견은 최소 다섯 단계에 걸쳐 이루어져 있었기 때문이다. 첫 단계의 발견으로도 조작을 증명하는 것임이 분명했다. 아마 이 첫 단계의 발견에 대해서도 반론이 쉽지 않을 것이다. 실제로 지난 3년 반 동안 아무도 반증하지 않았다.

이 책에서 자세히 설명하는 로이킴의 발견을 다섯 단계로 나누어서 정리해 두기로 하자.

## 첫 번째 발견: 비중 그래프

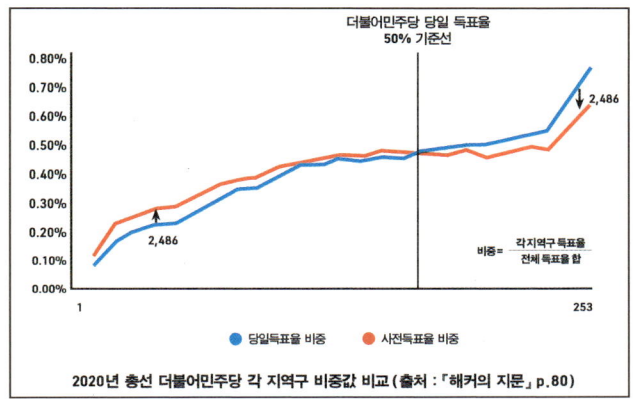

2020년 총선 더불어민주당 각 지역구 비중값 비교 (출처: 「해커의 지문」 p.80)

이 비중 그래프는 사전득표와 당일득표 간 득표율 차이가 큰 더불어민주당의 선거 결과를 분석 대상으로 하여 찾아진 것이다. 이 그래프는 각각의 지역구가 얻은 사전과 당일 득표율을 전체 득표율의 합으로 나누어 비중을 계산해 보았을 때 당일투표에서 50% 이상을 얻어 당선이 확정적이었던 모든 지역구에서 당일보다 사전에서의 비중이 낮았음을 보여준다. 반대로 이하에 속하는 지역구는 당일보다 사전 비중이 높았음을 보여준다. 거의 예외가 없는 뚜렷한 경향성이다.

## 두 번째 발견: 클러스터 그래프

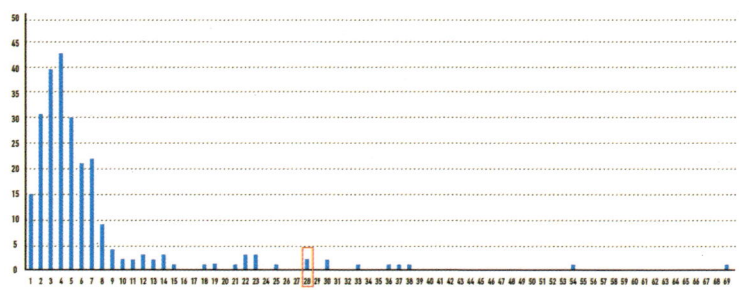

가로: 사전-당일 비중차이값에 당일 득표수를 곱한 값의 절대값, 세로: 지역구 빈도수

　로이킴은 첫 번째 발견된 비중 그래프에서 인위적 조작의 혐의를 강하게 느끼고 어떤 연유로 발생되었는지 분석하기 위해 각 지역구의 사전과 당일 간의 비중 차이를 먼저 구한다. 처음에는 이 비중 차이값들에서 조작 함수를 발견할 수 있을 것으로 기대했다고 한다. 그리고 이 차이값에 각 지역구의 당일 득표수를 곱하여 다른 지역구들과 어떤 상관관계에 있는지 알아보려 했다고 한다. 그리하여 발견한 것이 위의 일명 클러스터 그래프이다. 로이킴은 이 그래프에서 각 지역구들이 어떤 원칙에 의거하여 그룹으로 뭉쳐있다는 것을 각 지역구간 비율값 패턴을 통해 알 수 있었다.

## 세 번째 발견: 일곱 개씩 묶여 있는 36개의 그룹

| 그룹 | 선거구 번호 | 시도 | 선거구 | 그룹 | 선거구 번호 | 시도 | 선거구 |
|---|---|---|---|---|---|---|---|
| 1 | 100 | 광주 | 광산구을 | 3 | 94 | 광주 | 동구남구을 |
| | 98 | 광주 | 광주북구을 | | 214 | 전남 | 여수시을 |
| | 218 | 전남 | 담양함평영광장성 | | 169 | 경기 | 화성시병 |
| | 99 | 광주 | 광산구갑 | | 208 | 전북 | 정읍고창 |
| | 95 | 광주 | 광주서구갑 | | 207 | 전북 | 익산시을 |
| | 93 | 광주 | 동구남구갑 | | 216 | 전남 | 순천광양곡성구례을 |
| | 221 | 전남 | 영암무안신안 | | 20 | 서울 | 은평구갑 |
| 2 | 217 | 전남 | 나주화순 | 4 | 161 | 경기 | 파주시갑 |
| | 206 | 전북 | 익산시갑 | | 205 | 전북 | 군산시 |
| | 202 | 전북 | 전주시갑 | | 220 | 전남 | 해남완도진도 |
| | 96 | 광주 | 광주서구을 | | 135 | 경기 | 광명시을 |
| | 154 | 경기 | 시흥시을 | | 92 | 인천 | 인천서구을 |
| | 168 | 경기 | 화성시을 | | 18 | 서울 | 노원구을 |
| | 204 | 전북 | 전주시병 | | 14 | 서울 | 강북구을 |

일곱 개씩 묶여 있는 선거구 예시 (출처: 「해커의 지문」 p.119)

위의 클러스터 속에서 일곱 개씩 36개 그룹과 여분의 한 지역구로 분리해낸 것이다. 로이킴이 클러스터 비율값 계산을 통해 일곱 개씩의 그룹을 분리하게 된 이유와, 전국 253개 지역구를 앞에서 말한 더불어민주당 사전당일 비중값의 차이에 당일 득표수를 곱해서 구한 값을 기준으로 작은 숫자부터 오름차순으로 정리하고 일곱 개 그룹을 끊게 된 이유는 본문에 자세히 설명되어 있다.

## 네 번째 발견: 암호문자를 형성하는 '나눈수' 규칙

| 상위그룹 (1LINE) | | 하위그룹 (2LINE) | | 변수 | 식 |
|---|---|---|---|---|---|
| 그룹 | 1 | 그룹 | 17 | | |
| 순번합 | 924 | 순번합 | 1163 | a | =sum(지역구순번) |
| 순번합/100 | 9.24 | 순번합/100 | 11.63 | b | = a/100 |
| trunc(순번합/100) | 9 | trunc(순번합/100) | 11 | c | = trunc(b) |
| 나눈수적용규칙 | 1 | 나눈수적용규칙 | 1 | d | |
| trunc+1 | 10 | trunc+1 | 12 | e | = c+1 |
| trunc | 9 | trunc | 11 | f | = c |
| trunc-1 | 8 | trunc-1 | 10 | g | = c-1 |
| 나눈수1 | 10 | 나눈수1 | 12 | h | = if(d=1,e,f) |
| 나눈수2 | 9 | 나눈수2 | 11 | i | = if(d=1,f,g) |
| 범위 시작 | 92 | 범위 시작 | 96 | j | = trunc(a/h) |
| ~ 종료 | 104 | ~ 종료 | 107 | k | = round(a/i)+1 |

범위 시작/종료 값 결정 로직 설명표 (출처: 「해커의 지문」 p.191)

    네 번째 발견은 이렇게 정리된 선거구 그룹들이 어떤 수학적 연결이 있는지 검토하다가 수학이 아니라 암호문자를 형성하는 그룹들이라는 추리를 하게 된 것이다. 이것은 애초에 로이킴이 선거 결과 데이터를 분석하여 조작 함수와 같은 것을 찾아내려고 했던 시도를 마감하고, 이 암호문자 해독으로 초점을 옮겨간 계기가 된다.

    암호를 추출하는 과정에서 이른바 '나눈수' 규칙에 대한 이해 때문에 논란이 일어나기도 했다. 위의 표는 나중에 후사장이 이 나눈수 규칙을 일목요연하게 정리해 준 것이다. 로이킴은 이 나눈수 규칙은 문자를 형성하기 위해 필연적인 것으로 누군가 인위적으로 명령하지 않으면 들어갈 수 없는 규칙이라고 설명한다.

## 다섯 번째 발견: 암호문자 [follow_the_party]

[follow_the_party] 전체 도출표 (『해커의 지문』 p.201)

마침내 발견된 것이 나눈수 규칙을 적용했을 때 문자판에서 나타나는 [follow_the_party]라는 암호문자다. 처음에 로이킴이 36개 그룹에서 이 문자를 찾아낼 때는 첫 다섯 개 그룹에서 follow, 17번 그룹부터 다시 follow, 33번 그룹부터 다시 foll을 찾아 16개씩 문자가 반복되고 있음을 추리할 수 있었다고 한다.

나중에 [follow_the_party]가 아니고 'ghost', 'happy' 등 여러 가지 문장이 보인다는 항의가 있었으나 이런 항의들은 큰 의미는 없다. 만일 선관위 데이터에서 인위적인 조작자의 흔적을 발견하는 것이 목표였던 만큼 이미 이 단계에서 그 목표는 달성된 것이기 때문이다. 사람의 손을 타지 않으면 나타나지 않을 암호 문자판의 추출은 이미 발견의 종결이다. 다만 [follow_the_party]도 나타난다면 그것은 심각한 의미가 있다. 이것은 중국 공산당의 공식 구호이기도 하다는 점에서 또 하나의 문제적 상황을 보여준다. 우리가 제작한 다큐멘터리 《당신의 한 표가 위험하다》(2023년 5월 1일 유튜브 공동 상영)에서는 이런 의혹을 강하게 제기하였다.

로이킴의 해커의 지문 발견은 앞으로도 연구의 대상이 될 주제이지만 발견과 해독의 과정은 치밀하고 합리적인 수학적 추리에 입각해 있음을 강조해 둔다. 후사장의 검증 작업은 로이킴의 비중 그래프가 보여주는 것은 낙선자를 당선자로 바꾸기 위한 작업의 결과가 아니라, 이미 당선자와 낙선자를 결정하는 '보정'이 끝난 청사진 위에 약간의 '최적화'를 통해 조작 표수를 조정한 결과라는 설명을 결론으로 남겼다. 그리고 이 최적화와 더불어 선거구 번호를 활용한 교묘한 작업자 표시가 그 위에 또 얹혀 있어 [follow_the_party]라는 암호가 해커의 지문처럼 찍혀 있다고 로이킴 발견의 실체를 규명했다.

독자 여러분들은 [follow_the_party]에 대해 이해하기 위해 다큐멘터리 《당신의 한 표가 위험하다》, 그리고 애니메이션 《배투출비(배춧잎투표지 출생의 비밀)》를 관람한 후 2021년 12월 첫 출간된 『해커의 지문』과 함께 이 책을 정독해 주시기 바란다. 이 책은 정답지가 아니라 논쟁의 장으로 들어가는 발제문과 같은 것이며, 어떤 종류의 반론과 비판에도 열려 있다. 다만 비난과 인신공격은 문명사회의 규칙을 위반하는 것이므로 사양한다.

무엇보다 IT 혁명의 시대에 태어나고 자라 유권자가 된 여러분들이 앞으로 이 논증의 장에 참여해 주시기를 바란다. 자유선거 수호의 몫은 여러분들의 어깨 위에 놓여 있다.

이 책을 기획하고 쓰면서 많은 사람들이 생각난다. 로이킴은 결론을 내면서 감사할 분들의 이름으로 민경욱, 도태우, 장영후, 애니 챈, 그렌트 뉴섬(Grent Newsham) 등 여러 분들을 기억했지만 나는 이 모든 과정에서 이름 모를 블랙전사들을 떠올린다. 지금 이 순간, 한 사람의 이름을 적어 둔다면 얼마 전 교체된 김규현 국가정보원장이다. 무슨 이유로 교체되었는지 민초들이 알 길은 없다. 다만 김규현 국정원장 재임시에 그동안 우리가 『해커의 지문』을 통해 제기했던 전방위적 전산 개입을 통한 선거 조작 가능성을 공신력 있게 입증해 준 것에 대해 놀라움과 감사를 표하지 않을 수 없다.

『해커의 지문』과 『해커의 지문 발견기』를 저술하는 데 참여한 로이킴과 후사장, 그리고 필자도 세상 가운데에서 고명한 셀럽이 아니라 무명의 블랙전사들 중 한 사람일 뿐이다. 한 사람 한 사람을 고귀하게 만들어주는 소중한 한 표 한 표가 우리의 노력이 도움이 되어 반드시 지켜지기를 소망한다.

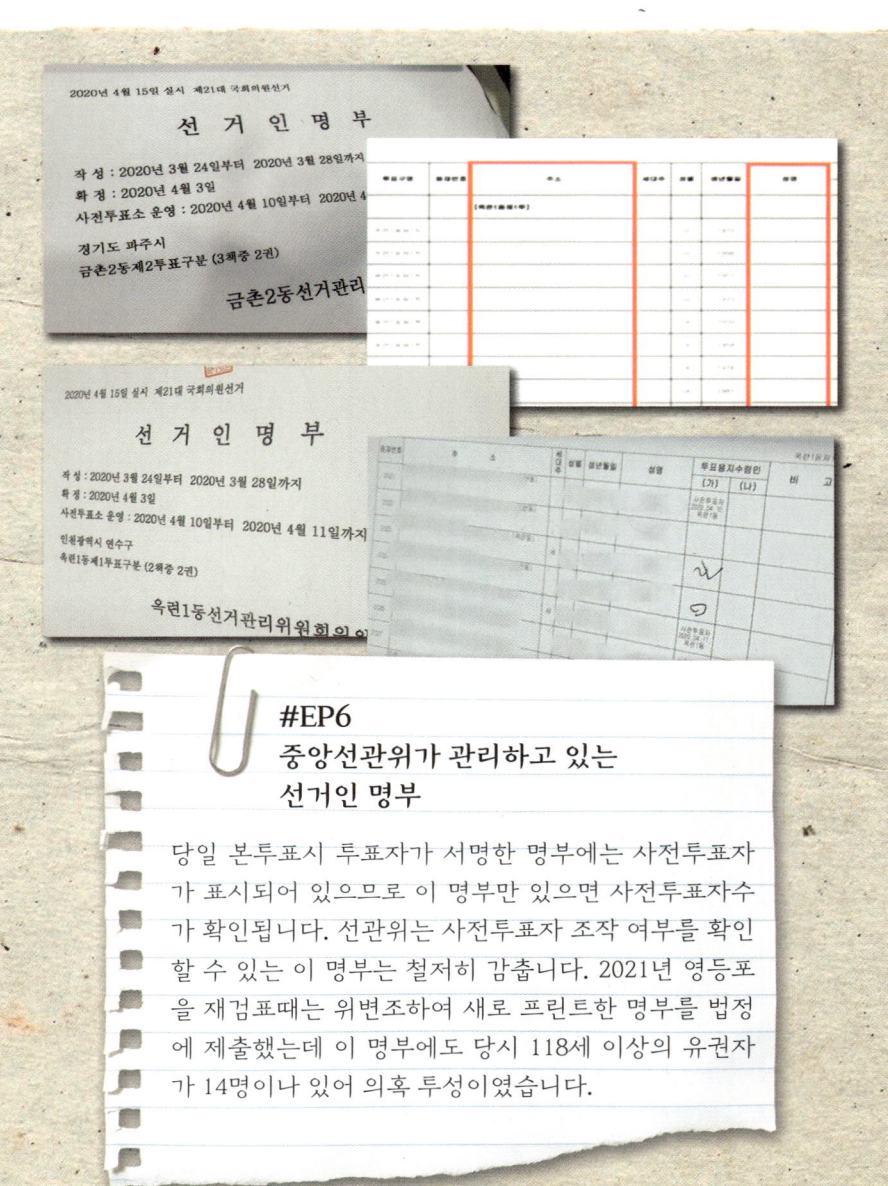

#EP6
중앙선관위가 관리하고 있는
선거인 명부

당일 본투표시 투표자가 서명한 명부에는 사전투표자가 표시되어 있으므로 이 명부만 있으면 사전투표자수가 확인됩니다. 선관위는 사전투표자 조작 여부를 확인할 수 있는 이 명부는 철저히 감춥니다. 2021년 영등포을 재검표때는 위변조하여 새로 프린트한 명부를 법정에 제출했는데 이 명부에도 당시 118세 이상의 유권자가 14명이나 있어 의혹 투성이였습니다.

2023년 12월 9일

# NPK REUNION & 부정선거 작은 EXPO
## 4·15 부정선거는 음모론이 아니라 과학으로 증명된 거대 범죄

지난 2023년 12월 9일 용산 시티미션센터에서 NPK REUNION & 부정선거 작은 EXPO가 진행됐다. 오전 10시부터 시작된 이날 행사는 민경욱 국투본 상임대표, 황교안 부방대 대표, 이봉규 대표 등 부정선거 규명에 앞장서고 있는 운동가들을 필두로 400여 명이 참석한 가운데 성황리에 열렸다.

이날 행사에서는 부정선거 증거 전시회 "Exhibition: Shocking 4·15 – 부정선거의 설계·실행·증거인멸"을 비롯해 "4·15 부정선거 어떻게 설계되고 실행되었나"라는 주제의 오프라인 디스커션과 "200석을 노린다! – 2024년 4월 총선 부정 대책은?"이라는 주제로 공개 세미나가 열렸다. 또한 "부정선거 얼마나 알고 계십니까?"라는 주제로 부정선거 퀴즈가 진행됐으며 "부정선거, 민주주의에 반한 범죄"라는 주제의 토크 & 뮤직 콘서트로 마무리되었다.

## 17장의 이미지로 보는 4·15 부정선거

부정선거 작은 EXPO 현장에서 가장 먼저 만날 수 있던 것은 '부정선거 증거 전시회'였다. 이번 전시회는 부정선거를 한눈에 이해할 수 있는 전체 개념도부터 시작하여 배춧잎투표지, 가장 유력한 증거인 요고레 투표지 등 이상 투표지와 전자투표의 위험성, [follow_the_party] 발견의 다섯 단계 등 4·15 부정선거를 17장의 이미지를 통해 확인할 수 있도록 기획되었다.

## 전산 조작 프로그램으로 얼마든지 득표율 조작 가능

QR코드를 스캔하시면
해당 영상을 시청하실 수 있습니다.

부정선거 작은 EXPO의 가장 첫 순서는 활동가들이 참여한 오프라인 디스커션으로, "4·15 부정선거 어떻게 설계되고 실행되었나"라는 주제로 진행되었다.

김미영 NPK 사무총장의 사회로 진행된 이 토론에서 맹주성 NPK 이사장은 컴퓨테이션(computation), 즉 어떤 자연현상이든 컴퓨터 프로그래밍으로 분석하는 33년간 연구 경험을 바탕으로 2020년 4·15총선이 어떤 컴퓨터 프로그래밍으로 조작되었는지에 대해 발제했다.

도경구 한양대 명예교수가 구현 및 시연한 전자개표기 조작 프로그램 알고리즘은 1번에 기표한 표만 들어가야 할 집계 결과에 다른 번호들의 표까지 유입시켜 목표의 득표율을 얻도록 설정할 수 있음을 보여주었다. 맹주성 이사장은 "실제 투표함과 전자 투표함이라는 단어를 구분해서 써야 한다"라며 전자개표기로 개표한 결과가 실제 투표함에서 개표한 결과와 반드시 동일해야 하는데 지난 4·15총선 결과는 그렇지 않다고 밝혔다.

맹주성 이사장은 부정선거 범죄자들이 투표 이전에 이미 서버에 청사진을 만들어 놓았음을 설명했다. 먼저, 실제 투표 인구보다 많은 투표율이 나타난 것은 바로 "보정계수"라는 개념을 통한 전산 조작으로 유령표를 추가하기 위해 투표율을 부풀렸기 때문이라고 말했다. 또한 특정 후보에게는 득표율을 더하고 다른 후보에게서 그만큼을 빼는 "표 바꾸기" 조작도 있었음을 밝혔다. 이 방식은 투표율의 변경은 없지만 조작한 득표율에 도달하도록 다른 후보의 표를 빼 올 수 있는 것이다. 이런 메커니즘을 바탕으로 한 시연을 통해 4·15총선과 강서구 보궐선거에 나타난 이색적인 비율 수치가 어떻게 실제로 가능했는지를 설명했다.

뒤이어 마이크를 넘겨받은 허병기 교수는 "국기(國基)를 흔드는 조작전략"이라는 제목으로 발제했다. 허 교수는 선관위가 내놓은 데이터의 수치를 바탕으로 그 궤적을 추적한 결과 부정선거 범죄자들이 '10% 전략'을 세웠다고 주장했다. 즉 민주당 후보가 실제 투표에서 8% 차이로 졌다면, 득표 결과에서는 2% 차이로 이긴 것으로 발표되었다는 것이다. 결국 당시 미래통합당 후보가 당선되려면 민주당 후보를 10% 이상의 차이로 득표해야만 이기는 것으로 설정했다는 뜻이다.

## 비관주의도 낙관주의도 아닌 희망주의

QR코드를 스캔하시면
해당 영상을 시청하실 수 있습니다.

오전 11시에는 "200석을 노린다! – 2024년 4월 총선 부정선거 대책은?"이라는 주제로 공개세미나가 열렸다. 민경욱 국투본 상임대표의 사회로 진행된 이 세미나에는 패널인 권오용 변호사, 윤용진 변호사, 도태우 변호사가 발제하는 시간을 가졌다.

가장 먼저 윤용진 변호사가 "내년 총선 부정선거 방지 대책과 전망"이라는 주제로 발제했다. 이 발제에서 윤용진 변호사가 강조한 것은 '희망주의'라는 단어다.

"비관주의도 낙관주의도 아니라, 현실을 냉철히 분석하되 그 속에서 희망을 품고 총성 없는 전쟁인 부정선거 규명전에서 반드시 이겨야 한다"라며 간절한 마음으로 우리가 해  야 할 실질적인 일들을 해나가면 진실이 반드시 밝혀지는 기적이 일어날 것이라 말했다.

또한 윤 변호사는 많은 이들의 예상과는 달리 국정원 발표 이후 곧바로 진행될 것 같았던 수사가 이뤄지지 않자, 분노를 넘어 좌절감에 잠식된 패배주의가 번져가고 있음을 지적하며 패배주의의 결과는 100% 패배임을 분명히 했다. 우리의 궁극적인 목표는 부정선거를 완전히 뿌리 뽑는 것이지만 잠정적인 목표는 다가오는 총선에 승리하는 것이라며 이 두 가지 목표는 분명히 구분되어야 한다고 말했다.

본 세미나에 참석한 이봉규 대표는 근래 중앙선관위가 160억을 들여 전자개표기를 바꾸는 과정에서 다시 미르시스템즈에 발주했는데, 이를 통해 또다시 부정선거를 자행할 것이 의심된다며 반드시 행동해야 한다고 주장했다. 그 행동의 일환으로 대통령실, 국민의힘, 선관위, 경찰, 검찰, 국정원, 신문사, 방송사 등에 부정선거를 규명하라는 항의 전화를 계속할 때 판세는 뒤집어질 것이라 말했다.

뒤이어 발제한 권오용 변호사는 선거 중에 사용된 장부들이 대부분 새로 만들어져 있는 점, 투표관리관들이 직접 도장을 찍어야 함에도 불구하고 직접 찍지 않은 점, 190세가 넘는 사람도 선거인 명부에 기록돼 있고 한 주소에 여러 명의 선거인이 등록된 점, 행방불명자도 선거인 명부에 등록된 점 등을 거론하며 선거 관리가 전반적으로 엉망이었음을 지적했다. 또한 재판하는 법관들도 이 심각한 범죄를 밝힐 의지가 없다며 대한민국이 현재 매우 위중한 상황에 있음을 언급했다.

마지막으로 발제한 도태우 변호사는 지난 12월 초 파주경찰서가 부정선거 관련 조사에 대한 불송치 결정을 내린 것에 바로 이의신청을 제기했다고 밝혔다. 부정선거에 관한 관심이 느슨해진 틈을 타 파주경찰서가 이러한 결정을 내린 것에 대해 유감을 표했다. 더불어 부정선거 규명에 있어 아무리 상황이 나빠 보여도 3년 전보다는 좋아졌으며, 지금은 제도권 안에서도 3년 전과는 비교할 수 없을 정도로 많은 사람들이 부정선거에 대한 문제의식을 갖고 있다고 말했다.

구체적인 부정 방지 방안으로 먼저는 사전투표를 폐지할 수 없는 상황에서 투표관리관의 개인 도장을 직접 찍는 현행법이 지켜지게 해야 한다며 법대로 하라는 이러한 요구는 저항의 여지가 매우 적다고 분석했다. 또한 사전투표 현장에서 선거인 명부가 없거나 비공개인 것이 큰 문제이기 때문에 선거인이 직접 간단하게라도 적는 오프라인 명부를 만드는 것이 중요하다고 언급했다. 가장 문제가 많은 투표지 이동의 문제에 있어서는 투표함 불이동 원칙이 가장 이상적이지만 그럴 수 없는 상황이기에 감시자가 반드시 현장에 상주하도록 관리하는 것이 중요하다고 주장했다. 전반적으로 투표에 필요한 도구들에 대한 모니터링을 기록하는 장부를 마련하여 엄격한 관리가 이루어져야 한다고 주장했다. 마지막으로, 어느 투표소든지 무작위로 몇 군데를 선택하여 사후감사를 해야 한다고 주장했다.

## 부정선거 문제, 젊은이들에게 더 가깝게 인식되어야

이어서 오후 1시부터 부정선거 퀴즈가 진행되었다. 김정현 벡서스미디어 대표와 박주현 변호사의 사회로 진행된 퀴즈는 다양한 부정선거의 증거들을 국민에게 알리려는 의도로 기획됐으며 퀴즈 문제는 두 사회자가 직접 만들었다.

가장 먼저 "중앙선관위 서버는 해킹으로 투표 결과 조작이 가능한가?"를 문제로 한 OX 퀴즈를 시작으로 여러 문제를 풀어보는 시간을 가졌고, 끝까지 남은 8명이 객관식 문제를 푸는 형식으로 진행됐다. 마지막까지 살아남은 남성 참가자는 "아침 일찍 천안에서 올라왔다"라며 김장을 하는 바쁜 와중에도 이런 중요한 자리에 빠질 수 없었다는 행사 참석 이유

를 밝혔다.

퀴즈를 기획하고 진행한 김정현 대표와 박주현 변호사는 이날 진행한 포맷으로 여러 대학가를 다닐 계획으로, 이미 만들어진 문제 말고도 다양한 기출 문제들을 모아 추후 문제 은행을 만들 예정이라 밝혔다.

## 민주주의에 반하는 범죄 부정선거, 반드시 밝혀질 것

QR코드를 스캔하시면 해당 영상을 시청하실 수 있습니다.

부정선거 작은 EXPO의 마지막 행사로 토크 & 뮤직 콘서트가 진행됐다. 황교안 부방대 대표의 축사에 이어 4·15 부정선거 규명전에 힘쓴

젊은 인사들을 초청한 토크콘서트가 진행됐다.

블랙시위에 첫째 딸과 함께 열성적으로 참여했던 김민수 씨는 여러 선거 정황을 듣고 직접 중앙선관위 시스템 데이터를 분석해 본 결과 명백한 부정선거라고 확신하게 됐다며 단순히 인식하는 것에 그치지 않고 부정선거의 진상을 알리는 데 동참하기로 결심, 서울대 동문 중심으로 한 시국선언을 이끌었다고 밝혔다. 이후 자녀들이 살아갈 세상은 조작된 허상이 아닌, 진실과 공정이 제대로 힘을 발휘하는 사회가 되길 바라는 마음으로 대법원 앞 시위에 참여했다고 말했다.

지난 3·9 대선 때 밤새 은평구의 한 사전선거구를 지키며 선거부정을 알게 된 20대 여성 뿔라(가명)는 지난 대선의 사전선거 첫날 밤새 중앙선관위 건물 뒤에서 감시하던 중 개표 날까지 열리면 안 되는 투표지 보관 장소에 새벽 3시경 불이 켜지는 것을 목격한 후 경찰, 기자, 변호사에게 연락하여 현장에 불렀고 그 보관 장소에서 선관위 직원들이 나오는 것을 확인했다고 증언했다. 당시 투표지 보관 장소에서 무슨 일이 일어났는지를 밝히는 것이 급선무임에도 불구하고 선관위는 적반하장의 태도로, 업무 집행 방해로

고소하겠다며 으름장을 놓았다고 한다. 수사를 해야 하는 경찰조차도 선거 중에는 선관위 명령에 따라야 한다는 핑계를 대며 조사를 못 하던 중에 선관위 측에서 트럭 두 대를 불러 모든 짐을 빼 갔다고 증언했다. 이러한 일련의 사건들로 인해 재미로 시작했던 선거 감시 활동의 심각성을 깨닫게 됐다고 한다.

까뿌까《왜(歪) : 더 카르텔》제작감독은 부정선거 투쟁 초기부터 캐릭터를 만들어 활동한 이유에 대해 4·15 부정선거 직후 사전투표와 당일투표의 괴리가 너무 이상했기 때문에 의심하지 않을 수 없었다며, 회사를 사정상 그만두게 된 후부터 본격적으로 규명전에 참여하게 됐다고 밝혔다.

부정선거에 대해 널리 알리려는 목적으로 이목을 끌 수 있는 '까뿌까'라는 캐릭터를 만들었으며, 선거 조작이라는 엄청난 일에 가만히 있을 수 없다는 생각으로 강남역 집회에 참여하게 되면서 유튜브도 개설했는데 구독자 한 분께서 지원해 줄 테니 다큐멘터리를 제작해 보라는 권유로《왜(歪) : 더 카르텔》을 제작하게 되었다고 말했다.

이어서 진행된 작은 음악회에서는 플루트, 바이올린, 첼로, 피아노로 구

성된 앙상블 팀이 "Por Una Cabeza"(영화《여인의 향기》OST), "벚꽃엔딩"(버스커버스커 곡), "공원에서"(유희열 곡), "희망가", "Jingle Bell" 등을 연주했다.

특별 출연한 바리톤 고한승은 "은혜"(손경민 곡)와 프랑스 샹송 가수 에디트 피아프(Edith Piaf)의 "Padam Padam"을 불러 많은 이들에게 즐거움을 선사했다.

## 북한에도 곧 자유선거가 등장할 것

이후 권오용 수촉특위 공동위원장이 공동선언문을 낭독했다. "대한민국 국민은 범국가적 카르텔에 대항하여 일어나야 한다"라는 문장으로 시작된 선언문을 통해 4·15총선은 과학적인 분석과 위조 투표지, 국정원 보안점검 등으로 명백히 밝혀진 부정선거임을 천명했다.

그는 이 선언문에서 이승만과 건국의 아버지들의 단합과, UN 감시하에 이뤄진 선거를 통해 제헌의회가 구성되어 헌법을 제정한 후 합법적으로 건

국된 대한민국은 6·25 전쟁을 비롯한 여러 난관을 극복한 자랑스러운 나라임에도 불구하고, 박근혜 탄핵 이후 북한 혹은 중국을 추종하는 이들이 부정선거에 개입하여 국회와 지방의회를 비롯한 국가 요직을 장악했음을 개탄했다.

마지막으로 김미영 NPK 사무총장은 진심을 넘어선 '찐심'으로 참석한 여러분께 감사드린다며 유명 인사가 아니라 무명 인사로서 참석한 이들에 대한 감사를 전했다.

좌익은 점조직으로서 장악을 시도하지만, 진정한 자유민주주의 세력이야말로 세계에서 가장 큰 조직이라며 악한 자들조차 이 사실을 알 것이라 말했다. 또한 지금까지 기념관 하나 제대로 없는 이승만 대통령을 생각할 때 당대에 우리의 일이 칭찬받지 못할 수 있지만 끝까지 할 일을 할 것이며, 이 자리에 참석한 모두와 함께 동시대에 살고 있음이 감격스럽다는 소회를 밝혔다. 느헤미야 때처럼 각 사람이 벽돌 하나씩 들고 성벽을 쌓았듯이 민족을 회복하는 일에 돌 하나씩 들고 나선 것 같다며 북한에도 머지않아 자유선거의 시대가 올 것이라 말했다. 선거만 자유롭고 공정하게 이뤄진다면 모든 사람이 자유롭게 살 수 있다며 감사의 인사를 마쳤다.

　행사는 채규영 신앙의자유포럼 대표 간사의 기도로 마무리되었다. 이어 장소를 제공한 시티미션교회 이규 담임목사는 짧은 축사를 통해 "교회는 진실과 진리를 추구하는 곳이며 성도는 그를 위하여 목숨을 건 사람들"로서 당연히 부정하고 거짓된 일에 교회와 성도가 맞서야 한다며 수고한 모든 분께 감사의 말씀을 전했다.

　(사)법치와자유민주주의연대 수사촉구 특별위원회의 주최로 진행된 부정선거 작은 EXPO로 인해 대한민국과 북한에 자유선거가 도래하는 계기가 만들어지길 바란다.

QR코드를 스캔하시면
행사 스케치, 인터뷰 영상을 시청하실 수 있습니다.

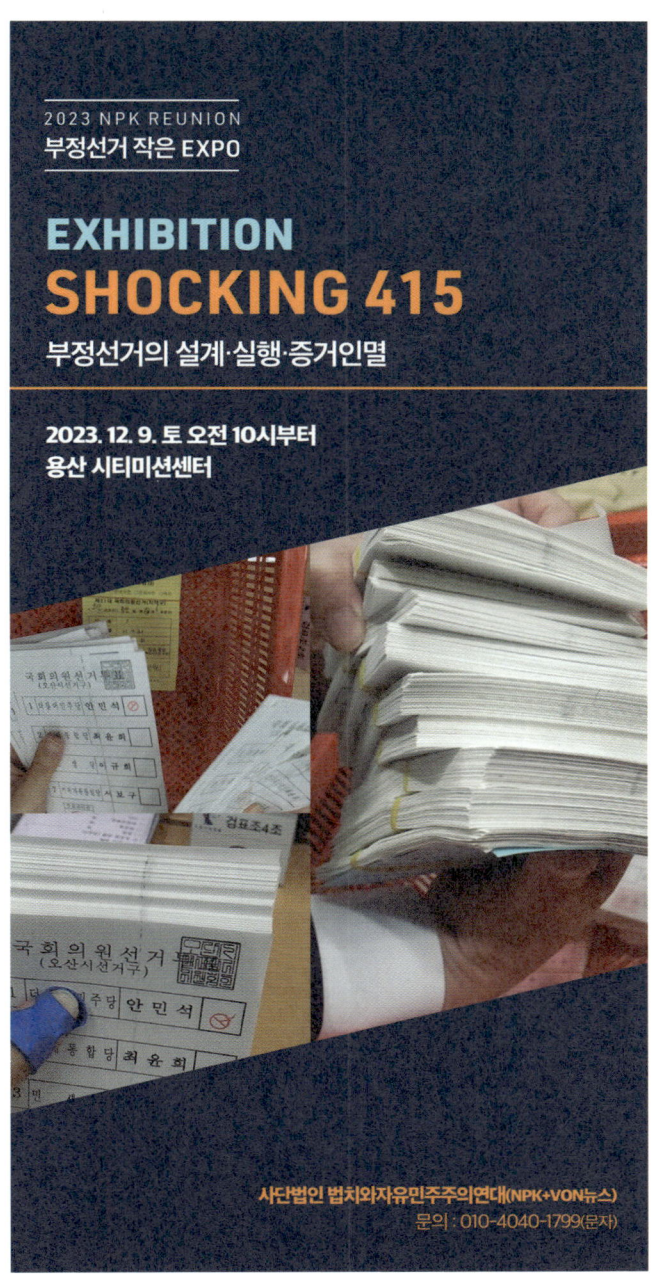

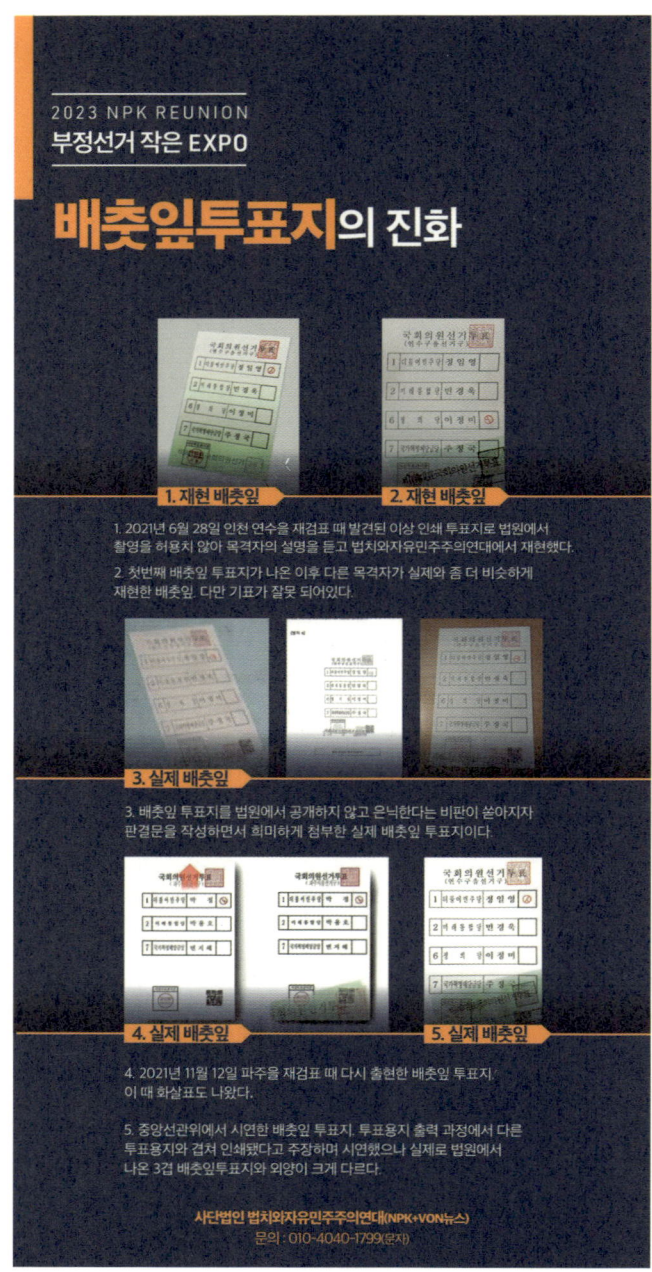

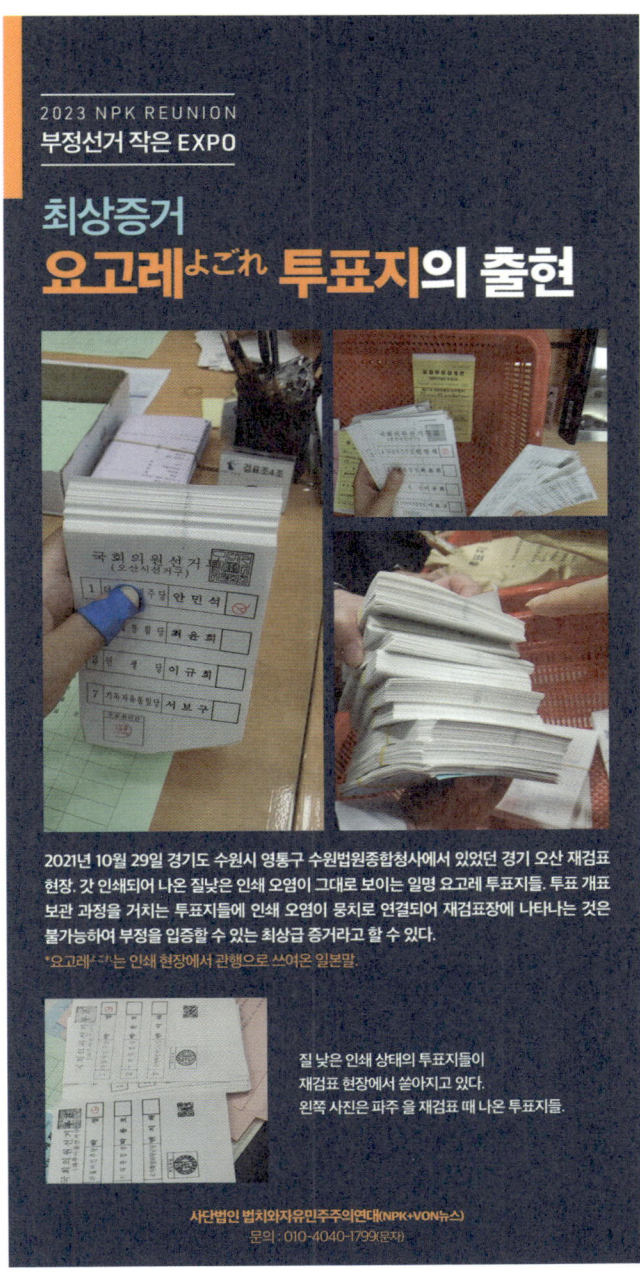

2023 NPK REUNION
부정선거 작은 EXPO

## 최상증거
## 요고레 よごれ 투표지의 출현

2021년 10월 29일 경기도 수원시 영통구 수원법원종합청사에서 있었던 경기 오산 재검표 현장. 갓 인쇄되어 나온 질낮은 인쇄 오염이 그대로 보이는 일명 요고레 투표지들. 투표 개표 보관 과정을 거치는 투표지들에 인쇄 오염이 뭉치로 연결되어 재검표장에 나타나는 것은 불가능하여 부정을 입증할 수 있는 최상급 증거라고 할 수 있다.

*요고레란는 인쇄 현장에서 관행으로 쓰여온 일본말.

질 낮은 인쇄 상태의 투표지들이 재검표 현장에서 쏟아지고 있다. 왼쪽 사진은 파주 을 재검표 때 나온 투표지들.

사단법인 법치와자유민주주의연대(NPK+VON뉴스)
문의 : 010-4040-1799(문자)

## 2023 NPK REUNION
### 부정선거 작은 EXPO

# 신권 다발보다
# 더 빳빳한 투표지

2021년 6월 28일 시작된 대법원 재검표 모든 현장에서 사람의 손을 전혀 타지 않은 빳빳한 신권 다발 같은 투표지가 쏟아졌다. 이들 투표지는 실제 개표 현장에는 존재하지 않았던 것으로, 대법원 재검표를 대비하여 범법자들이 급조한 투표지들로 추정된다.

사단법인 법치와자유민주주의연대(NPK+VON뉴스)
문의 : 010-4040-1799(문자)

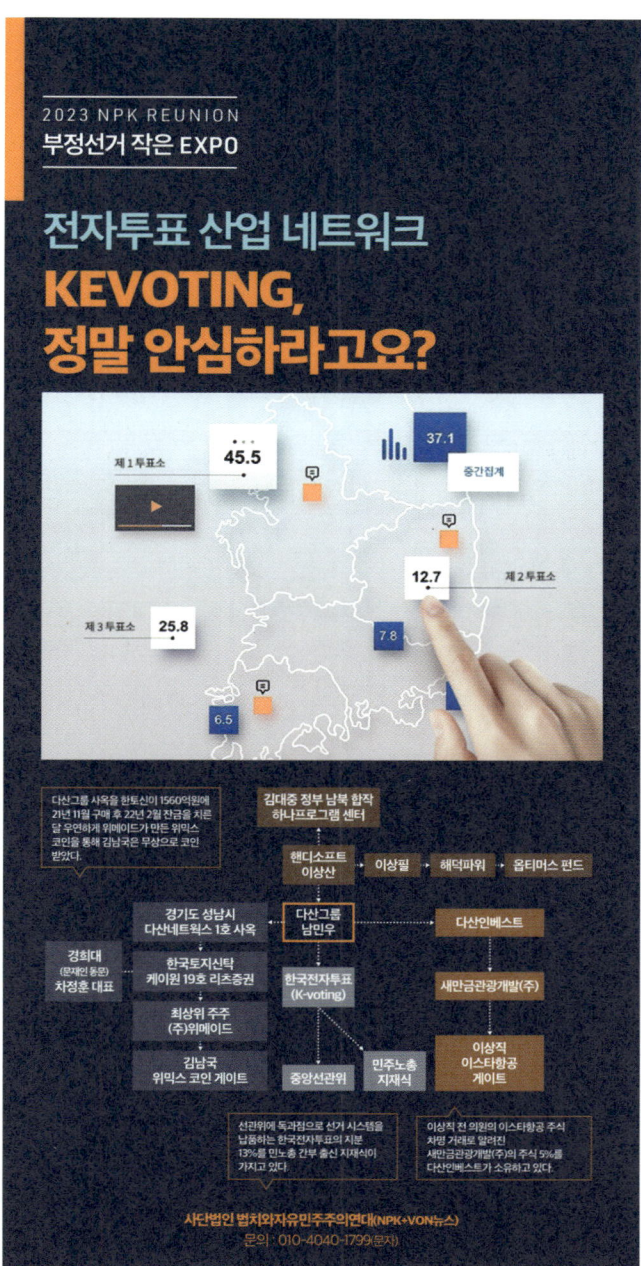

**2023 NPK REUNION**
부정선거 작은 EXPO

2020년 중앙선관위가 발표한
총선 결과 데이터에 찍혀있는 암호문자
# follow_the_party

## 로이킴의 발견의 다섯단계

**Step1**
더불어민주당 각 지역구 사전과 당일
득표율을 전체 득표율 합으로 나눈 비중값.
50% 이상 획득 지역구는 당일 비중이,
반대의 경우는 사전 비중이 높은 현상 발견.

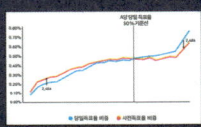

**Step2**
사전 당일 비중 차이값에 당일 득표수를
곱했을 때 나타나는 그래프.
특정 원칙에따라 지역구들이 그룹으로 뭉쳐
클러스터를 형성하고 있음을 발견.

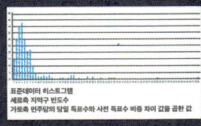

**Step3**
클러스터 속에서 각 지역구가 일곱 개씩
36개의 그룹 발견. 사전 당일 비중 차이값을
오름차순으로 정리하여 지역구 순번합으로
만든 암호코드 발견

**Step4**
아스키코드 알파벳 소문자로 수렴되는
문자 형성의 '나눈수' 규칙 발견.

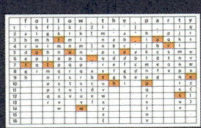

**Step5**
16개 문자가 반복해서 나타나는 구조를
발견하고 여기에 나눈수 규칙을 적용하여
암호문자 추출.

사단법인 법치와자유민주주의연대(NPK+VON뉴스)
문의 : 010-4040-1799(문자)

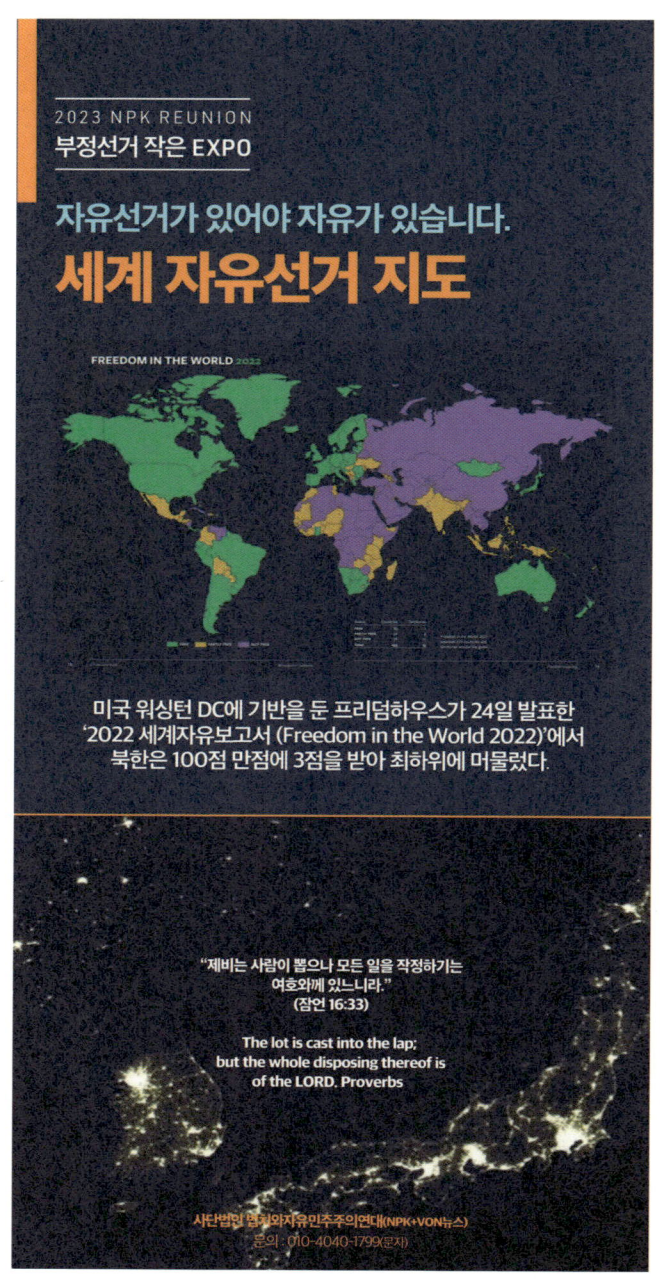

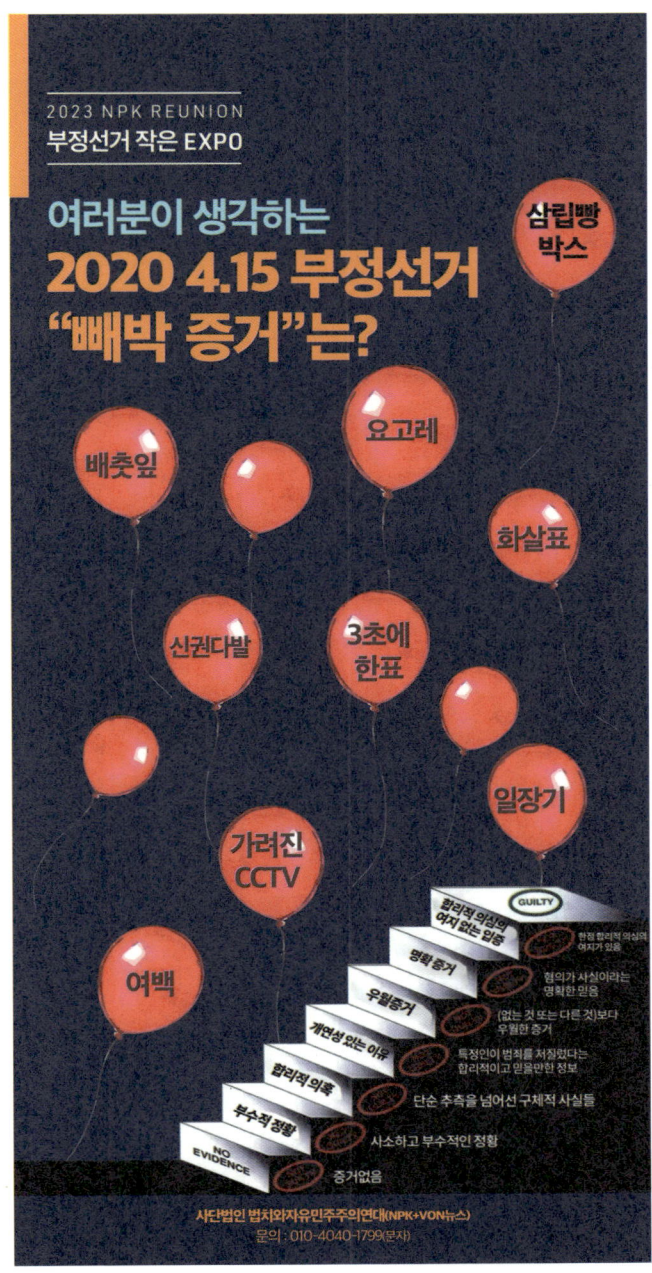

# 4.15 부정선거 전체 개념도

## 1단계 제도 및 정책

- 바코드 대신 QR코드 강행
- 투표관리인 도장 인쇄 허용
- 사전투표 명부 자필 서명 불용
- 코로나 지원금 집행
- 사전투표 CCTV 불용
- 유권자 연령 하향
- 투표자 비닐장갑 지급
- 사전투표 독려
- 외국인 개표업무 허용

## 2단계 설계

1. 여론조사 빅데이터 수립
2. 당락 조정 온라인 게리맨더링
3. 해커의 지문 follow_the_party 삽입과 최적화
4. 추가 최적화로 선거 청사진 완성
5. 실행프로그램 알고리즘 완성
6. 180석 목표 실행 중앙 콘트롤타워 가동

## 3단계 실행

**여론조작**
여론 급격한 변화

**사전투표**
임시 투표소 운영
투표율 조작

**사전-당일 중간**
실물표 준비

**당일투표**
투표율 조작

**개표**
목표 득표율에 따른
전자개표기 개표 실행

**최종 결과 발표**
결과 수정 시도
다량의 이상데이터 발견
출구조사 사전결과 반영

## 4단계 증거인멸

**언론통제**
보도 통제
시민 구속
집회 방해

**재판지연**
6개월 시한 넘김
비례대표 재검표 불용
소송제기 후보자 취하유도

**재검표 방해**
사진촬영 방해
법관의 이익 충돌
배춧잎 투표지 등
이상투표지 감정 방해

**정치인 통제**
부정선거 의혹제기 정치인 불이익
야당 내 부정선거 은폐

**증거인멸**
신규 서버 교체 및 훼손
빳빳한 투표지 등 이상투표지 삽입
이미지 원본 삭제
노트북 증거인멸

*는 디지털/IT관련 항목

사단법인 법치와자유민주주의연대(NPK+VON뉴스)
문의 : 010-4040-1799(문자)

## 2023 NPK REUNION
## 부정선거 작은 EXPO

# 공무원의 부실은 '범죄'입니다!
## 선관위와 대법원이 함께 위반하는 선거법

**공직선거법 225조 (소송등의 처리)**
선거에 관한 소청이나 소송은 다른 쟁송에 우선하여 신속히 결정 또는 재판하여야 하며, 소송에 있어서는 수소법원은 소가 제기된 날 부터 180일이내에 처리하여야 한다.

**뭐라구요? 훈시라구요?
그럼 법을 왜 만듭니까?**

1년 2개월이 지나 겨우 재검표를 진행하고
그나마도 하는 둥 마는 둥 일제히 기각시켰다.

**공직선거법 제37조(명부작성)**
① …… 선거인명부작성기준일부터 5일 이내(이하 "선거인명부작성기간"이라 한다)에 선거인명부를 작성하여야 한다.

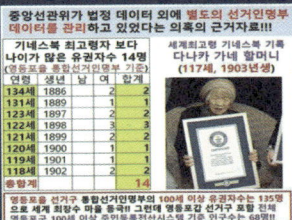

**사전선거는 명부가 없다구요?
유령도 와서 선거하겠군요?
그래서 통합명부에
19세기 사람도 있는 건가요?**

사단법인 법치와자유민주주의연대(NPK+VON뉴스)
문의 : 010-4040-1799(문자)

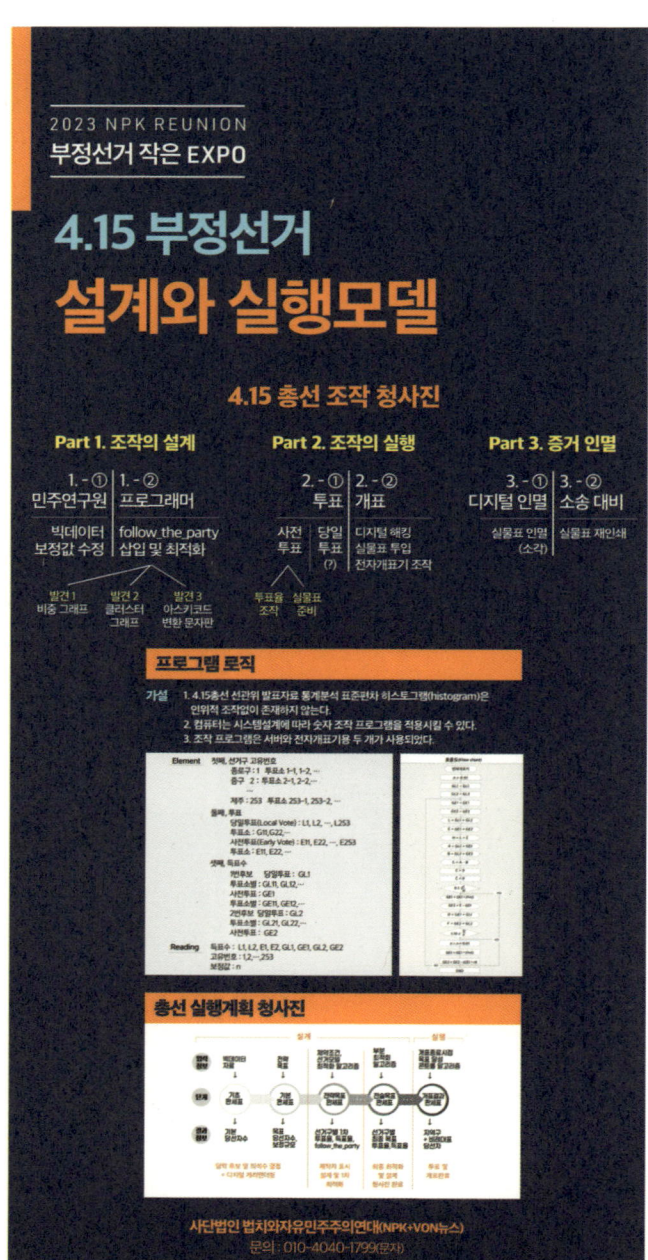

**2023 NPK REUNION**
## 부정선거 작은 EXPO

# 왜 위조 방지 장치를 함부로 제거합니까?
### 선관위와 대법원이 함께 위반하는 선거법

---

**공직선거법 151조 6항**
……투표용지에 인쇄하는 일련번호는 바코드(컴퓨터가 인식할 수 있도록 표시한 막대 모양의 기호를 말한다)의 형태로 표시하여야 하며……

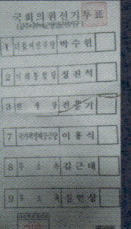

**QR코드가 막대모양인가요?**
여기고 싶으면 법을 먼저 바꿔야죠!

QR코드가 아니었어도 선관위가
이 표를 누가 어디서 찍었는지 알 수 있었을까?
QR코드로 인하여 비밀선거 원칙이 무너지고 있다.

---

**공직선거법 157조 2항**
투표관리관은 선거일에 선거인에게 투표용지를 교부하는 때에는 사인날인란에 사인을 날인한 후 선거인이 보는 앞에서 일련번호지를 떼어서 교부하되, 필요하다고 인정되는 때에는 100매 이내의 범위안에서 그 사인을 미리 날인해 놓은 후 이를 교부할 수 있다.

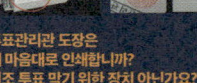

**투표관리관 도장은**
왜 마음대로 인쇄합니까?
위조 투표 막기 위한 장치 아닌가요?

**투표관리관은 선거인이 보는 앞에서**
일련번호지를 떼야 합니다.
어떻게 일련번호지를
자를 대고 자를 수가 있었나요?

---

사단법인 법치와자유민주주의연대(NPK+VON뉴스)
문의 : 010-4040-1799(문자)

**2023년 12월 18일**

## 애니메이션 《배춧잎투표지 출생의 비밀》

QR코드를 스캔하시면
해당 영상을 시청하실 수 있습니다.

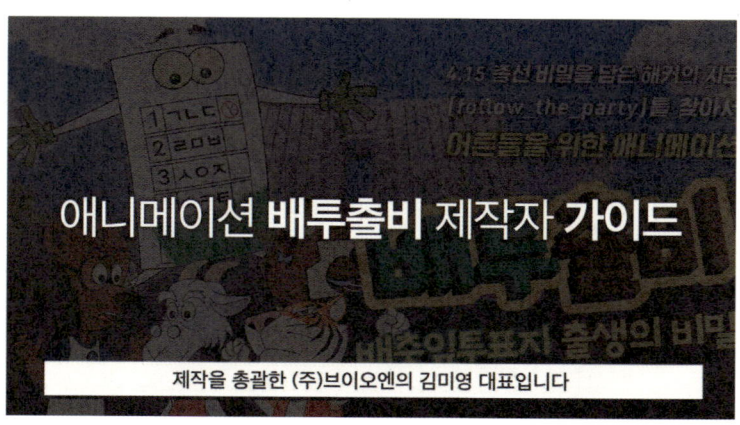

애니메이션 배투출비 제작자 가이드

제작을 총괄한 (주)브이오엔의 김미영 대표입니다

# 20
# 24

**2024년 2월 29일**

# 미국 정당 변천사에서 보는 부정선거 척결의 방향

QR코드를 스캔하시면
해당 영상을 시청하실 수 있습니다.

> **편집자주** 대내외적으로 국가적 전환기를 앞둔 이 시대 한국이 처한 상황을 냉정히 파악하고 지혜를 모으고자 〈전환기의 세계보기〉 "부정선거 척결하고 자유민주주의 건국 완성할 정통 정당 선언"(2024.02.29.) 방송을 정리합니다. 전체 내용은 영상을 통해 시청하실 수 있습니다.

## 미국 정당의 등장 배경

미국이 1789년 헌법을 제정하고 공식적인 연방국으로 형성되었을 당시 정당의 개념은 굉장히 약했다. 미국의 건국 대통령 조지 워싱턴은 정당을 배경으로 탄생하지 않았던 것으로 이를 알 수 있다. 이승만 대통령도 마찬가지이다. 이승만 대통령의 배경에 자유당이 있었지만, 개인의 역량으로 대통령이 된

것이지 정당에서 만들어진 대통령은 아니다. 초기 미국에서 정당의 역할이 다소 작았으나, 미국의 2대 대통령 존 애덤스부터 일종의 파(派), 즉 정당이 본격적으로 역할을 하기 시작했다. 당시 연방파(Federalists)는 신생국 미국의 연방 시스템을 확고하게 하는 것에 관심을 두었고, 공화파(Republicans)는 각 주들이 하나의 정치공동체적인 성격을 갖는 것에 더 관심을 두었다.

공화파로서 민주공화당(Democratic Republican Party) 소속으로 당선됐던 미국 3대 대통령 토머스 제퍼슨은 현대의 미국 민주당과 공화당 모두의 설립자로 인식된다. 제퍼슨의 민주공화당이 현재 미국의 민주당과 공화당의 원류라고 할 수도 있다. 2대 존 애덤스 때부터 미국 정치에서 본격적으로 정당의 성격이 드러나기 시작했다면, 3대 토머스 제퍼슨 때 비로소 정당이라는 개념이 정착했다고 볼 수 있다.

## 강력한 노예 해방 요구로 등장한 공화당

1828년 앤드류 잭슨이 미국의 7대 대통령으로 당선된다. 잭슨은 대통령 취임 후 선거인단 제도 폐지 제안 등, 2대 애덤스부터 이어져 온 기존의 엘리트 중심 정치보다 일반 국민을 더 중요시하는 정책을 폈다. 이런 잭슨에 찬성하는 사람들은 민주당으로, 반대하는 사람들은 휘그당으로 갈라지게 된다. 휘그당은 이미 2대 애덤스 대통령을 배출한 이력이 있었으나 1854년 공화당의 등장과 함께 사실상 역사에서 사라지게 된다. 공화당에 흡수된 것이나 마찬가지다. 휘그당이 사라지게 된 배경에는 미국 정당사에서 중요한 사건인 1854년 공화당의 등장이 있다.

먼저 1820년 미국에서 체결된 미주리 타협(Missouri Compromise)*을 주목할 필요가 있다. 미국은 13개 주로 시작해 새로운 주들이 하나씩 들어오는 형식으로 확장되었고, 연방이 확장될 때 가장 중요한 이슈는 노예 문제였다. 미주리 타협은 미주리주의 연방 가입을 두고 북부의 '자유주'와 남부의 '노예주' 간의 타협을 말하는 것으로, 노예주였던 미주리주의 연방 가입을 인정하는 대신 북위 36도 30분 이북의 영토에 신설되는 주에 대해서는 노예를 금지하기로 한 것이다. 다시 말해 노예주의 확산을 막기 위한 타협이었다.

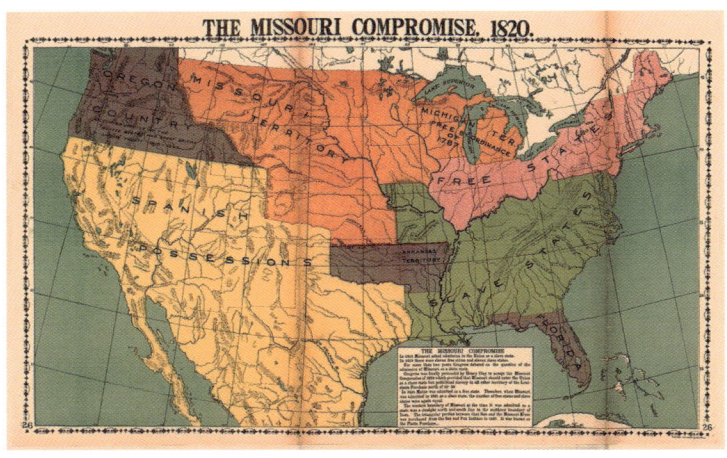

미국은 이처럼 시작 단계부터 노예 이슈가 문제가 되었다. 이미 1776년 독립선언서에서 천부인권을 선언한 미국이 흑인 노예에 대해서는 한 사람의 온전한 인간으로 보지 않았다. 흑인 노예들은 5분의 3의 권리만 인정되었고 이 권리도 노예의 주인이 대표하도록 했다. 노예가 많은 사람들은 그

---

* 미주리 타협(1820): 매사추세츠주(州)의 메인구(District of Maine)을 자유주로, 미주리를 노예주로 하되 미주리주(州) 남부 경계인 북위 36도 30분 이북에는 노예주를 설치하지 않을 것과 자유주 수와 노예주 수를 동수로 유지할 것을 북부의 자유주와 남부의 노예주가 타협한 협정.

만큼의 투표권을 더 가질 수 있었다.

미주리 타협은 1854년 캔자스-네브래스카 법(Kansas-Nebraska Act)으로 인해 무효가 된다. 이 법은 이름대로 캔자스 네브래스카 준주를 창설해 새로 토지를 개방하는 법으로서 토지 개척자들이 노예주로 할지, 자유주로 할지 직접 결정할 수 있도록 규정했다. 노예를 반대했던 북쪽에도 노예주가 탄생할 수 있게 되면서 사실상 노예주 신설을 금지했던 미주리 타협이 의미가 없게 된 것이다. 이로써 미국은 노예 해방 문제를 두고 본격적인 갈등을 벌이게 된다.

미국 공화당의 아버지를 링컨으로 보는 것은, 링컨이라는 미국의 상징적인 대통령이 공화당을 배경으로 했기 때문이다. 그러나 공화당을 링컨이 시작했다고 볼 수는 없다. 공화당의 시작은 공화당의 창립자 중 한 사람으로 알려진 앨번 보베이(Alvan E. Bovay)가 주도한 작은 마을의 한 교회에서 열린 집회였다.

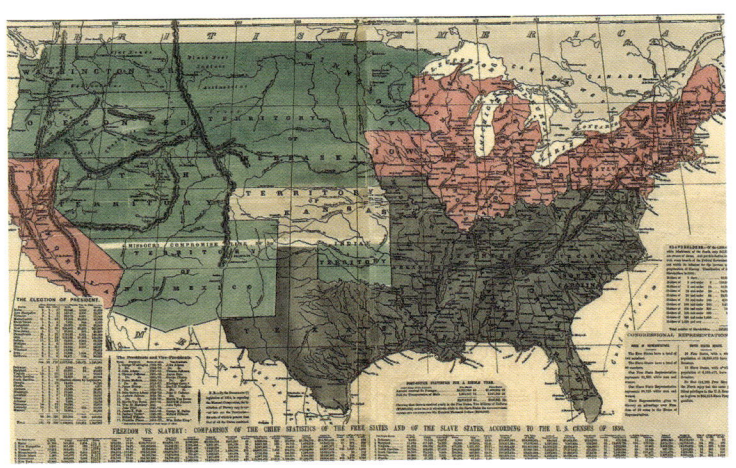

1856년 당시 미국 지도: 노예주(회색), 자유주(적색), 미국속령(녹색), 캔자스(정중앙, 회색)

메이플라워호를 타고 미 대륙으로 넘어왔던 필그림들의 정착지인 보스

턴과는 달리 제임스타운 등 영국 직할 식민지였던 곳에는 노예가 존재했고 이것이 남부 노예제의 바탕이 된 것이나 다름없다. 당시에는 노예가 20명 정도였지만 150여 년이 지난 독립전쟁 때에는 50만 명, 남북 해방기에는 600만 명까지 늘어나게 된다. 소위 노예제 세력은 헌법 제정 의회에서 흑인 노예들의 '5분의 3 투표권'을 인정하지 않으면 탈퇴하겠다고 겁박하여 미국 헌법은 어느 정도 노예제를 인정하는 헌법이 되었다. 노예제 세력은 여기서 그치지 않고 노예제를 반대하던 북부에 압력을 넣으며 결국 북부도 노예제를 타협하는 수순을 밟게 된다.

캔자스-네브래스카 법으로 인해 소란스러웠던 1854년 2월 28일, 중서부 개척지 변방인 현 위스콘신의 리폰(Ripon)이란 지역의 한 교회에서 집회가 열렸다. 이 집회에서 앨번 보베이는 "노예제도 확장을 분쇄할 수 있는 유일한 소망은 오래된 당들을 없이하고 새로운 이름 아래 하나로 모이는 것"이라 말했다. 이 주장은 당시 매우 큰 호응을 얻게 된다. 이런 열기가 지속되어 한 달 뒤인 3월 20일에 작은 학교 건물에서 열린 공개회의에도 많은 사람들이 모였고 자유토지당의 당원들과 휘그당의 당원들이 이때 공화당의 당원이 되면서 공화당이 처음 등장하게 되었다. 이처럼 공화당은 강력한 노예 해방 요구로부터 시작되었다.

물론 남부와 북부의 대립에는 노예 이슈뿐만 아니라 경제적인 이유도 있었다. 당시 미국은 소득세나 재산세가 없어 수출입 관세에서 대부분의 연방 수입을 채웠다. 초대 재무장관 해밀턴의 제조업 중심 성장전략으로 북부가 투자를 많이 받는 데 비해, 면화나 담배와 같은 농작물을 수출하던 남부는 수출 관세와 더불어 자신들이 수입하는 것에도 관세가 붙는 상황에 대해 불만을 갖기 시작했다. 이런 경제적인 이슈들을 제하더라도 노예 해방 문제는 가장 큰 문제였다. 결국 5분의 3의 권리를 가진 인간이 있느냐 없느냐의 문제가 종교(기독교)의 문제를 떠나 대두되면서 마침내 수정헌법 13, 14, 15조를 통해 흑인들도 온전한 사람의 권리를 인정받게 된다.

## 노예 해방 침묵으로 역사에서 사라진 휘그당

휘그당은 공화당의 등장과 함께 역사에서 사라지게 되었다. 현대 미국의 형성에 있어 가장 중요한 쟁점이었던 노예 해방에 대해 확실한 입장을 내지 못했기 때문이다. "미국 헌법과 연방에 대한 변함없는 애착(reverence for the Constitution, and unalterable attachment to the National Union)"이라는 정체성을 주장했던 휘그당은 노예 해방 문제에 미지근할 수밖에 없었고 이 과정에서 북부 휘그당의 대개는 공화당에 합류하게 된다.

남북전쟁을 시작으로 노예 해방을 이룬 링컨조차 노예 해방 문제를 미지근하게 다룬다는 소리를 들었다. 태어난 지 100년이 채 되지 않은 신생 연방국의 유지와 연방 시스템 운영에 대한 문제도 다뤄야 했기에 링컨은 노예 해방에만 집중할 수 없었다. 남북전쟁 당시인 1863년 11월 19일 있었던 게티스버그 연설에서 링컨은 다음과 같이 말한다.

게티스버그 연설 당시를 그린 기록화

우리 선조들은 87년 전 자유 속에 잉태되고 모든 인간은 평등하게 창조되었다는 전제에 헌신된 한 새로운 나라를 이 대륙에 건설했습니다. 우리는 큰 내전 상황에 처해 있으며 우리 선조들이 세운 나라가 과연 이 지상에 오래도록 존재할 수 있는지를 시험하고 있습니다.

Four score and seven years ago our fathers brought forth on this continent a new nation, conceived in liberty, and dedicated to the proposition that all men are created equal. Now we are engaged in a great civil war, testing whether that nation, or any nation, so conceived and so dedicated, can long endure.

이처럼 노예 해방 문제와 함께 연방의 틀을 유지하는 것이 링컨에게는 같은 비중의 문제였다. 그렇기에 링컨은 연방의 시스템을 포기하지 않는 노예 해방 방법은 무엇인가 또는 이 거대한 두 문제 중 하나를 선택해야 한다면 무엇을 선택해야 할 것인가를 진중하게 고민한 것이다. 연방 시스템을 유지하려면 미국 건국 세력이자 강력한 기독교 세력인 남부를 끌어안을 수밖에 없었다. 링컨이 연방 시스템에 더 무게를 두었다면 남북전쟁은 일어나지 않았을 것이다. 그러나 역사는 남북전쟁으로 흘러갔다. 당시 전쟁 가능한 남성 10%가 죽었다는 말이 있을 정도로 매우 큰 내전이었던 남북전쟁이라는 희생을 치른 후 노예 해방을 강력하게 요구했던 공화당은 미국에서 정통 정당이 되었다. 그리고 미국의 문제를 넘어 인류사적인 문제였던 노예 해방에 대하여 침묵했던 미국의 휘그당은 결국 역사에서 조용히 사라지게 되었다.

## 부정선거 침묵하는 국민의힘의 어두운 앞날

정치 영역에서 역사가 있는 정당은 매우 중요하다. 특히 대통령을 배출한 정당은 더욱 그러하다. 그런 의미에서 국민의힘과 더불어민주당이 다른 군소정당과 같은 수준으로 인식될 수 없다. 한국의 경우도 마찬가지지만 미국의 경우 당적이 없이 무소속으로 정치를 하는 경우는 매우 드물다. 버니 샌더스가 잠시 무소속으로 상원의원이 됐으나 그는 결국 민주당이었다.

현대 민주주의 정치에서 정당이라는 개념은 매우 중요하기에 무소속 국회의원이 어떠한 역할을 하기는 사실상 어렵다. 그렇기에 역사가 있는 공당이 매우 중요한 것인데 한국의 공당인 국민의힘과 더불어민주당이 휘그당과 같이 역사적으로 굉장히 심각한 문제에 대하여 답을 하지 않거나 오히려 동조하는 범죄자가 되는 형국이라면 역사 속으로 사라질 수밖에 없다. 특히 자유민주주의를 이념으로 한다는 국민의힘이 인류사적 문제인 부정선거에 침묵하고 동조하는 것은 휘그당의 노예제 침묵과 같은 수준이다. 현재 정치 영역에서의 근본적인 균열선은 두말할 것 없이 부정선거 문제다.

## 북한의 노예 해방과 직결된 선거부정 문제

작금의 한국 선거부정 문제는 어느 정치인이나 정당이 정치적 이익을 목적으로 하여 한두 석을 더 얻으려는 문제를 넘어선 것이다. 한 사람의 수령을 위하여 모든 권리를 포기하고 노예와 같은 삶을 살고 있는 북한 동포들에게 온전한 인권을 찾아주는 것은 노예 해방만큼이나 중요한 문제이다. 5분의 3의 인간이었던 과거의 흑인 노예들보다 더 심각한 인권적 위기를 맞은 북한 주민들을 천부인권이 부여된 자유민으로 만드는 길에서 가장 중요한 것은 대한민국의 자유민주주의와 자유선거를 지키는 문제이다. 선거부정 문제는 명백히 악성 공산주의와 관련된 외세 혹은 안보 문제이며 대한민국을 쥐고 흔들려는 국가 전복 세력의 문제다.

고영주 변호사, 조갑제 대표, 정규재 대표 등과 같은 우파의 고명한 오피니언 리더들이 부정선거를 인식하지 못하는 이유는 공산주의를 굉장히 피상적으로 인식하고 있기 때문이다. 중국공산당, 북한 노동당 입장에서 대한민국은 위협적인 자유 국가이고, 자유민주주의에 상처 내기 가장 손쉬운 방법은 선거를 손대는 일이다. 선거에 중국이 개입됐다는 것은 로이킴이 선관위 데이터에서 발견한 암호문자, [follow_the_party]를 통해 이미 드러난 사실이다. 당을 따르라는 중국공산당의 구호가 암호문자로 나타난 것에 대하여 의심하는 사람들이 여전히 많겠으나, 정보통신기술을 조금이라도 아는 사람들은 로이킴의 해설을 이해할 수 있다. [follow_the_party]는 명백히 중국의 개입을 나타내는 증거다.

2020년 4·15총선에서의 부정은 253개 지역구 전체를 대상으로 한 대대적인 범죄이며 사전투표에서 대부분의 조작이 있었다. 물론 당일투표에서도 조정이 있었으나 전산 개입은 미미했고 최종적으로 아주 박빙의 지역구에서의 결과를 조정했다.

(사)법치와자유민주주의연대가 투표지를 보전하고 재검표를 실시한다면 당락에는 영향이 없을 것이나 이상한 투표지들이 쏟아져 나올 것이라 주장한 이유이다. 선관위의 전산 데이터와 현실 실물표의 수에 차이가 있을 것이고 이는 재검에서 치명적인 증거가 되기 때문에 전산 데이터와 실물표의 수를 맞추기 위해서 투표지를 새로 제작하여 투입했을 것이라 예측한 것이다. 그리고 투표지를 제작하는 과정에서 급하게 인쇄할 수밖에 없기에 인쇄 상태가 엉망인 투표지가 나올 것을 예상한 것이다.

실제로 2021년 6월 28일 민경욱 전 의원 선거구 총선 재검표 현장에서 배춧잎투표지와 같은 이상 투표지가 대거 발견되었다. 『해커의 지문』과 『해커의 지문 발견기』를 통해 이미 부정선거 메커니즘에 대한 설명을 상세히 했다. 대한민국이 겪는 선거부정 문제는 중국과 북한이 자신들의 체제를 위협하지 않을 세력을 유지하기 위해서 벌인 일종의 전쟁 전략이었다.

## 필연적인 새로운 정당의 등장

결국 근본적인 균열선은 부정선거에 있다. 1854년의 노예 해방을 이끌어낸 공화당의 등장처럼 2024년 부정선거 척결을 이끌 새로운 정당의 등장은 매우 필연적이다. 공화당이 등장하고 10년이 되지 않아 남북전쟁이 발발했다. 이런 수준의 심각한 위험이 있을 수 있다 하더라도, 아직도 해방되지 않은 노예와 같은 삶을 사는 북한 주민들을 그대로 방치할 것인가? 북한의 해방을 방치할 것인가? 역사는 남북전쟁을 통해 노예 해방으로 흘러갔다. 이런 심각한 역사적 대전환은 우리의 선택이 아닌 하늘의 선택이다. 북한 해방은 이미 역사를 통해 증명되었듯 정해진 순서다.

휘그당은 교회와 연방을 지키기 위한다는 핑계로 노예 문제에 침묵했다. 결국 휘그당은 20여 년을 유지하다 해산되었다. 선거부정 문제에 침묵하는 국민의힘도 결국 휘그당처럼 역사의 뒤안길로 사라질 것이다. 국민의힘을 대체할 자유민주주의 정통 정당이 등장할 것을 기대한다.

**2024년 3월 4일**

# "가장 민주적인 선거는 '아날로그' 선거"
### 신뢰할 수 있는 선거제도 회복만이 우리가 살 길
### 수촉특위 대만 탐방

QR코드를 스캔하시면
해당 영상을 시청하실 수 있습니다.

    4·10총선을 한 달여 앞둔 2024년 3월 4일, 법치와자유민주주의연대(NPK) 산하 부정선거수사촉구 특별위원회(이하 수촉특위)는 대만을 방문하여 대만 선거 시스템의 전반적인 내용을 살펴보며 한국 선거 시스템에 대해 재고하는 시간을 가졌다.

## '가장 미련한 방식'의 선거

대만 방문 일정은 타이중시 선거관리위원회에서 대만의 선거제도에 대해 상세히 소개받는 것으로 시작되었다. 타이중 선관위 부위원장은 본격적인 발표에 앞서 대만 선거의 대략적인 내용을 소개하며 "대만은 가장 미련한 방식(最笨的方法)으로 선거를 치르고 있다."라는 인상적인 말을 남겼다. 모든 것이 간편하게 디지털화되어 가는 시대임에도 대만은 그들 자신조차 미련하다고 평가할 만큼 조금의 타협도 없는 아날로그 방식의 선거를 고수하고 있다.

대만은 단 하루 동안만 투표할 수 있다. 정확하게는 9시간이다. 주소지로 등록된 곳 외에서의 투표는 불가능하다. 재외자 투표나 우편투표는 아예 없다. 20세 이상 시민권자 모두가 투표 참여 대상이나 대통령 선거의 경우 시민권을 부여받은 후 최소 6개월 이상 대만에 거주했어야 투표권이 주어지고, 지방선거의 경우는 그 지역에 거주한 지 4개월 후에야 투표권이 주어진다.

선거 일정이 확정되면 선거 관리기관인 선관위에서는 투표소 주소와 번호 등이 적힌 투표 통지서를 각 유권자에게 우편 배부한다. 유권자는 투표 통지서와 개인 도장 그리고 신분증을 지참하여 투표소로 향한다. 투표소에 도착한 유권자는 투표하러 들어가기 전 개인 확인 절차를 거치는데, 신분증으로 신원확인 후 지참한 투표 통지서를 제출하고 선거인 명부에 개인 도장(혹은 지장)을 날인하고 투표소에 입장한다.

## 선거 결과는 대개 당일 밤에 발표
## 공무원들의 적극적 봉사가 큰 역할 해

다큐멘터리《당신의 한 표가 위험하다》공개 이후 국내에서 큰 관심을 받았듯이 대만 선거의 개표는 수개표 방식으로 진행된다. 개표자가 개표 현장의 모든 사람이 볼 수 있도록 투표지를 들어 보이며 득표한 후보를 말하면 칠판의 개표 상황표에 바를 정(正)을 수기로 기재하는 방식이다. 이 모든 과정은 참관인들의 입회 하에 진행되며 관리자들도 참석하여 문제 유무를 확인한다. 개표가 끝나면 투표함에 잔여 투표지가 남아있는지 확인한 후 개표 보고서를 꼼꼼히 작성한다. 최종 선거 결과 발표는 관리 감독관을 거쳐 신속하게 보고되며 착오가 없을 시 결과 데이터를 지역 개표 센터로 전송한다. 마지막으로 개표소를 닫기 전 개표 보고서를 개표소 입구에 게시한다.

　전산적 과정은 개표가 끝난 후에야 진행된다. 개표소를 통해 전달된 데이터를 컴퓨터 개표 시스템 담당자가 전달받아 지역 및 중앙선관위 시스템에 접속해 결과를 입력하면 그 수치가 방송을 통해 발표된다. 모든 투표소에서 이런 방식의 수개표를 하는데, 소요되는 시간은 단 2시간 정도라고 한다. 특별한 이슈가 없다면 대부분의 유권자들은 당일 밤에 선거 결과를 알 수 있다.

　지난 3월 4일 타이중 선관위 회의실에서 NPK 수촉특위와 타이중 선관위는 자유선거를 논의하는 심포지움을 가졌다.

　개표에 소요되는 시간이 예상보다 적게 걸리는 이유는, 물론 수개표 자체가 단순한 절차를 거친다는 이유도 있으나, 선거 전반의 과정을 위해 교사, 경찰 등의 공무원이 적극적으로 봉사 인원에 동원되기 때문이다.

　대만 제2의 도시인 타이중의 인구는 280만이다. 그런데 타이중 선관위 상근 직원은 20명이 채 되지 않는다. 전국 선관위 총인원이 3,600명이 넘고 연간 예산이 9천억이 넘는 한국의 규모와는 인구수를 고려하더라도 꽤 큰 차이를 보인다고 할 수 있다. 대만에서 선거 일정이 확정되면 전국 1,092개의 투표소에 2만 5천여 명의 지방 공무원, 퇴직 공무원, 교사 등의 봉사자들이 선거 관리 인력으로 대거 동원된다. 지난 2월, 노동자 인권침해의 이유로 선거 사무를 거부한다는 한국 공무원 노조의 행태와는 매우 상반된 태도라 여겨진다.

## 국가 안보와 직결된 자유선거

　대만 방문 일정에서 코디네이터 역할을 해 준 타이중 YMCA 대표 간사는 유엔에서 퇴출당했던 대만의 국제정치적 상황을 개탄스러워하며 "중국공산당이 가만히 있을 리가 없다. 대한민국도 대만처럼 될 수 있다."라고 진중히 경고했다. 그럼에도 중국이 대만을 섣불리 공격할 수 없는 이유는 약 130km 폭의 대만해협을 사실상 무시할 수 없기 때문이라 했다. 고작 4km 폭의 DMZ를 두고 북한과 대치하고 있는 대한민국은 안보에 대해 얼마나 위기의식을 가지고 있는가?

대만에 대한 중국의 정치 개입 시도는 지금까지도 계속되고 있다. 대만의 총통 선거를 40여 일 앞둔 시점이었던 작년 12월 초 구글은 대만을 겨냥한 중국발 해킹 공격이 급증했다고 발표했다. 구글 측은 중국 내 100여 개의 해커 집단이 대만의 국방, 기업, 정부 기관을 상대로 해킹을 시도했다고 전했다.

이미 선거는 안보의 문제로 자리 잡은 지 오래다. 2020년 4·15총선에서 발견된 중국 해커의 전산 조작 가능성을 의심케 한 [follow_the_party]는 분명한 선거 개입의 증거다. 하지만 선거부정 사건에 대해 수사할 권력도, 의지도 전혀 없는 현 정권을 볼 때 부정선거 규명 및 타파는 요원한 일로 보인다.

허점이 많은 사전투표와 전자개표기 사용 그리고 단어조차 적절치 않은 '인쇄 날인' 등의 모든 선거부정의 요소를 선거제도에서 제하고 대만처럼 다소 미련하지만 누가 보더라도 신뢰할 수 있는 선거제도로의 개혁이 현재 대한민국의 가장 중요한 급선무다.

### 2024년 9월 19일

# "통계도 부정선거 증거될 수 있다"
## NPK 부정선거 수촉특위 세미나

QR코드를 스캔하시면
해당 영상을 시청하실 수 있습니다.

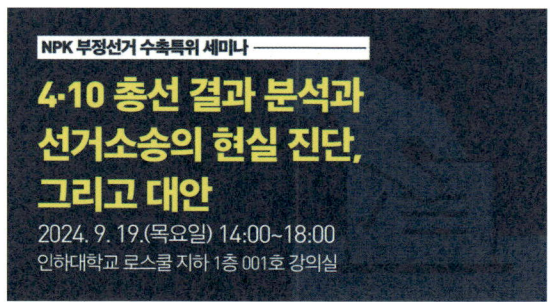

   (사)법치와자유민주주의연대 산하 부정선거수사촉구 특별위원회(이하 수촉특위)는 2024년 9월 19일 인하대학교 로스쿨에서 "4·10총선 결과 분석과 선거소송의 현실 진단, 그리고 대안"이라는 주제로 세미나를 개최했다.

   발제에 앞서 여러 귀빈들의 인사와 축사가 있었다.

   손영화 인하대 로스쿨 원장은 선거소송은 선거의 공정성과 선거 과정의 정당성을 부여하고 선거법 위반으로 피해를 본 후보자나 유권자들에 법적 구제 수단을 확보해 주어 민주주의를 수호하는 큰 의미가 있지만 후보 취소나 선거 무효 등의 과정이 어려워 부정 혐의가 의심되는 후보가 임기를 마치는 경우가 대부분이라 밝혔다. 또한 짧은 기간 내에 소송을 제기해야 하는 점, 선거 무효의 판정이 나와도 재선거를 실시해야 하는 부담 그리고 딥페이크에 의한 허위정보의 유출 등의 어려움도 있음을 지적했다. 송 원장은 이런 상황에서 열리는 세미나가 투명하고 공정한 선거를 위한 기술적, 법적 제도의 밑받침이 되기를 바란다는 인사말을 남겼다.

이어 맹주성 NPK 이사장은 나라 잃은 유대인들이 문명의 발상지인 유프라테스강에서 고향, 즉 '나라'를 그리워하는 내용의 노래인 "히브리 노예들의 합창"을 여러 번 들었다며 인사말을 시작했다. 요즘 시대의 고향은 '국가의 정체성', 즉 정신적인 가치라며 지금 우리는 이 고향을 잃었다고 강조했다. 또한 맹 이사장은 비과학적, 반지성적인 행태를 보이고 있는 중앙선관위에 일방적으로 편을 들며 증거인멸에까지 가담한 대법원은 정의를 세우겠다는 의지조차 없음을 지적했다. 이 때문에 4·15총선 이후 한 개의 선거도 예외 없이 모든 공직자 선거에 대한 디지털 부정행위가 일상화되었다고 강조했다. 맹 이사장은 수면 아래로 가라앉는 선거부정 문제에 대해 뚜렷한 해법이 있는가에 대해서는 회의적이지만, 정의를 구현하게 되는 어느 날 본 세미나의 발제가 튼튼한 기초자료로써 쓰이게 될 것을 기대한다며 인사말을 마쳤다.

황교안 전 국무총리의 축사가 이어졌다. 황 전 총리는 부정선거 규명하는 시민들이 4년 반 가까이 어려운 싸움을 하는 중에 많은 변화가 있었고, 국민들 특히 식자층에서 선거부정에 대해 많이 인지하고 있음을 강조했다. 비록 정치권에서는 선거부정 규명에 대해 침묵하지만 우리는 깔아뭉개지지 않을 것이라 단언했다. 특히 국정원의 선관위 감사는 국민들에게 선관위를 고발한 것이나 마찬가지이고, 철옹성 같던 언론도 선거부정에 대한 언급이 많아졌다며 지난 4년간 큰 변화들이 있었다고 말했다.

그럼에도 4·10총선 이후 시민들이 24군데 선거 무효 소송을 제기했으나 180일 내에 처리해야 하는 선거 소송을 아직까지 손대지 않고 있음을 지적했다. 법관들이 소송을 무시하는 이유에 대해 쏟아져 나온 가짜 투표지를 감당할 수 없어 소송에 손을 대지 않는 것이라 여긴다며 법치가 최고 사법기관인 대법원을 통해 무너졌음을 강조했다. 황 전 총리는 통진당 해산에 14년이 걸렸음을 상기하며, 다들 지쳐있는 즈음에 세미나를 연 것에 대해 의미 있게 생각한다고 말하며 축사를 마쳤다.

"1960년 인류가 처음 달에 발을 들였다"는 말로 축사를 시작한 민경욱 전 의원은 6번의 달 착륙과 12명의 우주인이 탄생한 사실에 대해 거짓이라 믿는 소위 음모론자들과 논쟁하는 것은 매우 어려운 일임을 예로 들며, 4년째 선거부정을 규명하고 있는 우리에 대해 일부에서 음모론자라고 폄훼하는 행태를 지적했다. 한동훈 국민의힘 당대표를 포함한 비난 세력은 아무리 이상 투표지를 보여줘도 관심을 보이지 않고, 서울 경기 인천에서 공통적으로 나온 63:36이라는 특이한 비율, 서울과 경기 지역 모든 행정동의 사전투표에서 더불어민주당이 유리했던 이상적 통계에 대해서도 그럴 수 있다는 식으로 넘어간다고 지적했다. 민 전 의원은 부정선거 개선 작업의 가장 중심에서 일해야 하는 분들이 모여 세미나를 연 것에 감사 인사를 남기며 축사를 마쳤다.

마지막으로 축사한 서승직 인하대 명예교수는 부정선거가 분노할 일이지만 용기 있게 나서지 못했음이 부끄럽다며, 정의가 사라진 시대에 후손들에게 무엇을 가르칠 것인가 교수로서 마음이 무겁다고 말했다. 40여 년간 인하대 강단에 섰던 서 교수는 이승만이 설립한 인하대에서 열리는 세미나를 통해 꺼져가는 선거부정 규명의 불꽃을 살려 정의가 살아나는 때가 반드시 올 것이라 기대한다고 말했다. 수치 분석과 컴퓨터 시뮬레이션을 통해 에너지 분석을 한 서 교수는 대수의 법칙과 통계를 평생 연구했고 가르쳤음을 밝히며 선거부정의 증거가 차고 넘친다고 강조했다. 확실한 증거가 있음에도 싸워야 한다는 것이 서글프다며, 언젠가는 정의가 바로 서는 나라가 될 것을 기도한다는 말로 마무리했다.

## "통계도 법정 증거로 쓰일 수 있다"
홍성빈 데이터분석전문가

홍성빈 데이터분석전문가는 첫 번째 발제를 통해 통계도 법정증거로 사

용될 수 있음을 증명했다. 2020년 4·15총선과 2023년 강서구청장 보궐선거의 선거 결과 데이터는 통계법칙인 대수의 법칙에 완전히 위배된다며 모집단과 표본의 관계 규명을 위해 무작위로 난수를 형성하는 함수로 모의선거 실험을 한 결과를 소개했다. 홍성빈 전문가의 실험 결과에서 주목할 만한 점은 모집단의 크기가 어떠하든 모집단의 '참값'에 대한 괴리의 정도는 큰 차이가 없다는 것이다.

민주당 지지자들이 사전선거에 많이 참여했기 때문에 나오는 결과 아니냐는 질문에 대해 홍 전문가는 한겨레에서 2024년 4월 10일 발표한 사전선거 투표인은 60대 이상이 37%로 가장 많고 40대는 15%라며, 6~70대 대개는 보수 성향인데 민주당 지지자가 더 많이 사전투표에 참여한다는 주장은 모순이라고 답했다. 그리고 모집단이 다르다는 것은 사전선거 표본에 진보 성향의 사람들이 많다는 뜻인데, 민주당보다 더 진보 성향인 정당들도 표를 많이 얻지 못했다고 덧붙였다.

치과전문의인 홍 전문가는 이민 가고 싶지 않아 발표한다며 "선거 통계를 이야기하면서 천문학적인 숫자를 말하는 건 가슴 아픈 일"이고 "이런 비정상적인 숫자들이 국가가 생산하고 관리하는 데이터베이스에 버젓이 기록돼 있다는 것은 국가적인 수치"라고 강조했다.

## "4·10 선거는 전략적으로 기획된 선거"
### 허병기 인하대 명예교수

허병기 인하대 명예교수는 "제22대 총선 결과의 학술적 검증 결과"라는 주제로 발제했다. 허 교수는 국민의힘 후보와 민주당 후보의 당일득표율로부터 민주당 후보의 당락을 추정하는 기준이 설정됐고, 지역별로 선거구에 관계없이 선거구 득표율에서 당일 득표율을 뺀 차이값이 일정한 것이 이를 방증한다고 주장했다.

허 교수의 분석에 따르면 영등포을 선거구도 비슷한 양상을 보였다. 국민의힘이 당일 득표율에서 12% 차이로 이겼고, 선거구 득표율 차이로는 거의 차이가 없었다. 결국 12%가 줄어든 결과가 나타난 것이다. 이와 같이 선거구 득표율에서 당일 득표율보다 9~15%가 줄어드는 결과가 서울 지역 48개 선거구에서 동일하게 일어났고, 이는 평균적으로 12.8% 차이가 난 것이라며 경기 지역을 비롯한 전국의 데이터에서도 이러한 양상을 띤다고 밝혔다. 결국 국민의힘 후보가 실제로는 이겼지만 결과상 지는 것으로 나타나는 어떠한 '변곡점'이 존재하며, 실제로 17개의 선거구가 이러한 변곡점의 결과에 해당한다고 주장했다. 통계 공식에 심각하게 어긋난 선거 결과 데이터는 통계학적으로 설명이 안 되는 이상한 것이라며 확률상 281조분의 1에 해당하는 4·10총선 결과의 데이터는 부정선거임을 증명한다고 밝혔다.

## "엉터리로 소송 진행한 법관들, 사기꾼이나 다름 없어"
### 권오용 변호사

수축특위 공동위원장을 맡고 있는 권오용 변호사가 마지막으로 발제했다. 사실에 대한 경험적 판단으로 어떤 것이 증거가 되는가를 판단하고, 판례를 분석해 3단논법으로 추론하는 것이 법률가의 일이라며, 자신의 발제는 이러한 사실적인 판단에 근거한다고 밝혔다.

권 변호사는 민경욱 전 의원이 2020년 5월 7일에 제기한 선거무효소송을 법정 처리기한인 180일의 4배를 넘긴 시점인 2022년 7월 28일에 처리한 것은 법원이 공직선거법을 위반한 사례임을 분명히 했다. 그리고 공직선거법 151조 6항에 명시된 바코드를 QR코드로 대체한 것은 위법임에도 불구하고 QR코드와 바코드가 같다고 판결을 내린 것은 코미디와 같은 일이라 말했다. 이런 망동 외에도 감정 전 접힌 자국이 없던 투표지가 감정 이후 접혀져 있던 것, 일장기투표지와 배춧잎투표지 등의 이상투표지가 쏟아졌음에도 불구하고 선거무효소송과 재판 진행 그리고 판결 모두 문제를 제대로 다루지 않았음을 지적했다.

## "무엇이든 계속하는 것이 중요"
### 김미영 NPK 사무총장

행사를 마무리하며 발언한 김미영 NPK 사무총장은 우리에게 가장 강력한 증거는 '이상한 투표지'라며 이에는 두가지 종류가 있다고 설명했다. 첫째는 개표 현장에 전혀 없었던 투표지, 둘째는 개표 현장에 있었던 투표지이다. 개표 현장에 있었던 투표지는 사전에 제작되었던 것이고, 배춧잎투표지나 일장기투표지같이 개표 현장에 없었던 투표지는 검증기일을 위해 만든 것임을 이해해야 한다고 강조했다.

또한 선거 청사진이 있었고 이 청사진을 실행하는 과정을 전산적으로 했다는 것이 핵심이라며, 사전투표관리관 개인도장을 찍지 못하고, 명부를 제대로 확인하지 못하며, 사전투표를 몇 명이 했는지 확인할 길이 없는데 확인하려 했던 시민 한 씨를 감옥에 넣은 상황은 투표지를 미리 만들어 둘 수 있다는 사실을 방증한다고 설명했다. 제작한 투표지를 만드는 것은 굉장히 간단한 일이라고 덧붙인 김 사무총장은 사전투표와 당일투표 사이에 5일이라는 긴 시간 동안 조작할 수 있는 여지가 많고, 틈이 많은 우편투표 제도까지 있는 지금 상황에 중앙선관위가 장악되었다면 선거부정은 매우 쉬운 일이라 말했다.

김 사무총장은 이 상태로는 선거부정이 계속될 것인데 앞으로 어떻게 할 것인가라는 물음 앞에 "우리는 무엇이든 계속하는 것이 중요하다"라고 강조하며, 거대한 사건에 대해 끝까지 함께 규명했으면 좋겠다는 말로 행사를 마무리했다.

**2024년 10월 24일, 11월 14일**

# 벤처 성공 신화 남민우의 '다산네트웍스', 선거부정 카르텔의 핵심

QR코드를 스캔하시면
해당 영상을 시청하실 수 있습니다.

> **편집자주** 지난 12월 계엄군의 중앙선관위 잠입으로 선거부정 문제가 본격적으로 논의되고 있습니다. 그러나 현재 전자투표시스템의 핵심 기업인 한국전자투표와 핸디소프트를 소유한 기업 다산네트웍스에 대해서는 제대로 다루어지지 않고 있습니다. 선거부정 문제에 대해 더욱 심도 있는 논의가 이뤄질 수 있도록 VON뉴스에서 방영한 〈전환기의 세계보기〉 "다산네트웍스 남민우를 주목하라! – 한국전자투표의 비밀"(2024. 10. 24.), "우체국 등 공기관 담당 핸디소프트는 왜, 어떻게 다산그룹에 넘어갔나 – 부정선거 메커니즘 심층해설"(2024. 11. 14.)을 녹취 정리했습니다. 전체 내용은 영상을 통해 시청하실 수 있습니다.

대외적으로 남민우 다산네트웍스 회장은 벤처 1세대로서 인정받는 사업

가이다. 서울공대가 자신들의 웹진에 대선배 80학번 남민우 회장을 롤모델로 삼아 인터뷰를 실을 정도로 기업가로서의 그의 입지는 탄탄해 보인다. 1993년 통신 하드웨어를 제작하는 다산기연으로 시작된 다산네트웍스는 현재 수천억의 자산을 보유하고 있는 큰 기업이지만, 선거부정 문제를 규명하는 문제에서 심상치 않은 의구심이 제기된다.

## 2004년 다산을 인수한 지멘스 뒤에 있던 중국 화웨이

다산네트웍스의 남민우 회장은 중국과의 관계를 빼놓고는 사업을 논할 수 없는 사람이다. 하지만 그의 성공신화를 다루는 다수의 기사나 인터뷰에는 중국과 관련한 내용이 실려 있지 않다. 2000년 코스닥에 상장될 정도로 성장한 다산네트웍스는 그 이듬해인 2001년 남북 IT 협력사업을 개시했다. 그리고 이 사업을 중국 단동에서 진행했고 이때부터 남민우 회장에게서 중국은 빼놓을 수 없는 사업 기반이 됐다.

노키아지멘스네트웍스

남민우 회장이 한민족글로벌벤처네트워크 의장이 됐을 무렵인 2004년 3월, 다산네트웍스는 경영권을 독일 전기·전자기업인 지멘스에 팔았다. 550만 주의 신주를 주당 9,000원에 인수한 지멘스 뒤에는 중국 대표 기업 화웨이의 투자가 있었다. 인수 작업이 이뤄지기 한 달 전인 2004년 2월, 지멘스와 화웨이는 중국에서 3세대 통신장비 분야 합작법인을 베이징에 설립했다. 지멘스는 중간에서 심부름을 했을 뿐, 2004년 다산 경영권 매각 거래의 주역은 화웨이였다. 화웨이는 당시 지멘스, 노키아와 손을 잡고 본격적으로 모바일 사업에 뛰어들었고, 다산을 끌어들였다.

중요한 사실은 4년 후 지멘스가 노키아와 본격적으로 손을 잡으면서 보유하고 있던 다산의 경영권을 다산에 사실상 돌려주었다는 것이다. 2008년 8월 노키아지멘스네트웍스(NSN)는 다산네트웍스 지분 790만 주(당시 1주에 3,615원)를 전량 매각했고, 그에 따라 다산의 최대주주가 다산TPS로 변경되면서 남민우 회장은 경영권을 다시 확보하게 된다. 지멘스 측이 9,000원에 인수했던 지분을 3,700원 정도에 되팔면서 사실상 절반도 안 되는 가격에 경영권을 회수한 남민우 회장은 사업수완이 너무나 뛰어난 인물일 뿐일까? 수상하게도 다산네트웍스에는 이러한 행운이 비정상적으로 자주 찾아왔다.

## 문재인 임기 말기 다산타워 사들인
## 한국토지신탁과 김남국 위믹스코인 커넥션

최근 다산네트웍스에 깃든 큰 행운 하나는 지자체가 힘을 보태어 벤처타운으로 지은 다산네트웍스의 판교 사옥, 다산타워를 한국토지신탁이 매입한 것이다. 매입의 방식은 다수의 부동산 투자자를 모으는 '리츠'(REITs, Real Estate Investment Trusts)였다. 이 리츠에 큰 지분으로 참여한 기업이 김남국 위믹스 코인과 연관이 있는 기업, 위메이드이다. 300억 원 정도로 감정평가 되어 있던 건물을 세금 포함 약 1,800억 원에 공기업이나 다름없는 한국토지신탁이 문재인 재임이 얼마 남지 않았을 시점에 사들였다. 이를 단순한 우연으로 보기에는 매우 꺼림칙하다.

다산네트웍스는 2011년 12월 다산타워에 입주했다. 다산 간판 왼쪽에 위믹스코인의 위메이드 간판이 보인다.(출처: 위키백과)

## 다산의 맥락 없는 기업 사들이기 번번이 성공하는 이유는?

다산에 깃든 또 다른 큰 행운은 한국 기업이지만 중국 텐센트의 자금으로 만들어진 창업투자회사, 캡스톤파트너스를 손에 쥔 것이다. 800억 규모의 텐센트 출자사 캡스톤파트너스에는 우리에게 친숙한 기업인 당근, 직방, 마켓컬리 등이 엮여 있어 조 단위의 가치를 창출했다고 알려져 있다.

텐센트가 캡스톤파트너스에 투자할 때 다산을 통했던 것이 핵심이다. 남민우 회장은 초기부터 캡스톤파트너스 지분의 20%를 소유하고 있어 의결권이 확실한 주주였고, 2019년에는 캡스톤파트너스의 등기이사로 등극했다. 이와 같은 이력을 미루어 보아 중국 텐센트의 에이전트라는 의구심이 들 수밖에 없다. 다산 측에서는 이러한 대량 주식 보유를 '단순 투자'라고 말하고 있다. 텐센트 출자사 캡스톤파트너스와 남민우 회장의 연관성을 언급하는 기사는 없다.

최근 다산네트웍스는 엔지스테크널로지라는 독특한 회사에 투자하면서 경영권을 인수했다. 지난 10월 다산네트웍스는 230억 원의 엔지스테크널러지 주식을 추가 취득하면서 엔지스에 대한 지분 57.2%를 소유하게 되었다. 엔지스테크널러지는 작년 10월 이미지스시스템즈라는 기업과 합병했다.

캡스톤파트너스 로고와 (주)이미지스테크놀로지 기업 로고. (주)이미지스테크놀로지(원아이테크)는 2013년 6월 (주)이미지스시스템즈의 자회사로 편입됐다.

이미지스시스템즈는 반도체 핵심기술을 다루는 회사로 알려져 있다. 다산네트웍스가 엔지스테크널러지를 인수한 것은 이미지스시스템즈가 가지고 있는 반도체 기술을 확보하려는 것이 아닌가 추측한다.

또한 다산네트웍스는 최근 한강의 노벨문학상 수상 덕에 돈을 많이 벌고 있다. 이태복 전 장관이 설립했고 도서출판 창비의 출판물류 담당 회사인 문화유통북스를 2022년 12월에 다산이 인수했기 때문이다. 사양산업이라 여겨지는 출판업계까지 굳이 발을 넓힌 것은 우연일까? 맥락 없는 다산의 마구잡이 사업 확장과 매각, 인수는 어떻게 바라봐야 할까?

## 단 한 차례의 사법리스크 없었던 다산

노무현 정권이 들어서기 1년 전인 2002년 한국에 본격적으로 전자개표기가 도입됐다. 당시 관우정밀, SK C&C, 한틀 등의 기업이 전자개표기 개발과 제조에 참여했고, 납품 과정에서 뇌물로 로비한 것이 드러나 처음으로 중앙선관위 관계자가 금품 수수 혐의로 검찰에 수사를 받았다.

사실상 이 과정에서 다산도 함께했지만 전혀 드러나지 않았다. 이러한 정황을 봤을 때 검찰 수사가 진행되니 재빨리 기업을 지멘스에 넘겨 안전성을 확보한 게 아닌가 하는 의견이 제시되기도 한다. 확실한 사실은 다산은 지금까지 사법리스크가 전혀 없는 거의 유일한 기업이라는 것이다. 다산이 핸디소프트를 인수할 당시 이상필이라는 인물이 브로커로서 관여했다고 알려져 있다. 이상필은 옵티머스펀드에까지 연루되어 비난을 받는 인물인데, 다산은 한 번도 수사망에 오른 적이 없다. 다산의 '뒷배'는 누구일까?

### 중국 단동에서 북한 프로그래머 길러낸 이상산 전 다산 부사장

특히 한국전자투표와 핸디소프트를 손에 넣은 것은 눈여겨봐야 할 대목이다. 다산네트웍스 부사장을 역임했고, 2013년부터 2018년까지 핸디소프트 대표이사와 이사회 의장이었던 이상산 한동대 교수는 중국 단동 소재 하나프로그램센터에서 총경리로 일했다. 하나프로그램센터는 남북 IT 교류 협력의 일환으로 만들어진 곳으로 북한 프로그램 개발자들을 길러내던 곳이

이상산 한동대 교수

다. 이상산 교수가 다산 부사장으로 있을 당시 통일IT포럼에서 "북한 개발자들의 실력이 뛰어나다"라며 칭찬한 적이 있다.

미디어에서는 남민우라는 기업가의 벤처 성공 신화를 부각하지만 정작 위와 같은 사실은 가려놓는다. 남민우 회장은 박근혜 대통령 당시 대통령 직속 청년위원회 위원장을 역임했던, 사실상 장관급 인사였다. 현재 우크라이나 재건 사업까지 추진하고 있는 다산은 테마주로서 주식시장에서 강세를 보였던 때가 있다. 박근혜 정부를 지나 윤석열 정부에서도 꽤 깊이 발을 담그고 있는 것 같다. 다산이 단지 한국 벤처 역사에서 유일무이하게 성공한 기업일 뿐일까?

핸디소프트와 한국전자투표는 하드웨어 회사였던 다산을 소프트웨어 회사로 바꿔주는 역할을 했다. 특히 투표를 관장하는 소프트웨어를 다루는 회사로 변모시킨 중요한 회사들이다. 다산타워에 선관위 하드웨어 장비 담당 회사인 MDS테크(전 한컴MDS)가 남아있다. 중앙선관위와 다산네트웍스는 떼려야 뗄 수 없는 관계이다. 그리고 항상 다산의 변론을 맡는 로펌 대륙아주 또한 선거 문제에 있어서 빼놓을 수 없는 곳이다.

지금까지의 상황으로 볼 때 다산은 좌우가 없다. 북한, 한국, 중국까지 섭렵했다. 반대로 생각하면 중국이 한국의 자유민주주의를 손보기 위해 나선 것이나 다름없다. 이미 노골적인 중국의 공작은 follow_the_party로 드러났다. 한국 전초기지 역할을 하는 다산이 한국전자투표와 핸디소프트를 손에 넣은 것은 정해진 수순이었다고 볼 수 있다. 소프트웨어 전문 기업을 표방해야 하기에 단동 하나프로그람센터에서 총경리를 맡았던 이상산의 핸디소프트를 사들인 것이 단순히 남민우 회장 개인의 판단은 아닐 수 있다. 오래도록 중국의 관심은 대한민국 자유민주주의를 어떻게 봉쇄하는가이다.

## 우체국 담당하던 소프트웨어 기업
## 핸디소프트가 다산에 편입된 과정

윤석열 정권 들어서 가장 의미 있는 사건은 2023년 10월 국정원에서 선관위의 사이버 보안관리 부실을 확인해 공식적으로 발표한 것이다. 투표시스템에 관해 유권자 등록현황 투표여부를 관리하는 통합선거인명부시스템에는 인터넷을 통해 선관위 내부망으로 침투할 수 있는 허점이 존재하고, 접속 권한 및 계정 관리도 부실하여 해킹이 가능한 것으로 확인되었다.

이를 통해 사전투표한 인원을 투표하지 않은 사람으로 표시하거나 사전투표하지 않은 인원을 투표한 사람으로 표시할 수 있고, 존재하지 않는 유령 유권자도 정상적인 유권자로 등록하는 등 선거인명부 내용을 변경할 수 있었다.

사전투표기간 투표하러 간 선거인의 신원을 확인할 방법이 없다. 흔적을 남기지 않는 이유가 있을 것이다. 선관위에 대해서는 많은 이들이 주도면밀하게 분석하고 문제점을 지적했지만, 한 가지 해석이 어려웠던 부분이 우체국에 관련된 것이었다.

안영경 전 핸디소프트 대표(출처: 우체국과 사람들)

지난 7월 박주현 변호사는 감사원에 4·10총선 우편투표에 대한 감사를 요청하며 "선관위에서 발송한 우편 투표수와 배송된 우편등기 개수 간의 불일치"에 대한 문제를 제기했다. 그간 어떻게 우체국 배송기록까지 전산으로 조작하는지 정확히 알 수 없었다. 선관위 차원에서 우체국 전산망까지 장악할 수는 없을 게 당연하기 때문이다. 하지만 핸디소프트는 그 실마리를 제공했다.

핸디소프트는 IT 벤처 역사에서 기념비적인 기업이었다. 물론 대기업이 무너지는 일이 있었지만 핸디소프트만큼 어처구니없이 무너진 경우는 찾아보기 힘들다. 핸디소프트를 만든 인물은 한국에서 보기 드문 IT 전문가였지만 흔적 없이 사라진 안영경 대표로 알려져 있다. 안영경 대표의 사진은 인터넷에 달랑 한 장밖에 남아있지 않다. 그룹웨어, 즉 여러 단말기의 전산을 한 곳으로 묶어 네트워킹으로 관리하는 일에 1인자였던 안 대표는 88 올림픽 전산을 담당하기도 했다.

1991년에 핸디소프트를 창립했고 1999년에 코스닥에 상장했다. 이 무렵 우체국 그룹웨어를 도맡아 관리하기 시작했다. 우체국에 있어서 안영경 대표는 중요한 인물이었다.

1999년은 정부공공기관의 기록물 관리에 관한 법률 시행령이 시행되면서 정부의 모든 기록물이 전산화되는 때로, 기초자치단체들까지 의무적으로 모든 것을 전산화하기 시작했는데 이때 핸디소프트가 큰 역할을 했다. 2005년 핸디소프트는 중앙선관위 기록물관리시스템까지 수주하기에 이른다. 또한 2008년 1기 대통령기록관리 자문위원회가 구성되면서 핸디소프트는 우편물류포털시스템을 수주했고, 2009년에는 국방기술품질원, 청와대, 대통령관리기록, 대법원까지 전산 시스템을 수주받으면서 중요한 기업으로 성장하고 있었다.

그런데 2009년경 핸디소프트가 굴욕적으로 주저앉게 됐다. 안영경 대표가 120억 원의 지분을 팔면서 문제가 시작됐다. 당시 오리엔탈리소스(동양홀딩스)라는 곳에 지분을 양도하면서 안 대표의 지분이 3%도 채 되지 않게 됐다. 당시 직원들은 오리엔탈리소스의 공격적인 인수합병에 당황스러워했고 회사의 새로운 주인이 된 오리엔탈리소스가 무엇을 하는 회사인지, 왜 인수했는지 전혀 알지 못했다고 전해진다. 이 과정에서 실질적 사주가 된 이상필은 회사 자금으로 소프트웨어 회사인 핸디소프트를 자원투자 회사로 정체성을 바꿔버리기에 이른다. 몽골 구리광산에 투자하기도 했다. 결국 이런 망동으로 인해 핸디소프트는 2010년 코스닥에서 상장 폐지되었고, 이상필은 이 과정에서 290억을 횡령했다.

핸디소프트가 주저앉고 난 직후인 2011년에 드디어 다산이 핸디소프를 인수하기에 이른다. 2013년 이상산 전 하나프로그램센터 총경리가 핸디소프트의 대표로 취임했고, 2016년 핸디소프트는 코스닥에 재입성했다. 그리고 2018년 핸디소프트는 다산의 자회사인 한국전자투표 계열사로 편입되었다. 물론 현재 핸디소프트의 주요 주주는 다산이 아니다. 그러나 여전히 다산이 영향력을 행사할 수 있는 15% 정도의 지분을 가지고 있다.

## 공산주의자들의 한국 자유선거 장악 타파해야

핸디소프트가 한국전자투표 밑으로 들어가면서 제일 첫 번째로 한 사업이 중앙선관위의 온라인 투표시스템(K-Voting)을 개발하는 것이었다. 이때부터 전자투표 사업이 본격적으로 확대됐다. 한국전자투표 대표가 민노총 KT위원장이었던 지재식인 것도, 우체국 전산을 담당하던 핸디소프트가 중국 커넥션이 뚜렷이 보이는 다산에 편입된 것도, 선관위 서버를 관리하는 MDS테크가 다산타워에 있는 것도 모두 우연일까? 결국 다산네트웍스는 소프트웨어와 하드웨어, 심지어는 서버까지 거의 독과점으로 관리하는 기업이 됐다.

지난 7월 FBI는 암호화폐를 탈취한 북한 해커 림종혁에 현상금 138억 원을 내걸었다. 세계 최빈국에 가까운 북한에서 세계 최고의 해커가 양성될 수 있던 배경은 무엇인가? 이상산 핸디소프트 전 부사장이 2001년부터 10년간 몸담았던 중국 단동의 북한 프로그래머 양성소, 하나프로그램센터와 과연 아무런 관련이 없을까? 공산주의자들의 선거를 장악하려는 시도는 꽤 오래되었다.

윤석열 대통령의 계엄 사태 이후 선거부정 문제가 타파될 것인지 귀추가 주목된다. 선거부정을 제대로 다루지 않고는 대한민국 위기를 해결할 수 없는 것은 너무나 자명한 사실이다. 전방위적으로 막혀 있는 정치적 현실에서 해야 할 일은 선거부정 문제를 바로잡는 것이다. 4·15총선이 있은 지 5년이 되어간다. 하루속히 선거 시스템이 회복되고 대한민국이 정상 국가가 되어 통일의 때를 준비할 수 있기를 바란다.

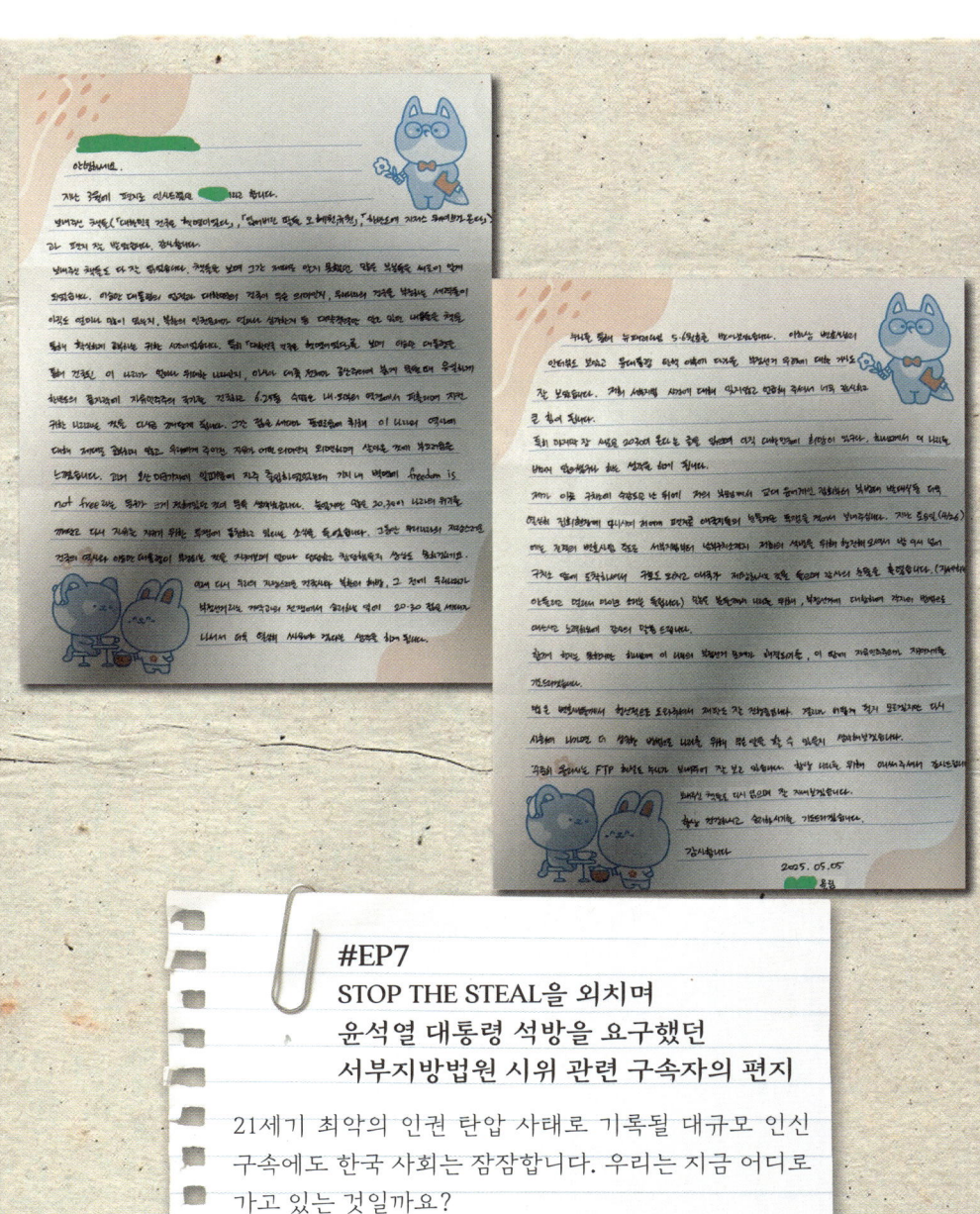

#EP7
STOP THE STEAL을 외치며
윤석열 대통령 석방을 요구했던
서부지방법원 시위 관련 구속자의 편지

21세기 최악의 인권 탄압 사태로 기록될 대규모 인신 구속에도 한국 사회는 잠잠합니다. 우리는 지금 어디로 가고 있는 것일까요?

2025

**2025년 1월 21일**

# 중국 일대일로 대리회사
# 세계 부정선거 센터 A-WEB

QR코드를 스캔하시면
해당 영상을 시청하실 수 있습니다.

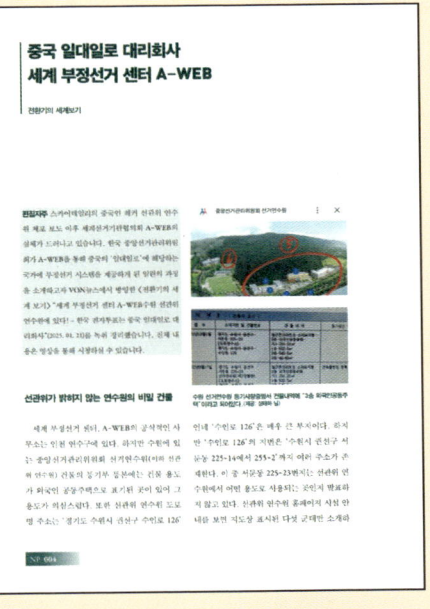

**편집자주** 스카이데일리의 중국인 해커 선관위 연수원 체포 보도 이후 세계선거기관협의회 A-WEB의 실체가 드러나고 있습니다. 한국 중앙선거관리위원회가 A-WEB을 통해 중국의 '일대일로'에 해당하는 국가에 부정선거 시스템을 제공하게 된 일련의 과정을 소개하고자 VON뉴스에서 방영한 〈전환기의 세계 보기〉"세계 부정선거 센터 A-WEB 수원 선관위 연수원에 있다! – 한국 전자투표는 중국 일대일로 대리회사"(2025. 01. 21)를 녹취 정리했습니다. 전체 내용은 영상을 통해 시청하실 수 있습니다.

## 선관위가 밝히지 않는 연수원의 비밀 건물

세계 부정선거 센터, A-WEB의 공식적인 사무소는 인천 연수구에 있다. 하지만 수원에 있는 중앙선거관리위원회 선거연수원(이하 선관위 연수원) 건물의 등기부 등본에는 건물 용도가 외국인 공동주택으로 표기된 곳이 있어 그 용도가 의심스럽다. 또한 선관위 연수원 도로명 주소는 '경기도 수원시 권선구 수인로 126'인데 '수인로

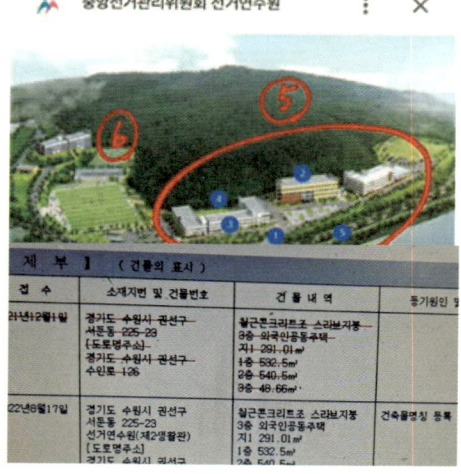

수원 선거연수원 등기사항증명서 건물내역에 "3층 외국인공동주택"이라고 되어있다.(제공: 성태화 님)

126'은 매우 큰 부지이다. 하지만 '수인로 126'의 지번은 '수원시 권선구 서둔동 225-14에서 255-2'까지 여러 주소가 존재한다. 이 중 서둔동 225-23번지는 선관위 연수원에서 어떤 용도로 사용되는 곳인지 발표하지 않고 있다. 선관위 연수원 홈페이지 시설 안내를 보면 지도상 표시된 다섯 군데만 소개하고 서둔동 225-23번지인 6번이라 표기된 곳은 숨겨져 있다. 그곳에 있는 건물이 바로 스카이데일리 보도에서 언급된 중국인 해커가 체포된 것으로 보이는 건물이다. 그리고 저 부지 내에 표기되지 않은 빌딩이 또 하나 있는데, 이 빌딩의 현패는 2022년까지 A-WEB Seoul Center 선거체험관이었다.

현재 이 건물의 현패는 떼어졌고 연수원 관계자 외 출입 금지라는 플래카드만 붙어있다. 선관위에서 숨기고 있는 이 건물의 등기부 등록을 열람

해 보면 외국인 공동주택으로 명기되어 있다. 예전 농촌진흥청에서 숙소로 쓰던 건물이 2019년 이후로 용도 변경되어 선관위의 관리로 넘어갔다. 게다가 2020년 7월 소액 공사 수의계약 견적서 제출 안내 공고에 따르면 이곳

수원 선관위연수원 선거체험관 좌측에 'A-WEB Seoul Center'라는 현판이 붙어있었다. 지금은 이 현판이 없다.

공사명이 'A-WEB 서울 연수센터 및 세미나실'이라고 명기되어 있다. 선관위에서 밝히지 않는 이 유령 건물의 용도는 무엇일까?

## 국가 세금으로 전 세계 자유선거 봉쇄한 A-WEB

윤석열 대통령이 새해 초 작성한 대국민 자필 편지에는 하이브리드전이라는 말이 등장한다. 편지는 제2차 세계대전 이후 UN이 설립되어 어떤 사유이든 분쟁을 군사 공격과 전쟁으로 해결하는 것은 국제법상 금지되고, 방어 목적 이외 전쟁은 금지되었다고 전한다. 이어 총칼로써 피 흘리는 군사공격과 전쟁 도발은 국제법상 금지되었으므로, 강대국이라 하더라도 외교상 큰 부담으로 작용하게 되어 총칼을 쓰지 않는 회색지대 전술이 널리 사용되고 있음을 설명하며 허위 선동의 심리전, 정치인 매수와 선거 개입 등의 정치전, 디지털 시스템을 공격하는 사이버전, 군사적 시위와 위협을 보태어 시현하는 하이브리드 전술이 이에 해당한다고 서술한다. 그중에서도 선거 개입이 하이브리드전의 핵심으로 보고, 이것이 남의 나라 이야기가 아닌 대한민국의 현실이라고 언급한다. 지금 한국은 대통령조차도 선거인단 명부를 보지 못하는 상황이다.

세계선거기관협의회 A-WEB(Association of World Election Bodies, 이하 A-WEB)은 이름상 국제기구 같은 느낌을 준다. A-WEB 본사 사무실이 있는 인천 송도를 명실상부 국제도시로 만든다는 마케팅 전략 속에서 A-WEB 역시 국제기구라는 식의 홍보를 해왔다. 하지만 A-WEB은 국제기구가 아니다. 국제기구는 조약을 통해 맺어지는 것이다. 조약은 만들어지기도 어렵지만 철저한 감시와 관찰을 받는다.

1948년 유엔총회에서 세계인권선언문이 발표되었다. 선언은 조약이 아니기에 비준을 하지 않지만 UN은 세계인권선언을 조약으로 만들었다. 이 조약은 먹고사는 문제 해결을 위한 사회권이라 불리는 A규약과 정치적인 자유 보장을 위한 자유권이라 불리는 B규약으로 나누어진다. B규약의 대표적인 것이 바로 선거권이다. 하지만 UN은 가입국 중 북한이나 중국과 같은 나라에게는 B규약에 대한 엄격한 적용을 요청하지 않는다. 공산주의 국가가 UN에 가입할 때 경제적 문제 해결을 우선시하여 B규약을 강력하게 적용하지 않은 것이다.

경제 성장을 이룬 한국은 ODA 방식으로 국제 개발 협력을 하고 있다. ODA는 A규약을 돕는 원조로, 정치적 자유는 조금 유보하더라도 식량권(Right to food)을 포함한 건강한 삶을 영위할 권리를 확보할 수 있도록 지원해 주는 것이다.

그런데 A-WEB은 ODA 기구가 아님에도 불구하고 ODA 틀을 이용해서 B규약과 관련된 일을 하는 기구이다. 놀라운 사실은 조약 기구도 아닌 일개 사단법인 A-WEB을 국제기구처럼 꾸며서 우리나라 국회를 속여 ODA 방식을 이용해 전 세계 나라의 선거를 돕겠다는 명분으로 법을 제정하게 했다는 것이다. 조약 기구란 조약에 가입한 회원국이 분담금을 내고 운영하는 것인데, A-WEB은 90% 이상의 분담금을 한국이 지급한다. ODA 기구인 것처럼 속여서 법을 통과시켜 세금으로 분담금을 지급하게 한 것이다.

현재 한국에 '세계선거기관협의회 지원에 관한 법률'이 존재하는 것을 보면 국가 세금으로 전폭적 지원을 한다는 것을 알 수 있다. 이 법안은 당시 새누리당 소속 김태환 의원이 발의했다. 그는 5선 의원 김윤환의 친동생이자 역시 국회의원 아버지를 둔 경북 선산 구미 정치 명가의 보수 인사이다. 김태환 의원이 발의하여 제정된 '세계선거기관협의회 지원에 관한 법률'은 A-WEB을 마치 국가기구인 것처럼 만들어주었다. 이에 따라 국가 소유인 중앙선관위 연수원 땅을 A-WEB이 쓰게 된 것이다. 즉 국가 소유의 땅에 일개 사단법인 A-WEB이 전시관과 숙소를 지었던 것이다.

| 현 행 | 개 정 안 |
|---|---|
| 제5조(업무) 협의회는 다음 각 호의 업무를 수행한다.<br>1. ~ 3. (생 략)<br><신 설><br><br>4. (생 략)<br>제7조(국가와 지방자치단체의 지원) 국가와 지방자치단체는 협의회의 활동과 운영에 필요한 행정적·재정적 지원을 할 수 있다. | 제5조(업무) ------------------<br>------------------.<br>1. ~ 3. (현행과 같음)<br>4. 「국제개발협력기본법」 제2조제1호에 따른 선거분야 국제개발협력 사업<br>5. (현행 제4호와 같음)<br>제7조(국가와 지방자치단체의 지원) ------------------- 협의회의 국제개발협력 사업 및 그 밖의 활동과 운영에----------. |

박남춘 의원 등이 발의한 A-WEB 지원법 수정안

ODA를 통해 A규약의 개발 지원을 하는 형태를 가져와서 A-WEB을 통해 B규약인 선거를 지원하는, 사실상 내정간섭을 한 것이다. 문제는 B규약의 핵심인 선거권을 인정하지 않는 중국이 이 모든 것을 배후에서 주도한다는 것이다. 중앙선관위는 저개발국의 선거 개표를 전자식으로 할 수 있도록 돕는다는 명분으로 A-WEB을 만들었고, 초창기 미루시스템즈에 전자 투개표기 독점 사업권을 허가했다. 그 후 한국의 전자투표 시스템이 들어간 콩고를 포함한 여러 나라의 선거에서 부정선거가 발각되었다.

국민에게 투표권을 주지 않는 중국이 A-WEB을 통해서 마치 A규약의 국제 개발을 돕는 형식처럼 중앙선관위를 움직여 한국 국민의 세금으로 자신들의 일대일로를 개척한 기막힌 상황이 펼쳐진 것이다.

## 자유선거 봉쇄 프로젝트 일대일로의 대리인 남민우

윤석열 대통령 측 대리인 배진한 변호사는 헌법재판소 변론에서 '불법 선거가 사실은 중국과 크게 관련이 있다고 생각합니다'라고 언급했다. 대통령 측 대리인으로서 명백한 증거 없이 언급할 수 있는 말이 아니다. 배진한 변호사는 이어서 '한국 전자투표 투개표기를 수입한 중국의 육·해상 일대일로 대상 국가들이 키르기스스탄, 콩고, 볼리비아, 남아공, 벨라루스, 이라크,

지난 2024년 12월 16일 탄핵 심판 2차 변론기일에서 발언하는 배진한 변호사
(출처: SBS 유튜브 갈무리)

미얀마, 모잠비크, 엘살바도르, 피지, 에콰도르, 필리핀, 이것보다 더 많습니다'라고 설명했다. 대통령 측 변호사가 한국 전자투표라는 회사를 언급했다는 사실에 주목할 필요가 있다.

A-WEB과 중앙선관위가 전 세계를 상대로 저지른 부정선거 만행에는 남민우의 한국전자투표서비스가 있다. 한국전자투표서비스는 전자 투개표 장비를 개발하는 사기업이다. 그런데 회사의 이름이 마치 국영기업인 듯 한국전자투표서비스이고 영어 이름조차 K-evoting 으로 마치 한국을 대표하는 것처럼 보인다. 한국을 대표하는 기업처럼 보이는 사기업 한국전자투표서비스가 중국의 일대일로 국가들에 부정선거 시스템을 수출한 것이다.

한국의 전자투표 서비스는 사실상 핸디소프트가 그 시초다. 핸디소프트는 1988년 서울 올림픽 전산을 관리했던 카이스트 출신의 전산 전문가 안영경이 1991년에 창립한 회사이다. 1999년 코스닥에 상장할 무렵 우체국

그룹웨어를 도맡아 관리하기 시작했다. 1999년은 정부 공공기관의 기록물 관리에 관한 법률 시행령이 시행되면서 정부의 모든 기록물이 전산화되는 때로, 기초자치단체들까지 의무적으로 모든 것을 전산화하기 시작했는데 이때 핸디소프트가 큰 역할을 했다. 2009년에는 국방기술품질원, 청와대, 대통령 관리 기록, 대법원까지 전산 시스템을 수주를 따내며 중요한 기업으로 성장하고 있었다.

그런데 2009년경 핸디소프트 안영경 대표가 오리엔탈리소스(동양홀딩스)라는 곳에 지분을 양도했고, 이 과정에서 실질적 사주가 된 이상필은 회사 자금으로 몽골 구리광산에 투자했다. 결국 핸디소프트는 2010년 코스닥에서 상장 폐지되었다. 그 직후인 2011년 다산이 핸디소프트를 인수했고, 2018년 다산의 자회사인 한국 전자투표 서비스 계열사로 편입되었다. 지금의 한국전자투표서비스가 독점적으로 선관위와 손을 잡고 A-WEB을 통해 중국이 지정하는 나라에 들어가서 부정선거를 자행하고 있다.

중국 일대일로는 한마디로 자유선거 봉쇄 프로젝트이다. 중국이 남민우의 다산그룹을 통해 핸디소프트를 상장폐지 시킨 후 이를 사들여 한국전자투표서비스를 만들었다. 그 후 K-evoting이라는 이름으로 A-WEB을 통해 부정선거 시스템을 개발도상국 국가들에 제공하고 있다. 한국 세금을 붓고 있는 민간 사단법인 A-WEB 플랫폼을 이용해 전 세계를 상대로 자유선거 파괴전쟁을 벌여온 것은 명백한 사실이다. 윤석열 대통령은 이를 고전적 전쟁이 아닌 새로운 방식의 하이브리드 전술로 보고 계엄을 통해 대응하려 했던 것으로 확인된다.

## 사실상 승리한 윤석열 대통령의 계엄

지금 대통령이 구속까지 되는 엄청난 혼돈의 원인은 부정선거에 있다. 엄밀히 말하면 2022년 대통령 선거에서 반국가 세력이 부정선거에 실패한 것이 지금 일어나고 있는 모든 사태의 핵심적인 이유이다. 당시 대규모의 부정선거가 있었지만 0.7% 차이로 윤석열 대통령이 당선되었다. 이재명이 당선되었다면 국회 200석을 장악하여 절대 권력을 가졌을 것이다. 플랜 A에 실패한 저들은 이재명을 국회의원에 당선시키고 당 대표에 앉혀 다시 대선후보로 만들어서 부정선거를 통해 재도전시키는 플랜 B를 가동하고 있었다. 2024년 총선에서 부정선거를 성공시킨 후 줄 탄핵을 통해 윤석열 대통령의 권력을 완전히 꺾고 계엄까지 계산했을 것으로 보인다. 문제는 윤석열 대통령이 저들의 가장 치명적 약점인 부정선거를 찔러버린 것이다. 이렇게 저들의 플랜 B가 흔들리고 있다. 사실상 윤석열 대통령의 계엄은 완벽하게 성공한 것이다. 부정선거를 척결할 위대한 새로운 대통령이 탄생하길 소망한다.

# 나가며

## 신성한 국민권력은
## 부정선거 시스템 혁파로만 온다!

김미영 NPK 사무총장

모택동은 권력은 총구에서 나온다고 했다. 그보다 앞서 레닌은 마르크스의 생각과 달리 농민들과 함께 때 이른 혁명을 하면서 공산주의 이론을 수정하여 폭력과 거짓선동의 수단을 정당화했다. 그리하여 1917년 러시아혁명에 성공했다. 공산주의 권력은 총구에서 생산되는 것이 고전적인 방식이다.

공산주의자들도 '돈'(자본)으로 매수할 수 있다는 것은 지난 반세기 전 인류적 경험을 통해 많이들 알게 되었다. 그러나 여전히 공산주의자들은 적들을 잠시 이용하는 것이라 믿으며 '돈' 가진 자들을 따돌리고 배신하기 일쑤다. 그래서 '돈'으로 공산주의자들을 좌지우지할 수 있다고 믿는 일군의 '돈' 가진 사람들은 공산주의자들을 더욱 혐오한다.

지난 4년 반 한국에 깊이 또아리를 틀고 있는 부정선거 시스템을 연구하면서 흥미 있는 사실을 발견했다. 중국공산당과 '워싱턴의 늪'이라고도 불리는 돈 많고 지체 높으신, 이른바 미국의 딥스(deep state)가 한 가지 사안에 대해서는 이견 없이 '콜라보'(공동작업)를 진행한다는 사실이다. 한국 부정선거를 조장하고 증거를 뭉개는 일 말이다. 한국 언론이 부정선거 규명에 하나된 상황이 이를 방증한다.

공산당과 딥스가 서로 경멸하고 혐오하면서도 우리의 자유선거로 만들어지는 국민권력 빼앗는 일에는 적극 협력한다는 얘기다. 이 사실을 알아차린 이상 그들로부터 우리는 영원히 '음모론자' 및 '극우'로 프레임되어 낙인찍힐 것은 뻔하다. 우리가 집요하게 추적하여 대통령까지 움직일 때 매우 놀랐을 것이다.

두 세력은 모두 각 개인의 자유로운 보통선거로 가장 '신선한' 권력이 만들어질 수 있다는 사실을 부정하지는 않는다. 심지어 질투하고 순응한다. 그렇지만 자유선거로 만들어지는 코뮨은 한 표씩들의 국민권력이 자신들의 권력을 위협한다고 느낄 때 그들은 패닉과 탠트럼에 빠지며 서로 적극 협조, 협력한다. 서로에 대한 경멸과 으르렁거림은 잠시 멈춘다.

이 상황에 대해 윤석열 대통령이 '광란의 칼춤'이라고 한 것은 정확하고 적확하다. 그들의 개들인 한국 언론을 보라. 본색을 숨기지 않는다. 그야말로 광란의 칼춤을 춘다.

자유선거로 만들어지는 권력을 조롱할 때 그들은 히틀러를 보라고 말한다. "히틀러 총통이 어떻게 탄생했나? 그 빌어먹을 선거 아니었나? 독일 정통우익과 극우가 선거를 통해 야합하여 만들어낸 게 히틀러라는 거악이라고! 선거는 만능이 아니야."

결코 속지 말아야 한다. 선거의 역사 가운데 이를 최악의 선례로 인정한다 해도 여전히 각 개인의 자유로운 선거로 지도자를 뽑는 방식은 지켜야 하는 인류가 개발한 최선의 권력 생산 방법이다. 이 글의 독자는 이 사실을 신뢰하는 사람들만이어야 한다.

요컨대 지금 세상에는 공산권력과 자본권력, 그리고 선거를 통한 국민권력이 있다. (기타 왕들과, 종교적 신정권력, 그것조차도 아닌 몇몇의 스트롱맨 권력이 있겠지만 논외로 하자.)

이런 복잡한 얘기를 앞서 꺼내는 이유는, 대한민국이 생산하는 국민권력이 이들 두 그룹으로부터 심각하게 위협받고 있기 때문이다. 1948년 만들어진 자유민들의 공화국 혹은 '해방 노예들의 공화국'에서 선거보다 중요한 것은 없다. 자유선거를 잃으면 북한 같은 지옥이 될 수 있기 때문에!

우리는 선거를 통해서 권력을 생산하고, 심지어 생산과정에서 공산주의자든 돈 가진 자든 타락한 권력자든 최선을 다해 훼방하고 영향을 끼치지만 조금씩 조금씩 더 나은 양질의 국민권력을 선거를 통해 뽑아내고 있다고 믿어왔다.

1961년, 3·15부정선거의 책임으로 사형당한 최인규 전 내무부 장관은 "전쟁이 끝난 지 7년도 안 됐는데 아직 공산주의자들을 지지하는 유권자가 이렇게 많다는 게 어떻게 말이 되며 용인이 되는지" 통탄했다는 얘기가 전해진다. 그러나 그의 변론은 안 통했고 그는 결국 형장의 이슬이 되었다.

그렇게 지킨 선거다.

1980년대 내내 "체육관 선거도 선거냐? 체육관이 만든 권력은 국민권력이 아니다. 우리에게 간접선거는 필요 없다. 직접 대통령을 뽑겠다"는 생각은 사회갈등의 핵심요인이었으나 한편 국민들의 강력한 요구였다.

1987년 헌법은 대통령 직선제와 중임금지를 확인하고, 대통령의 국회해산권을 빼앗아 국회에 권력을 크게 떼어주었다. 국회의원 3분의 2가 손을 잡으면 국민들이 뽑아놓은 대통령의 직무도 즉각 정지시키도록 되어 있는 세계 유일의 탄핵소추권이 오랜 잠에서 깨어나 꿈틀거리기 시작했던 것도 거슬러 올라가면 6공 헌법 제정과 함께였다.

노태우 대통령은 3김의 누구라도 손잡아 국회권력을 확보해 두지 않으면 안 되어서 "호랑이를 잡으려면 호랑이굴에 들어오겠다"는 김영삼을 받아들였고 그 결과 오랜 친구 전두환과 함께 포승에 묶이는 수모를 당했다.

그때로부터 30년을 지나오는 동안 대통령이 된 분들이 깨달은 것은 "국회가 너무 무섭다"는 사실이었다. 과반 의석 없이 아무것도 할 수 없고, 그로 인해 한 석 한 석 권력이 커진 국회의원이 되기 위해 심지어 북한 중공도 에이전트를 통해 결사적으로 대한민국 국회로 밀고 들어왔다.

국회에 최루탄까지 던지는 통합진보당(종북)세력과 싸우기 위해 소위 우파가 택한 것은 전혀 정공법이 아니었다. 대통령이 의석 과반이 아니라 60% 의석으로만 정치하겠다고 다수결을 포기하고 합의해 준 것이 국회선진화법이다. 알고 보면 국회가 입법 권력으로 대통령의 팔다리를 더 묶은 것이다.

박근혜 대통령은 당대표 권력을 잃으면 자신의 권력도 사라지게 되리라는 사실을 입법 당시에는 몰랐을 것이다. 김무성 유승민을 잃고 권력을 잃을 줄을. 그들은 이 상황을 공동 책임져야 했다.

윤석열 대통령은 이번에 당대표 한동훈을 잃으면 자신도 권력을 잃는다는 사실을 몰랐을까? 아마 알았을 것이다. 문제는 더 잃을 권력이 없었다고 본 것이다. 한동훈도 이 상황을 알고 있었을까 조금 궁금하다.

대통령과 국회의 권력게임, 특히 더 이상 손을 쓰지 않으면 안 될 만큼 심각하게 악성세력에 장악된 국회, 더 이상의 동력이 소진된 대통령 권력의 공백, 그것이 바로 우리가 경험하게 된 '계엄' 사태와 이번 대통령 '탄핵' 사태의 본질이다.

1987년 만들어진 헌법은 처음부터 친북이든 종북이든 친중이든 악성 권력이 몰래 들어올 수 있는 틈을 갖고 있었다. 통합진보당 해산은 결정적인 해법이 못 되었다.

이 통합진보당 세력이 와신상담하며 만들어낸 또 하나의 권력이 이재명 권력이다. 그들은 성남시장, 경기도지사, 대통령 이재명을 향해 끈질기게, 꺾이지 않는 권력의지로 여기까지 왔고 더불어민주당을 접수했다.

수단과 방법을 가리지 않는 북한의 권력 유지술을 배워 '이재명'을 키우기 위해 그들은 모든 수단을 사용했다. 그중 하나가 'IT를 통한 전자 부정선거'였고, 너무 위험한 도구를 사용한 결과로 그들은 폭탄을 지고 다니는 것과 같은 형국이지만 무섭게 버티고 있다.

윤석열 대통령을 옹호하는 국민의힘 국회의원 중에 누구도 "부정선거 혁파를 위한 계엄"을 옹호하지는 않는다. 몰라서가 아니다. 윤석열 대통령이 던진 승부수가 성공으로 돌아올지 판단이 안 서기 때문일 것이다.

대통령의 승부수는 유일한 것이었고 해 볼 만한 것이었다고 우리는 믿는다. 윤석열 대통령은 중앙선관위에 군대를 보내는 방식의 계엄으로 이 복잡한 권력게임을 단순하게 만들어주었다.

다시 부정선거 규명전에 열쇠가 있다. 계엄으로 인해 저들의 '부정선거 담론에 대해 무시하고 침묵하기 전략'이 무너졌다. 그들이 언론을 매수해서 주워 담으려 하겠지만 이미 안 된다는 것은 이제 모두가 안다.

이재명이 구속되어도 민주당은 부정선거에 비교적 손이 깨끗한 대안을 찾을 것이다. 그럼에도 불구하고 거듭된 부정선거로 구축되는 민주당 권력은 이미 동력을 잃었다. 그들도 자유민주주의 원칙으로 견인되어야 한다. 이를 위해서도 우리는 부정선거 규명에 더 강력하게 나서야 한다.

끝으로 새로운 권력 구축에 나서야 한다. 국민의힘이 여러 가지 방식으로 부정선거에 동조하거나 협력, 최소한 방치한 것은 주지의 사실이다. 적극적으로 부정선거 규명을 방해한 범 우파 인물들에 대해 보다 적극적으로 대처해야 한다.

중앙선관위의 부정선거 시스템을 혁파하지 않고는 한반도에 미래는 없다. 우리에게 남아있는 대책은 처음도 두 번째도 세 번째도 부정선거 혁파뿐이다.

다시는 다산그룹 한국전자투표에 선거를 맡겨서는 안 된다. 당장 다음 선거부터 법이 정한 대로 실물명부를 만들어 정확히 계수하고 투표관리관 개인도장을 찍게 해야 한다. 대만식 아날로그 선거에 답이 있다.

이 모든 사태에서 단기적으로 가장 큰 적은 공산당에 영혼이 팔려 매수당한 창녀언론이다. 그들은 '음모론'과 '극우 프레임'을 치트키 삼고 최소한의 기자 양심도 취재능력도 없이 돈과 권력에 좌충우돌 봉사하며 우리를 공격할 것이다. 그들은 이미 수치심을 잃었다.

광기의 언론을 제압하고 부정선거 혁파하면 한국은 다시 세계에서 가장 신성한 국민권력으로 통치되는 위대한 나라가 될 것이다. 이 길에 희망이 있고 미래가 있다. 다시 한국인들이 질 높은 행복을 누릴 수 있을 것이다.

윤석열 대통령이 돌아올 수 있을지는 모르겠다. 어찌 되었든 위대한 결단의 리더십을 보여준 대통령께 경의를 표한다.

# 뉴 패러다임
## NP
### The New Paradigm

지식사회의
새로운 변화를 이끌

**NPK 부정선거 수축특위 세미나**
"통계도 부정선거 증거될 수 있다"

구독 신청 QR

지난 5년간
대한민국 부정선거 규명운동의
역사를 써온
「The New Paradigm」(NP)
**구독에 함께 해주세요!**

구독 문의: 010-40401-1799(문자)

# NPK
# 부정선거
# 탐사리포트
## 2020-2025

**발행** 2025년 6월 1일
**기획** 사단법인 법치와자유민주주의연대 · VON뉴스
**펴낸이** 김미영
**펴낸곳** 도서출판 세이지
**디자인** 김현진
**등록** 제321-504200800007호
**주소** 서울특별시 종로구 새문안로5가길 28(광화문플래티넘) 603호
**전화** 02-733-2939
**전자우편** unifica@naver.com

**ISBN** 979-11-980643-7-0(03060)
**책값** 20,000원

이 책의 저작권은 도서출판 세이지에 있으므로 무단전재를 금합니다.